KB039513

국가정보원,
존재의 이유

국가정보의 미래를 위한 정책 제안

신언 임성재 유성옥 장석광
강구민 이대희 김서곤

박영사

서 문

대한민국 국가정보의 미래를 위한 고민

신 언 (국가정보연구회 회장)

　작년 초 이대희 회장님의 제안으로 국가정보의 여러 분야에 대해 국가정보연구회 차원에서 정리 작업을 시작한 지가 벌써 1년이 되었습니다. 기간 중 3월과 4월 그리고 5월에 총론, 대공, 사이버보안, 해외정보 등 6개 주제에 대해 발표 및 토론회를 가졌습니다.

　지난 7월에는 국가정보시스템 구축 및 법령정비에 대한 이대희 회장님의 발표를 듣고 국가정보기관 개혁방안 및 제안에 대한 종합토론회를 가졌습니다. 이외에도 북한정보, 경제정보 및 산업 및 에너지 안보분야에서도 전문가들께서 자신들의 고견을 공유해주시면서 이 작업에 참여하고 있습니다. 국가정보연구회가 이러한 정리 작업을 시도하게 된 데는 몇 가지 배경이 작용했다고 봅니다.

　우선 그간에 공개된 국가정보학 관련 서적들의 다수가 외국이론을 소개하거나 요약한 데 그친 측면이 강했습니다. 따라서 우리 정보환경의 실상을 제대로 기술하는 데는 일종의 한계가 있었다고 봅니다. 따라서 현직에서는 물러났지만 국가정보의 여러 분야에서 다양한 경험을 가진 전직 전문가들의 관찰 의견과 대안 제시를 청취할 필요가 있다는 판단에서 정리 작업에 착수하게 된 것입니다.

두 번째는 국가정보원이 처한 오늘날의 참담한 현실을 바로잡고 제대로의 위치를 회복하는 데 외곽에서나마 도움을 주고 싶다는 공감대가 작용하였습니다. 주지하는 바와 같이 국정원은 지난 2020년 말 민주당 주도의 국정원법 전면 개정을 통해 대공수사권의 박탈을 포함, 사실상 국가안보 전문기관으로서의 기능과 역할에 심각한 상처와 약화를 경험하였습니다. 여기에 젊은 직원들의 사명감 저하, 워라벨 우선시 경향 등이 겹쳐 정보기관의 필수적 요소인 야성마저 상실하게 되면서 일반 행정기관화 되어버렸다는 우려와 조소의 대상이 되고 있습니다.

흔히들 인간을 망각의 동물이라고 합니다만 저는 지난 6월초 불거져 나온 국정원 고위급 인사를 둘러싼 파동을 도저히 잊어버릴 수 없습니다. 수차례의 정권교체가 이루어지고 그때마다 이전 정권을 부정하려는 기도로 인해 인사를 둘러싼 잡음이 자주 있었습니다만 이번처럼 대통령의 재가가 뒤집히는 사례는 국정원 60여 년 역사에 있어 전대미문의 사건입니다.

또 최근인 11월에는 국정원장, 1차장, 2차장이 동시에 경질되는 극히 이례적인 상황이 발생하였습니다. 윤석열 대통령의 결심이 나오기 이전부터 일부 언론에서 특종인 양 국정원 인사문제를 기사화 하였습니다. 세계 어느 국가에서도 정보기관의 내부 사정을 흥밋거리로 기사화하지는 않습니다.

왜 이 같은 참담한 사건의 발생이 가능했을까요? 우선 저는 대통령을 비롯한 고위 정보사용자들, 특히 국정원장이 정보에 대한 제대로의 이해와 인식을 가지고 있지 못한 데 기인하고 있다고 믿습니다. 그러니 정보조직의 특성과 국정원의 조직문화에 대한 이해는 더더욱 어려웠을 것입니다. 저는 국정원장이 정보에 대한 이해를 높이기 위해 얼마만큼의 노력을 기울였는지 묻고 싶습니다. 정보기관의 현용업무는 기계의 기어와 같이 운용될 수 있습니다. 그러나 위기에 처한 조직을 추스르고 미래를 향한 방향을 제시하는 것은 전혀 다른 차원의 문제입니다. 고위 정보사용자들이 해야 할 몫이라고 믿습니다. 저희들의 정리 작업이 제한적이나마 고위 정보사용자들의 고뇌를 덜어드리는 데 기여하기를 희망합니다.

세 번째 배경은 현업에 있는 국정원 직원들이 놓쳤을지도 모르는 문제점을 환기시키고 미래의 업무 추진에서 도움이 될 수 있는 방향을 제시할 수 있을까 하는 바람이었습니다.

장기나 바둑에 있어 때로 훈수꾼이 더 판을 잘 읽을 수 있다는 말이 있습니다. 저희 국가정보연구회가 가지고 있는 전직 및 전문가들의 인재 풀(pool)을 가동하여 국정원이 직면한 어려움에 공감하면서 현실적 타개책을 마련하고 미래의 방향을 설정하는 작업에 일조할 수 있다면 더 이상의 큰 보람은 없을 것입니다.

국가정보 정리 작업의 경과에 대해 말씀드리는 기회를 빌어 우리나라가 처한 국가안보의 현실에 대한 제 소견을 공유하고자 합니다.

현재 우리는 안보상 그야말로 안팎곱사등이의 상황에 놓여있습니다. 북한의 핵·미사일 위협은 최고조의 수준에 도달해 있습니다. 그런가 하면 국내적으로는 제주, 창원, 민노총 등에서 대규모 간첩망이 적발, 수사 중에 있습니다. 윤석열 대통령의 반국가세력 언급에 '제 발 저린 도둑'처럼 좌파들은 조직적 저항에 나서고 있습니다. 거기에 그치지 않고 "더러운 평화가 이기는 전쟁보다 낫다"라는 이념에 경사된 이분법적 주장이 공당의 대표 입에서 흘러나오고 있습니다. 한마디로 자유민주주의에 대한 정면 도전이 전개되고 있는 것입니다.

눈을 밖으로 돌려보면 재작년 2.24 러시아의 우크라이나에 대한 무력침공으로 조성된 동부 유럽의 안보지형변화는 신 냉전구도의 재래 가능성을 제기하고 있습니다. 우크라이나 상황은 대륙을 건너 대만해협과 한반도의 안정과 평화에 영향을 미칠 수 있는 변수로 등장하고 있습니다. 저는 중, 러, 북한을 3각으로 하는 전제주의 세력과 한국을 포함한 미국 주도의 자유민주주의 세력 간의 대결이 본격화하는 상황이 도래할 것을 가장 우려하고 있습니다.

그런가 하면 지난 10월 9일 발생한 하마스의 이스라엘 기습공격은 테러와의 전쟁이 아직도 진행형이며 세계 최고의 정보기관으로 칭송받던 이스라엘 정보공동체에 수치스러운 정보실패를 안겨준 사건이었습니다. 또한 하마스의 배후세력으로 이란뿐만 아니라 숨겨진 거대한 손이 있다는 강한 의구심을 내포하고 있다는 점에서도 정보측면에서 심각한 도전을 던져주고 있습니다.

이러한 전통적 안보위협과 함께 지난 10~20년 전에는 그저 다른 영역의 일로 치부했던 요인들이 새로운 안보위협으로 등장하고 있습니다. 제4차 산업혁명시대의 도래, IT 기반의 정보통신 기술의 획기적 발전은 디지털, 사이버 공간의 안보위협을 피할 수 없는 도전으로 만들고 있습니다. 또한 국가 간의 경제적 갈등이 지정학적 갈등과 연결되는 새로운 유형의 안보위협, 즉 경제안보의 등장을 목도하고 있습니다.

제가 우리나라가 처한 내외적 안보현실을 상기시켜 드리는 것은 우리가 잠시라도 한 눈을 팔 수 없는 상황에 처해있음을 강조하기 위해서입니다. 그 심각성만큼 국가정보기관은 경계의 끈을 늦춤이 없이 대응역량의 강화, 전문성의 제고, 미래 예측능력 향상 등에 나서지 않으면 안 된다는 것입니다. 이것이 바로 정보기관이 존재해야 하는 이유이자 근거인 것입니다.

아마도 우리의 정리 작업은 앞으로도 많은 고민과 정련의 과정을 거쳐야 할 것입니다. 우리가 반드시 정답이라고 할 수는 없습니다. 다만 가장 현실적이고 객관적 입장에서 대한민국 국가정보의 현재를 평가하고 처방을 제시하는 하나의 마중물이 되기를 희망합니다.

두려운 마음으로 저희 국가정보연구회의 생각을 담은 자료집을 발간합니다. 따끔한 죽비의 말씀을 기대합니다.

2024. 2.

차 례

Ⅲ_ 대북정보의 중요성과 활동 방향
유 성 옥

Ⅳ_ 국정원 수사권 폐지, 간첩은 누가 잡나?
-정보기관이 해외에서 수집한 정보의 증거능력 확보 방안-
장 석 광

V_ 국가정보활동과 정보수집의 적법성
―디지털 정보를 중심으로―
강 구 민

VI_ 국가정보원 법제 개편 방안
이 대 희

VII_ 국가정보기관의 경제안보활동
김 서 곤

I

국가정보활동의 개념과 역할

임성재

I
국가정보활동의 개념과 역할

임성재(동국대 객원연구원)

1. 개요

2023년 2월 윤석열 대통령은 취임 이후 처음으로 국가정보원을 방문한 자리에서 "국정원의 존재 이유는 자유를 수호하는 것"이라며 "북한 정권의 오판과 도발을 무력화하고 글로벌 정보전에서 당당히 경쟁할 수 있는 역량을 보여주어야 하며 미래 핵심기술을 확보하고 지키는 것이 국가안보의 디딤돌이 될 것이므로 민관군과 긴밀히 협력하여 국가 사이버 역량을 강화하는 데 힘써주기 바란다."고 강조했다.

또한, "요원들의 전문성과 기량을 극대화 할 수 있는 의사결정 체계와 인사 시스템이 뒷받침되어야 하며 국정원이 유능하고 강한 정보기관이 될 때 동맹국·우방국들과 심도 있는 협력이 가능할 것"이라고 말했다. 이러한 대통령의 언급은 현 정부가 지향하는 국가정보기관의 역할과 방향에 대한 명확한 비전을 제시한 것이라고 하겠다.

국가정보원이 국익과 국민을 위한 정보기관으로서 본연의 업무에 충실한 조직으로 거듭나기 위해서는 명확한 업무 정립과 역할에 대한 비전제시가 필수적이다. 일반 행정부처에서는 수행할 수 없는 특수한 업무 수행을 본질로 하는 정보기관의 역할은 현재와 같은 안보위기는 물론 코로나와 같은 글로벌 차원의 복합위기 상황에서 그 역할의 중요성이 더욱 강조되고 있다.

코로나 확산 기간 중 백신과 치료제 개발을 위해 관련 정보와 자료를 수집하는 정보기관 역할의 중요성이 부각되기도 하였다. 정보기관의 역할이 전통적인 군사 안보를 넘어 포괄적 안보로 확장되고 있는 상황에서 이러한 국가적 기대는 당연한 것이라고 할 수 있다.

냉전종식 이후 세계 각국들은 자국의 경제적 이익과 국가경쟁력 확보를 위하여 국가정보기관의 활동을 강화하고 정보활동 영역을 확대하고 있다. 강대국들은 기존의 국제적 영향력 유지를 위하여 정보활동을 강화하고 있는 반면 약소국들은 국가 생존차원에서 치열한 정보활동을 전개하고 있다. 국가안보의 개념이 단순한 군사·정치적 안보에서 경제·환경·사회·과학기술 등 다양한 분야에서의 포괄적 안보로 확대됨에 따라 정보기관의 활동도 더욱 다양하게 이루어지고 있다.

그러나 이러한 국제적 추세에도 불구하고 우리의 경우 국가정보기관은 부정적 이미지의 대명사로 인식되고 있다. 과거 국가정보기관이 정권안보를 위한 정보활동을 수행하고 권력기관으로 국민 위에 군림했다는 일부의 인식이 정보기관은 물론 정보활동자체에 대한 부정적 인식을 심어준 결과이다.

90년대 이후 정권이 교체될 때마다 정보기관의 개혁은 각 정권이 선호하는 중요 정책과제 중 하나로 부각되었으며 탈정치·탈권력화를 내세운 정보기관 개편 작업이 지속적으로 이루어지고 있다. 일련의 개혁 작업에도 불구하고 정보기관에 대한 부정적 시각이 상존하는 것은 국익차원에서 정책에 기여하는 정보활동과 정보기관의 역할에 대한 제대로 된 성찰이 부족하기 때문이다.

정보활동의 기원은 인류의 역사와 함께 했다 해도 과언이 아닐 정도로 그 뿌리가 깊다. 역사적 관점에서 정보활동의 시작은 서양에서는 B.C. 1200년

경 트로이 전쟁의 승패를 좌우한 '트로이의 목마'를 들 수 있으며 동양에서
는 B.C. 600년경 춘추전국시대의 병법가 손자가 저술한 '손자병법' 제13장
용간편에서 인간정보활동(HUMINT)의 원리를 찾을 수 있다.

　이렇듯 정보활동은 인류역사와 함께 존재해온 활동이며 국가의 안전보장
과 생존을 위해 필수적인 활동인 것이다. 또한, 정보활동을 전문적으로 수행
하는 정보기관도 시대의 변화에 관계없이 국가이익과 안보를 위해 당연히
존재해야 하는 기관이다.

　현 정부 출범이후 대통령이 직접 국가정보원의 운영방향에 대한 명확한
비전을 제시하고 정보기관의 역할을 강조하고 있는 상황에서 국가정보활동
의 개념과 역할에 대한 올바른 이해는 국가안보와 국익은 물론 국가정보기
관의 혁신과 발전을 위해서도 매우 중요한 일이라고 하겠다.

2. 정책과 정보의 상관성

　국가의 정책결정 과정에 있어서 사전 판단을 위한 자료로써 정보는 매우
중요한 역할을 수행한다. 특히 국제적인 안보환경이나 대상국에 대한 정밀
한 분석과 판단이 요구되는 대외정책의 수립에 있어서 사전 정보는 필수적
인 요소이다.

　국가 정책과 관련하여 정보기관이 정책의 결정과 집행에 어떤 역할을 해
야 하는 것인가에 대해서는 상당한 논쟁이 존재한다. 앨런 덜레스 전 CIA
국장은 "CIA는 정책결정기관이 아니며 정책형성을 위한 정보를 제공하는 곳
이다."라고 언급하며 정보기관은 정보제공자로서의 역할에 충실해야 한다고
주장하였다. 반면 정보기관의 적극적인 역할을 강조하는 사람들은 정보기관
은 정책 수립을 위한 정보 제공은 물론 정책 집행 과정 등 국가의 정책과정
전반에 참여해야 한다고 주장하고 있다.

적시에 적절한 정보의 제공은 성공적인 정책 결정과 집행을 위해 필수적인 요소이며 정보는 정책의 수립과 집행에 도움을 줄 때 가치가 있는 것이다. 정보기관의 역할에 대한 논의를 위해서는 정책과 정보에 대한 개념정립과 상호 연관성에 대한 이해가 필요하다.

1) 정보의 용어적 개념

국가가 정책을 수립하고 집행하는 과정에서 정보기관의 역할과 관련해서는 다양한 이론과 논의들이 존재한다. 먼저 정책과 정보에 대한 일반적인 개념은 다음과 같이 정리할 수 있다.

정책의 개념에 대해 정치학자인 데이비드 이스턴(D.Easton)은 "전체사회를 위한 가치들의 권위적인 배분"이라고 정의하였고, 라스웰과 카플란은 "목표와 가치 그리고 관습의 계획된 프로그램"이라고 설명하였다. 결과적으로 정책은 "개인이나 조직이 주어진 환경 하에서 제기된 문제나 관심사를 다루고 해결하기 위해 취하는 일련의 행위 또는 행위과정"이며, 정부가 공공문제를 해결하기 위해 결정하고 집행하는 활동이라고 정의할 수 있다.

정보의 개념에 대해서는 다양한 정의들이 존재한다. 통상 우리말에서는 'Information'과 'Intelligence'를 모두 '정보'라는 용어로 번역하여 사용하고 있으나 두 단어는 의미상 상당한 차이를 가지고 있다.

'Information'은 'Intelligence'에 비하여 보다 포괄적인 개념으로서 ① 의미를 부여할 수 없는 자료(data) ② 검증되지 않은 상태의 첩보(Information) ③ 분석 및 평가과정을 거쳐 타당성이 검증된 지식(Knowledge)을 모두 포함하고 있다. 반면 'Intelligence'는 가공된 지식, 즉 수집된 자료가 분석 및 평가를 거쳐 확인된 사실로서 가치가 있는 검증된 지식만을 의미하는 것이다. 정보생산을 위해 수집된 자료나 활동을 일반적으로 첩보라고 부르기도 하는데 첩보는 정보생산을 위한 기초자료로써 분석 과정을 거치지 않은 상태를 의미하여 첩보가 분석과 검증을 거쳐 정보로 생산되는 것이다.

정보의 사전적인 의미는 '군사와 국가안보 등의 분야에서 어떤 방면의 정황이나 그에 관한 지식 또는 보고'라고 정의되어 있다. 정보의 정의와 관련하여 미국의 CIA는 "건전한 정책결정은 건전한 지식에 바탕을 둔 것이어야 하며 정보란 그와 같은 지식을 제공하기 위한 것이다"라고 규정했다. 정보분석의 대가 셔먼 켄트(Sherman Kent)는 "정보는 국가존립을 위한 필수적인 지식이며 조직이고 활동이다."라고 정보의 의미를 매우 포괄적으로 정의하기도 하였다.

정보는 수집이 어려운 비공개 정보와 일반인에게 공개되어 입수가 용이한 공개정보로 구분된다. 비공개 정보는 관련국의 정치 및 군사 · 외교동향 등에 관한 비밀 정보들이 대부분이며 공개정보는 정치 · 경제 · 사회 관련 일반 현황으로 누구나 쉽게 입수할 수 있는 자료를 말한다. 공개 정보나 비공개 정보 모두 최초 수집단계에서는 생정보(raw data)라고 하며, 분석 및 평가과정을 거쳐야 정보(Intelligence)로 인정된다.

이러한 다양한 정의들을 종합해 볼 때 정보(Intelligence)는 단순한 자료나 데이터 또는 분석과정을 거치지 않은 자료인 첩보 등과는 명확히 구별되는 개념으로 수집된 자료가 분석되고 평가되어 정책에 반영할 수 있는 정도의 지식으로써 가치가 있는 자료를 의미하는 것이라고 하겠다.

정보기관에서 수행하는 정보활동은 일반적으로 정보를 수집하는 수단과 방법에 따라 다양하게 불리어지고 있다.

HUMINT(Human Intelligence; 인간정보)는 정보요원들을 파견하여 직접 정보를 수집하거나 협력자나 제보자 등을 통해 간접적으로 정보를 수집하는 것이다. HUMINT 활동은 공개적인 자료수집이나 합법적인 활동은 물론 비밀공작활동(Covert Action) 등을 모두 포함하는 개념이다. 비밀공작활동은 정보기관 고유의 활동 중 하나로 활동의 배후를 은폐한 채 이루어지는 비합법적이거나 초법적인 활동을 말한다.

TECHINT(Technical Intelligence; 기술정보)는 과학 장비를 활용한 정보 수집

활동이며 수집형태에 따라 두 가지로 구분할 수 있다. 첫째, IMINT(Imagery Intelligence; 영상정보)는 첩보위성이나 정찰기를 활용하여 눈으로 식별할 수 있는 동영상이나 사진을 촬영하는 것이다. 둘째, SIGINT(Signal Intelligence; 신호정보)는 레이더나 탐지기 등을 통해 전파나 전기적 신호를 수집하는 것이다. SIGINT는 COMINT(Communications Intelligence; 통신정보), ELINT(Electronic signals intelligence; 전자정보) 활동으로 세분화하기도 한다.

그 외에도 인터넷, 신문, 방송, 출판물 등 공개된 출처로부터 자료를 수집하는 OSINT(Open Source Intelligence; 공개출처정보) 활동을 정보활동의 하나로 구분하기도 한다.

이러한 다양한 활동을 통해 수집된 자료들은 생자료(Raw Data)로써 정보적 가치를 가지지 못한다. 생자료들은 분석관들의 엄밀한 분석과정을 통해 지식으로써 가치가 있는 정보로 생산되며 이렇게 생산된 정보는 정책결정권자를 포함한 다양한 정보사용자들에게 배포됨으로써 정책에 반영되는 것이다.

2) 정보와 정책 관련 이론

정책결정과정에 있어서 정보의 역할에 관한 이론은 정보와 정책의 독립적 관계를 주장한 '전통주의 이론'과 정보와 정책이 상호 밀접하게 작용해야 한다는 '행동주의 이론'으로 대별할 수 있다.

'전통주의 이론'은 정보와 정책은 일정한 거리를 유지해야 하며 정보는 정책을 지원하는 보조적 역할에 머물러야 한다는 것이다. 전통주의론자들은 정보는 정책과 분리되어 독립적인 판단을 내려야 하며 정책결정자가 선호하는 정보만을 제공해서는 안 된다고 주장했다.

CIA 창설의 주역이었던 윌리엄 도노반 장군은 "정보 왜곡을 방지하기 위해 정보제공자와 정보사용자는 반드시 독립적인 관계를 유지해야 한다."며 정책이나 정치로부터 정보의 독립성을 강조하였다. 미국의 정보전문가인 셔먼 켄트(Sherman Kent)도 "정보는 정책결정을 안내하기 위해 필요한 만큼 밀접해야 하지만, 판단의 독립성을 보호하기 위해 충분한 거리를 유지해야 한다."며 정보의 독립적인 역할을 주장했다.

전통주의론자들은 정보생산자는 정보사용자와의 직접적인 상호작용을 하는 것은 바람직하지 않으며 자료 제공이나 분석요구에 수동적으로 응해야 한다고 주장했다. 미국의 정보이론 전문가인 로웬탈(Mark M. Lowenthal)은 "정보는 정책에 의존하여 존재하지만, 정책은 정보의 지지 없이도 존재할 수 있는 것이다."라면서 정책으로부터 정보의 독립성을 유지하기 위한 조건을 설명하였다.

정보가 정책으로부터 독립된다는 것은 정보가 정책결정과정에 영향을 줌으로써 특정한 결정을 하도록 유도하기 위한 정보 조작 행위가 있어서는 안 된다는 것이며, 정책사용자의 의도에 맞추어 정보를 생산하거나 왜곡해서는 안 된다는 것이다. 정보는 정책을 위한 조언자로서만 존재해야 한다는 것이 전통주의론자들의 주장이다.

반면, '행동주의 이론'은 정보와 정책은 밀접하게 연결되어 있으며 상호 공생적인 관계를 유지해야 한다는 것이다. 행동주의론자들은 정보는 정책의 결정과 집행에 있어 결정적인 역할을 수행해야 하며 정책은 정보와의 상호작용을 통해 수정되고 발전되는 것이라고 주장했다.

이들의 주장은 1950년대 미 CIA의 실무자들 사이에서 CIA가 생산한 정보들이 전통주의 이론에 따라 정책과의 독립적 관계를 유지하였으나 결과적으로 국가의 정책결정에 별다른 도움을 주지 못했다는 반성에 따른 것이었다. 전통주의론자였던 셔먼 켄트도 정보의 독립성 유지가 결과적으로 정보와 정책을 분리시키는 결과를 초래하고 있음을 인정하고 정보의 독립성에 대한 재고의 필요성을 제기하기도 하였다.

행동주의이론의 대표적인 학자인 로저 힐스만(Roger Hilsman)은 정책의 수립과 집행에 있어 정보의 적극적인 역할을 강조하였다. 그는 정보 생산자들은 정책결정과정에서 정보의 효과를 연구하고 이해해야 하며 정보와 정책 사이에는 환류(feedback)가 이루어져야 한다고 주장했다.

3) 정책과정에서 정보의 역할

정보와 정책의 관계에 있어 정보는 정책을 지원하기 위한 보조적 수단이라는 점은 명백하다. 따라서 정보가 정책을 좌우하거나 왜곡된 정보를 제공하여 잘못된 정책을 유도하는 것은 철저히 배제되어야 한다. 하지만 정보는 정책결정에 있어 필수적인 요소인 만큼 정보와 정책이 독립적인 관계를 유지하는 것보다는 상호 유기적인 관계를 형성하는 것이 바람직하다. 손자병법에서도 '지피지기 백전불태(知彼知己 百戰不殆)'라며 전쟁의 승패에 있어 정보의 중요성을 강조했다. 정보는 정책과 밀접한 관계를 유지할 때 유의미한 작업이 되는 것이다.

정보의 목적은 국익증대와 안전보장의 유지에 필요한 정책을 지원하는 것이다. 지식으로서의 정보는 질적으로 훌륭한 정책의 수립·선택·집행·평가 등 정책의 전체 과정에 공헌할 수 있을 때에 가치가 있다. 정책의 모든 과정은 정보활동의 생산물인 정보의 영향을 받게 된다. 정보가 정책에 아무런 도움도 주지 못할 경우 정보로써의 가치는 없는 것이다. 결과적으로 정보는 정책과 밀접한 관계를 가질 때 역할을 인정받게 된다.

정보는 국내외의 정책 환경을 진단하여 정책결정자로 하여금 현재의 상황을 제대로 인식토록 하는 역할을 해주기도 한다. 정책 환경에 대한 면밀한 진단을 통해 정책 수립과 집행에 필요한 정보를 제공함으로써 정책결정권자들의 판단에 도움을 주게 된다.

또한, 잠재적 적대국가의 위협을 평가하여 안보유지에 필요한 정책을 수립하는 데 기여하는 것은 물론 조기경보를 통해 돌발적인 안보상황에 효과적으로 대응할 수 있는 기회를 부여해주기도 한다. 조기경보는 잠재적 적대국의 군사력에 대한 감시는 물론 국제적 규모의 금융위기나 환경재난·전염병·국제범죄 등 국가의 안보에 영향을 주는 모든 요소들을 대상으로 삼고 있다.

정보는 국익 및 안보적 취약성을 평가하는 것은 물론 정책을 수립하고 조정하는 데 필요한 유용한 지식을 제공하기도 한다. 정책은 외교적·군사적·경제적·문화적 수단 등을 통해 이루어지며 정보는 이러한 수단을 활용하는 데 따르는 제약요인 및 정책에 대한 여론 등을 검토하는 데 필요한 판단을 제공하기도 한다.

정보는 정책의 수립은 물론 정책을 집행하기 위한 적절한 시기에 대한 판단도 제공해 준다. 훌륭한 정책도 적시에 집행이 이루어지지 않으면 효과가 반감되거나 실패할 수도 있다. 정보가 정책집행의 적절한 시기를 결정하는 데 필요한 판단을 제공해 주는 것이다.

정보는 정책 환경 진단, 정책의 수립과 조정, 정책결정, 정책집행 등 정책과정 전반에 걸쳐 중요한 역할을 수행하는 것이다. CIA를 비롯한 정보기관들의 미국 내 정보활동을 조사하기 위해 설치된 미 대통령 위원회(일명 '록펠러 위원회'; The Rockfeller Commission)의 보고서에는 정책과정에 있어서 정보의 중요성이 잘 언급되어 있다. 보고서에는 "정보는 정책 수립가들이 정확한 판단을 내리기 위해 필요한 지식이다. 정확한 정보가 반드시 정확한 정책결정을 가져온다고 할 수는 없으나 정확한 정보 없이는 실제 상황에 효율적으로 대처할 수 없다"고 단정하였다.

그동안 우리나라에서 정보기관은 정책을 지원하는 정보 제공자로서의 역할보다는 정책을 집행하는 권력기관의 모습으로 각인되었다. 이러한 부정적인 인식은 결과적으로 정보기관이 본연의 역할을 찾아가기 위한 개혁 노력에 장애요인으로 작용하고 있다. 정책과의 관계에 있어서 정보의 역할에 대한 올바른 인식을 통해 정보기관의 활동에 대한 오해를 불식하고 정보기관 본연의 역할을 정립할 수 있을 것이다.

3. 국가정보기관과 국가정보의 개념

정보기관은 통상 '국가정보기관'과 '부문정보기관'으로 대별할 수 있다. '국가정보기관'은 부문정보기관들을 조정하고 국가안보에 필요한 전략정보를 다루는 기관이다. 한국의 국가정보원, 미국의 CIA, 구소련의 KGB 등이 대표적인 국가정보기관이며 국가정보기관이 생산하여 배포하는 전략정보를 국가정보(National Intelligence)라고 부른다.

'부문정보기관'은 각 정부부처 업무특성에 맞춰 산하기관으로 설치되어 관련 정보를 수집, 분석, 배포하는 정보기관을 말한다. 우리의 경우 국군정보사령부, 국군방첩사령부 검찰 및 경찰의 정보부서, 정부부처의 정보업무 부서 등이 부문정보기관에 속한다고 하겠다.

국가정보는 국가안보를 관리 · 운영하기 위한 정보자산을 총칭하는 것으로 그 목표나 범위가 광범위하다. 국가안보와 관련된 정치, 경제, 사회, 과학기술, 군사 등 각 분야를 총망라하여 과거, 현재, 미래 수준별로 분석, 또는 예측한 자료를 국가정보 또는 전략정보라고 칭한다.

국가정보기관의 역할은 국가안보의 개념과 직결된다. 현대사회에서 국가안보의 개념은 다양하게 정의되고 있으며 시대상황에 따라 변화해 오고 있다. 냉전시기에는 국가안보의 범위를 군사와 정치라는 한정된 분야로 정의하는 것이 일반적이었으나 냉전 종식 이후에는 정치 · 군사뿐만 아니라 경제, 생태, 사회 안보 등을 포괄하는 개념으로 확대하고 있다. 이러한 안보개념의 확대로 인해 오늘날의 국가안보는 "포괄적 안보"라는 개념으로 정의할 수 있다.

포괄적 안보는 1970년대 일본에서 처음 사용된 개념으로 '안보를 달성하기 위해 국방력은 물론 경제, 외교, 정치 등 모든 분야의 역량을 갖추는 것'이라고 알려져 있다. 포괄적 안보 개념은 국가안보의 보편적 정의로 통용되고 있으며 군사, 경제, 환경, 사회 등 모든 분야를 망라하는 개념이다.

포괄적 안보의 강조로 인해 전통적 안보개념인 군사안보의 중요성이 감소되는 것은 아니다. 군사안보는 외부의 군사적인 침략으로부터 영토와 주권을 수호하기 위한 중요한 요소인 만큼 국가안보의 핵심적 가치라는 사실에는 변함이 없다. 다만 국가안보의 요소들이 시대의 변화에 따라 다양한 분야로 확장되고 있는 것이다.

먼저 '경제안보'의 경우 세계시장이 글로벌화 되어가는 추세 속에서 전 세계 국가들은 자본주의의 분업질서에 통합되어 가고 있으며, 다국적 기업의 발전으로 인해 자본과 기술은 더이상 한 국가만의 문제가 아닌 국경을 초월한 문제로 발전되어 가고 있다. 이러한 경제의 통합 추세는 개별국가들에게 기회이자 위협으로 작용하고 있다.

'환경안보'는 국가의 영토와 한정된 자원 속에서 국민들이 안전하고 행복한 삶을 영위할 수 있는가를 의미한다. 생존을 위한 공기, 식량, 자원 등의 지속적인 사용은 결과적으로 환경오염의 가속화와 에너지·자원의 부족을 야기한다. 생존에 필요한 자원들을 안정적으로 확보할 수 있는지 여부는 국가안보의 중요한 요소이며 그 중요성이 점점 더 커지고 있는 상황이다. 일본 후쿠시마 원전사고나 중국의 급속한 산업화는 우리나라의 환경에 지대한 영향을 미치고 있는 실정이다. 최근에 발생한 코로나 사태는 질병이나 전염병 등의 환경안보가 개별 국가차원의 문제가 아닌 전 세계 차원의 대응이 필요한 안보 문제임을 확인시켜 주었다.

'사회안보'는 테러나 마약·국제범죄 등을 총괄하는 개념으로 대내외의 위협으로부터 사회적 안정을 확보하는 것을 의미한다. 마약이나 테러, 국제범죄 등은 점점 거대화되고 국제화되는 양상을 보이고 있어 단순한 국가단위의 치안 차원이 아닌 국제적인 수준에서 각 국가의 존립과 안전을 위협하는 안보문제로 인식되고 있다.

국가정보기관은 이러한 포괄적 안보 환경 속에서 국가의 안전과 존립을 위해 다양하고 광범위한 분야의 정보활동을 수행하고 있다. 냉전의 종식에도 불구하고 정보기관의 중요성이 강조되고 있는 것은 이러한 안보 개념의 확대에 따른 정보수요의 증가 때문이라고 하겠다.

4. 냉전을 전후 한 정보기관의 역할 변화

정보기관은 시대의 변화에 따라 수행하는 역할과 기능이 지속적으로 변모하고 있다. 국가의 안전과 국익을 수호한다는 기본 명제는 변하지 않는 것이지만 수행하는 임무와 요구되는 역할은 부단히 변화해 오고 있다. 정보기관의 역할도 전쟁에서 승리하기 위한 군사정보 중심에서 국가의 이익을 증대시키기 위한 다양한 분야로 확대되고 있다.

냉전시기 각국의 정보기관들은 상대국에 대한 군사정보의 수집과 자국의 영향력 확대를 위한 비밀공작에 주력했다. 군사력이 국가안보를 결정하는 핵심적인 요소로 작용하던 냉전시기에 정보기관들의 이러한 행태는 당연한 것이라고 하겠다. 냉전을 주도하던 미국과 소련 사이에 치열하게 전개되었던 정보전은 정보활동의 전형처럼 자리매김하게 되었고 우리를 비롯한 많은 국가들이 미국의 CIA와 구소련의 KGB를 모델로 삼아 냉전적인 정보활동을 전개하였다.

그러나 냉전 종식이후 국가 간 전쟁의 위험이 감소하면서 국가안보의 핵심요소들이 군사력은 물론 경제나 과학기술, 테러위협 등 다양한 요소로 전환됨에 따라 정보기관들의 역할도 변화하게 되었다. 각국의 정보기관들은 정보활동의 범위를 경제 및 산업정보, 마약, 테러, 국제범죄 등 포괄적 안보 분야로 확대하고 냉전시기 사용했던 정보활동 기법을 그대로 동원하여 다양한 정보활동을 전개하였다. 정보기관들은 자신들이 보유하고 있는 다양한 정보자산들을 활용하여 생산한 정보들을 정부기관은 물론 민간분야에도 제공함으로써 국가 전체의 이익증대에 기여하고 있다.

냉전 종식으로 국가 간 무력 충돌의 가능성은 줄어들었으나 국가이익 증진을 위한 경쟁이 치열하게 전개되면서 우방과 적대국의 개념도 불분명해지고 있다. 자국의 이익을 중심으로 국가 간 보이지 않는 전쟁이라는 새로운 정보환경이 조성된 것이다. 정보기관들도 이러한 정보환경의 변화에 맞춰

정보활동 방향을 전환하고 적대국과 우방국을 가리지 않는 치열한 정보전을 전개하게 되었다.

시대의 변화에 맞추어 각국의 정보기관들도 조직 운영과 활동 방식에서 새로운 변화를 시도하고 있다. 과거 군사정보 수집을 위한 활동양상과 조직 운용에서 벗어나 다양한 분야의 정보활동에 부응하기 위한 새로운 형태의 조직 운용 및 활동방식을 모색하게 된 것이다. 많은 국가들에서 정보활동 예산 및 인력과 조직을 확대하는 것은 물론 과거 냉전시대 정보활동 기법들을 경제·산업정보 등 새로운 안보위협 대처에 적극 활용하고 있다.

경제·산업정보는 국가의 경쟁력을 좌우하는 중요한 요소인 만큼 정보기관들은 경제 동향에 대한 분석은 물론 최첨단 과학기술 관련 정보 수집에 역량을 집중하고 있다. 국가정보원도 1993년 '탈냉전·경제전쟁시대에 맞추어 과학기술 정보 및 산업정보 활동을 강화'하겠다고 발표한 후 자체적으로 생산한 각종 산업 및 경제정보 관련 사항들을 정부기관은 물론 관련단체 및 민간기업 등에 제공하고 있다. 정보의 활용 대상을 시대변화에 맞춰 다양한 분야로 확대한 것이다.

냉전이후 정보활동 양상의 변화중 하나는 적대적이거나 경쟁 관계였던 각국의 정보기관들 사이에서도 사안에 따라 협력이 이루어지고 있다는 사실이다. 최근의 코로나 사태와 같은 전 지구적인 차원의 위협에 대응하기 위해 정보기관들은 상호 간 협력을 강화하고 있다. 환경오염 및 전염병, 대량살상무기(WMD), 국제범죄, 테러 등에 대응하기 위해서는 국경을 초월한 국제적인 대응이 필수적이다. 이러한 새로운 위협에 대응하기 위해 각국의 정보기관들은 과거의 경쟁적이거나 적대적인 입장에서 벗어나 인류 공동의 적에 대응하기 위한 협력을 시도하고 있다.

5. 국가정보기관의 역할 모색

국가의 안전과 국익을 위해 정보활동을 전개하는 국가정보기관의 역할은 크게 정책을 지원하기 위한 조언자로서의 역할과 국익을 수호하는 보호자로서의 역할이라고 정의할 수 있다. 국가정보기관은 국가정책을 수립하고 집행하기 위한 정보 조언자로서의 역할에 최적화된 조직으로 재편되어야 한다. 과거 국가 운영의 전면에서 정책의 수립과 집행에 직접적으로 개입하던 업무방식에서 과감하게 탈피해야 한다. 또한, 국가정보기관은 정치적 영향에서 벗어나 국가의 안전과 국민의 생명을 지키고 국가의 이익을 보호하는 국익 수호자로서의 역할에 충실해야 한다.

정보기관이 생산하는 정보가 정책에 제대로 반영되고 정책에 도움을 주기 위해서는 정보사용자들의 요구에 부응하는 정보를 생산해야 한다. 따라서 정보기관들은 정책사용자들과 끊임없이 소통을 유지해야 한다. 정책사용자들이 필요한 정보를 정확하게 요구하고 정보기관이 이들의 정보요구를 정확하게 이해해야 제대로 된 정보를 생산할 수 있다.

정보기관은 정보사용자의 수요를 끊임없이 파악하기 위해 정보사용자와의 접촉을 최대한 유지해야 한다. 미국을 비롯한 선진 정보기관들이 국가 최고 정책결정권자에게 수시로 직접 보고를 하고 있는 것은 정보와 정책의 상호관계의 중요성에 따른 것이라 하겠다.

다만 정책사용자와 정보기관간이 적절한 상호관계를 유지하기 위해서는 확실한 원칙이 존재해야 한다. 정보가 정책을 합리화시키는 수단이 되어서는 안 되지만 정책에 아무런 도움을 주지 못하는 참고자료로 끝나서도 안 된다. 정보기관은 정책에 필요한 자료와 판단을 제공해야 하며 정책결정권자는 정보기관이 제공하는 정보에 귀를 기울여야 한다.

마크 로웬탈(Mark M. Lowenthal)은 정책결정권자와 정보기관 간의 이상적인 관계에 대해 다음과 같이 정의했다. "정책결정권자는 정보생산자 없이도 존재할 수 있으나 정보생산자는 정책결정권자 없이는 존재할 수 없다. 정보는 정책에 의존하여 존재하지만 정책은 정보 없이도 존재할 수 있다." 이러한 정의는 정책 지원수단으로써 정보의 역할을 명확하게 규정하는 것이다.

정보사용자가 정보기관을 자신의 정치적 이익을 위해 사용하고자 할 경우 정보 왜곡이 발생하게 된다. 정책결정권자에게 예속된 정보기관은 합리적인 정보생산이 불가능할 뿐만 아니라 정책조언자로서의 역할을 제대로 수행할 수 없게 된다. 잘못된 정보를 바탕으로 추진되는 정책이 실패하는 것은 당연한 결과이며 왜곡된 정보를 생산하는 정보기관은 국가에 심각한 손실과 해악을 끼치는 존재로 전락하게 된다.

국가정보기관은 정책을 지원하기 위한 판단을 제공하고 정책의 집행을 보조하기도 하며 정책에 대한 평가를 통해 정책의 수정을 돕기도 한다. 정책결정권자는 정보기관이 정책조언자로서의 역할에 충실할 수 있도록 정보기관과 원활한 소통을 유지하면서 동시에 정보기관의 독립성도 최대한 존중해야 한다. 또한, 정보기관이 정책을 좌우하거나 정책 집행에 직접 나서지 않도록 적절한 관리와 통제를 위한 시스템을 마련해야 한다.

국가정보기관에게 요구되는 또 하나의 역할은 충실한 국익 수호자가 되어야 한다는 것이다. 그동안 비밀스러운 영역에서 정보활동을 전개해 오던 정보기관들은 점차 공개적인 영역에서 국익을 위한 활동을 강화하고 있다. 포괄적 안보 환경 하에서 국가정보기관들은 국익과 국가안보를 위해 다양한 분야로 활동영역을 급속히 확대하고 있다.

그동안 정보기관들의 활동은 군사 정보활동에 집중됨으로써 정보기관들은 비밀공작을 추진하는 은밀한 기관으로 알려지게 되었다. 하지만 최근에는 경제·산업·환경 등 다양한 분야에서 국익을 확보하기 위한 정보활동과 국내 첨단기술과 산업기밀을 보호하기 위한 방첩활동이 강화되면서 정보기관들의 활동이 조금씩 공개되고 있다.

그러나 비밀을 강조하는 정보기관 업무의 특성상 활동내용이 대부분 공개되지 못함으로써 정보기관의 역할에 대한 평가는 제대로 이루어지지 않고 있다고 하겠다. 성공사례는 알려지지 않고 실패사례만 알려지는 정보기관의 속성으로 인해 정보기관에 대한 부정적 이미지가 형성되기도 하였다.

정보기관에 대한 부정적인 이미지를 해소하고 국민들의 신뢰와 지지를 확보하기 위해 국익확보를 위한 정보활동의 성과들은 일정부분 공개할 필요가 있다. 보안·방첩과 같은 법 집행 활동은 미국의 FBI와 같이 국민들의 협조와 지원 속에서 이루어지게 된다. 테러·국제범죄·마약·환경파괴 등과 같이 인류 공통의 가치를 위협하는 범죄적 행위에 대한 대응활동은 국민들의 지지와 신뢰를 이끌어 낼 수 있는 유용한 활동이라 하겠다.

우방국과 적대국의 개념이 불분명한 국제안보 환경 속에서 국익 수호를 위한 정보활동의 중요성이 날로 확대되고 있는 만큼 국익수호자로서의 역할 강화는 반드시 필요하다. 뿐만 아니라 국익수호 활동은 국가정보기관의 긍정적인 역할을 국민들에게 제대로 알리는 대국민 홍보 효과를 거둘 수 있다는 점에서도 매우 중요하다 하겠다.

6. 국가정보원의 역할과 개혁과제

국가정보원의 전신인 중앙정보부는 1961년 6월 창설당시부터 국내 정책조정 및 정보기획업무와 대공수사를 핵심 업무로 설정하고 조직과 인력을 운용해 왔다. '중앙정보부'가 창설됨으로써 해외정보활동도 체계적으로 이루어지게 되었으나 해외정보활동은 국내정보 활동의 보조적 역할에 머무른 것이 사실이다. 이러한 국가정보원의 임무와 역할은 1980년 '국가안전기획부'로 명칭이 바뀌고 1998년 다시 '국가정보원'으로 변모하면서도 대부분 그대로 유지되었다.

그런데 지난 문재인 정부에서 국가정보원의 핵심 업무였던 국내 보안정보 활동 중단과 대공수사권 폐지가 급속하게 이루어지면서 국가정보원은 업무의 방향성에 큰 혼란이 초래되었다. 정보기관의 업무 전환에 대한 심도 있는 검토가 제대로 이루어지지 않은 상태에서의 급격한 변화는 국가정보원의 역량을 심각하게 훼손하는 결과를 초래하였다. 또한, 핵심 업무 중단에 따른 인력조정이나 조직개편이 제대로 이루어지지 않음으로써 조직 내부적으로 혼란한 상황이 발생한 것으로 알려지기도 하였다.

뿐만 아니라 핵심 업무가 폐지되었음에도 불구하고 새로운 업무영역 창출이나 조직개편 등이 제대로 이루어지지 않은 채 기존의 조직과 인력을 그대로 유지함으로써 조직과 예산 운영의 비효율성이 심화된 것으로 보인다. 이러한 상태가 지속됨에 따라 일부에서는 국가정보원 역할에 의문이 제기되기도 하였다. 따라서 국가정보원의 역량을 회복하고 국익에 기여하는 살아있는 조직으로 되돌리기 위해서는 대대적인 조직개편과 인력조정은 물론 새로운 영역의 업무창출이 필수적이라 하겠다.

정보를 생산하는 정보기관의 역할은 국가정책을 지원하기 위한 조언자이자 국익을 수호하는 보호자로서의 역할이 핵심이다. 국가정보원도 정책 조언자로서의 역할에 최적화된 조직으로 거듭 태어나야 한다. 과거 국가 운영의 전면에서 정책의 수립과 집행에 직접적으로 개입하던 관행에서 벗어나 국가의 안전과 국민의 생명을 지키고 국가의 이익을 확보하기 위한 국익 수호자로서의 역할에 집중해야 한다.

정책조언과 국익수호라는 관점에서 국가정보원이 역량을 회복하고 본연의 업무에 충실한 정보기관으로 거듭나기 위해서는 대대적인 조직개편과 인력 재배치를 통한 혁신적인 업무 방식의 전환이 이루어져야 한다.

해외정보 활동을 강화하여 정보기관의 정체성과 역할을 복원하고, 국익과 국가 경쟁력 확보를 위해 과학기술 및 산업 경제정보활동을 강화해야 한다. 또한, 조직의 전문성과 독립성을 확보하기 위한 제도를 도입하고 직원들의 직업적 안전성을 보장하기 위한 인사정책이 시행되어야 한다.

안보를 중시하는 현 정부에서 정책조언과 국익수호라는 관점에서 개혁이 필요한 국가정보원의 역할과 업무는 우선적으로 다음과 같은 몇 가지 분야로 정리할 수 있다.

첫째, 국가정보원이 우선적으로 역량을 집중해야 하는 분야는 해외정보활동의 강화이다. 해외정보활동은 일반 행정부처에서는 수행할 수 없는 정보기관 고유의 업무 영역으로써 국가정보원의 정체성과 역할을 복원하기 위해 최우선적으로 강화되어야 할 분야이다.

해외정보활동을 강화하기 위해서는 해외 파견 요원을 대폭적으로 확대하고 파견지역을 정보환경 변화에 맞춰 새롭게 조정해야 한다. 과거 중앙정보부 시절 북한과의 대결 외교를 위해 제 3세계를 중심으로 전 세계에 요원을 파견하던 방식에서 벗어나 우리의 국익과 안보와의 비중을 고려하여 요원배치를 재조정해야 한다. 한반도 주변의 중요 국가에는 파견인원을 확대하고 중요도가 떨어지는 지역은 통합 운영하는 방식의 유연성을 발휘해야 한다.

또한, 해외파견 요원은 정보활동의 특성을 감안하여 팀 단위로 확대하여 파견함으로써 정보활동의 효율성을 제고해야 한다. 해외활동 요원의 확대를 위해 국내보안정보활동 및 대공수사권의 폐지 등으로 발생한 잉여인력을 해외요원으로 전환하기 위한 방안이 강구되어야 한다.

해외 파견요원들의 구성도 주재국 정부에 신분이 알려지는 공식 직함을 가진 요원(일명: 화이트) 못지않게 비공개 활동을 위주로 하는 요원(일명: 블랙)들의 비중을 확대하는 방안을 검토할 필요가 있다. 화이트요원의 경우 주재국과의 상호성 원칙에 따라 파견인원에 제한이 있고 문제발생시 추방될 경우 교체 인원의 재 파견에도 어려움을 겪게 된다. 반면 블랙요원은 인원파견에 제한이 없고 일반 행정부처에서는 할 수 없는 정보기관 고유의 은밀한 임무수행이 가능하다. 국민들에게 각인되어 있는 정보기관의 해외요원이미지는 은밀하게 활동하는 비공개 요원이라는 것을 감안해야 한다.

정보기관에서 수행하는 비밀공작은 일반인들이 상상하는 음험한 공작이나 부도덕한 활동이 아니며 '해외에서 우리정부의 역할이 드러나지 않도록 계획되고 실행되는 모든 정보활동'을 의미한다. 외국의 정보기관들은 비밀공작이라는 용어가 주는 부정적 이미지를 희석시키기 위하여 '특별활동(Special

Activity)'이나 '적극수단(Active Measure)'과 같은 용어를 사용하기도 한다. 비밀공작을 수행하는 정보요원의 확대는 국가정보원이 정보기관으로서 정체성을 회복하기 위해서도 필요한 조치라고 하겠다.

국가정보원의 역할과 임무에 대한 국민들의 인식은 영화나 소설을 통해 묘사되고 있는 수준에서 크게 벗어나지 않는다. 주인공들의 초인적인 활약은 별개로 하더라도 국민들이 원하는 정보기관과 정보요원은 보이지 않는 곳에서 국가를 위해 헌신하는 특별한 능력과 신념을 가진 애국자들과 이들이 모인 조직인 것이다. 일반 국민들의 정보기관에 대한 이미지와 인식은 국가정보원이 정보활동의 방향을 설정하는 데 하나의 기준이 된다고 하겠다.

둘째, 국익 증진을 위한 과학기술 및 산업 경제정보활동 강화이다. 첨단 과학기술과 산업은 국가 경쟁력 확보를 위해 필수적인 요소이다. 민간기업의 이윤추구 활동에 국가기관이 개입하는 것이 타당한 것인가라는 논란이 제기되기도 하지만 정보기관의 산업·경제정보 활동은 대부분의 기관에서 수행하고 있는 추세이며 그 중요성도 커지고 있는 상황이다. 몇 년 전 발생한 중국발 요소 수 사태와 최근의 자원무기화 추세는 산업·경제 정보활동의 중요성을 일깨워 주는 사례라고 하겠다.

산업·경제정보 활동의 효율성 측면에서도 정보기관은 정보 수집을 위한 전문 인력은 물론 첨단 수집 기술을 확보하고 있어 효율적인 산업정보 활동 수행이 가능하다.

또한, 산업 정보활동은 정보기관만의 독자적인 활동보다는 민간기업과의 협력관계 구축을 통해 그 효과를 배가할 수 있다. 이러한 사실은 민간 기업과의 협력을 통해 산업정보 활동을 전개하고 있는 일본의 사례에서 여실히 증명되고 있다.

국정원의 정보활동 목표의 다변화라는 차원에서도 산업·경제정보 활동의 강화는 필수적이다. 북한을 상대로 한 기존의 정보활동은 그대로 유지하면서 국익을 위한 산업·경제정보 활동을 강화하는 것은 새로운 업무영역 창출이라는 관점에서도 매우 유용한 선택인 것이다.

세계 각국의 정보기관들이 최첨단 과학기술 수집을 위한 산업정보 활동을 전개하고 있는 상황 속에서 산업정보 활동을 전담할 수 있는 전문 요원들의 해외 파견도 확대해야 한다. 이를 위해 기존 요원들에 대한 전문적인 교육은 물론 전문적인 지식과 역량을 보유한 과학기술 전문 인력을 적극적으로 확보해야 한다.

셋째, 국가정보원의 업무영역을 국내와 해외라는 지역적 기준으로 구분하는 것에 대한 검토가 필요하다. 정보활동을 목표와 대상에 따라 지역적으로 구분하는 것은 정보활동에 대한 이해의 부족에서 비롯된 것이다. 정보활동은 국내외 활동이 통합적으로 이루어짐으로써 효과를 거둘 수 있다.

미국의 경우 해외활동을 전담하는 CIA는 미국 내 지역 사무실을 운영하고 있으며 국내활동을 담당하는 FBI도 해외에 요원을 파견하고 있다. CIA와 FBI를 해외담당, 국내담당으로 구분하는 것은 각 기관의 역할과 임무를 제대로 이해하지 못하고 있기 때문이다.

국가정보원의 업무를 언론 등에서 통상적으로 해외·국내로 구분하여 언급하고 있는 것은 현실과도 부합하지 않는다. 국가정보원은 차장별 산하 조직을 지역이 아닌 업무별로 구분하여 편성하고 있기 때문이다.

국가정보원의 기능을 초법적 임무를 수행하는 정보·공작 활동과 보안·방첩·대테러를 담당하는 법집행 활동으로 구분하는 방안을 검토해야 한다. 대부분의 국가에서는 두 기능을 분리하여 별도의 기관에서 담당하고 있다. 통합형 정보기관을 운영한 사례는 구소련의 KGB나 일부 국가에서만 찾아볼 수 있다. 우리나라에서 통합형 정보기관 운영의 논리로 제시되는 남북한 대치라는 특수상황이 과연 통합형 정보기관 운영의 타당한 근거로 설득력을 가질 수 있는 것인지 의문이다.

정보기관 통합 필요성의 사례로 거론되는 9.11 테러이후 미국 정보체계의 변화는 정보의 통합과 분석을 위해 기존 정보기관들의 상위조직으로 국가정보국(Office of the Director of National Intelligence, ODNI)을 신설한 것이다. 미국 정보공동체의 변화는 정보기관의 통합이 아닌 정보의 통합과 분석을 강화하기 위한 조치였다. 기관의 분리는 유지하되 정보교류와 융합을 강화한 것이다.

정보기관 분리 시 문제점으로 거론되는 기관 간 경쟁과 협력의 상실, 예산과 인력의 중복 등은 상호 견제와 균형을 통한 정보독점 방지와 크로스 체크(Cross Check)를 통한 정보의 신뢰도 제고를 통해 충분히 보상할 수 있다. 예산과 인력의 중복으로 인한 비효율성 증대와 조직 비대화에 대한 우려는 분리된 조직의 전문성 강화와 조직 재편으로 상쇄할 수 있다. 중요한 것은 기존의 관행을 답습하는 것이 과연 타당한 것인가에 대한 객관적인 검토와 새로운 분리형 기구 창설에 대한 정책적 선택의 문제라고 하겠다.

정보기관의 업무영역을 초법적 정보활동과 법집행 활동으로 구분하는 것은 정보기관의 기능과 역할을 명확히 규정함으로써 정보활동에 대한 법적 논란의 소지를 차단하는 효과도 거둘 수 있다.

넷째, 현장 활동요원들의 정당한 임무 수행에 대한 책임을 면책할 수 있는 제도적 장치를 마련해야 한다. 국익이라는 합목적성에 입각하여 법과 도덕의 경계를 넘나드는 현장 활동요원들의 심리적 압박감은 상당할 수밖에 없다. 이러한 요원들의 정신적 부담과 법적 책임감을 덜어주고 적극적인 활동을 독려하기 위해서는 조직내부에 법적 제도적 장치를 마련해야 한다.

미국의 경우 중요한 비밀공작을 수행하기 위해서는 서면으로 대통령의 승인을 받아야 하며 의회에 통보하도록 제도화되어 있다. 이러한 절차는 현장 요원들의 심리적 부담감을 덜어주고 임무 수행에 대한 명분과 정당성을 부여하는 것은 물론 국가를 위해 일한다는 자부심을 심어주게 된다.

또한, 비밀임무를 수행하던 도중 문제가 발생할 경우 현장요원들에게 책임을 지도록 하는 행태는 지양되어어 한다. 현장요원들에게 책임을 묻는 것은 조직에 대한 신뢰를 떨어뜨리고 요원들의 사기를 저하시켜 결과적으로 조직 전체의 역량을 훼손하는 결과를 초래하게 된다. 임무지시 과정에서의 결재나 국회보고 등으로 실무요원들의 현장 활동 책임을 면제하는 내부처리 절차를 제도화해야 한다.

  정당한 절차와 지시에 따라 임무를 수행하다 발생한 사고로 인해 소송에 휘말리거나 개인적 피해를 입게 되는 직원들에 대한 지원과 보상 제도도 필요하다. 정당한 임무수행 중 발생한 사건으로 법적 소송에 휘말린 직원들에 대해서는 변호사 선임 등과 같은 소송비용을 조직차원에서 지원해야 한다. 뿐만 아니라 해외에서 비밀임무 수행 중 체포되거나 희생된 현장요원들에 대한 적절한 보상 절차도 마련되어야 한다. 이러한 지원이나 보상은 국가를 위해 헌신하는 요원들에 대한 국가나 조직의 당연한 책무라고 하겠다.

  다섯째, 국가정보원의 전문성 강화와 정치적 독립성 확보차원에서 국정원장에 대한 직위 조정 검토가 필요하다. 과거 중앙정보부장은 막강한 권력을 행사하였으며 이러한 구조는 정보기관이 권력기관이자 강력한 정치성을 가진 조직이라는 이미지를 형성하는 주요한 요인으로 작용하였다.

  정보기관장에게 부여되는 높은 직위와 강력한 권한은 필연적으로 정보기관이 정치적으로 독립성을 유지하기 어려운 구조를 만들어 내게 된다. 정보기관 책임자의 직위를 실무형에 맞게 조정함으로써 조직의 전문성과 독립성을 확보할 수 있도록 해야 한다. 높은 직위와 강력한 권한이 유능한 조직을 만들어 주는 것은 아니다.

  또한, 국가정보원장 임명시 공개적인 인사청문회 제도를 적용하는 것이 과연 타당한 것인가에 대한 검토도 이루어져야 한다. 정보기관장에 대한 공개적인 청문회가 은밀한 활동을 수행하는 정보기관의 속성에 맞는 것인지 의문이다. 정보위원회를 통한 비공개 청문회 실시와 같은 제도적 보완이 필요하다고 하겠다.

  여섯째, 국가정보원 직원들의 전문성과 직업적 안전성을 보장하기 위한 인사제도를 도입해야 한다. 1980년 중앙정보부를 장악한 신군부 세력이 기존의 중앙정보부 직원들을 퇴출시킬 목적으로 도입한 계급정년제는 직원들을 옥죄는 멍에로 작용하고 있다. 전문성을 강조하는 정보기관에서 직원들의 조기 퇴출을 강요하는 계급정년제를 적용하고 있는 것은 정보역량 약화라는 점에서 심각한 문제라고 하겠다.

요원들의 조기퇴출을 강요하는 계급정년제는 직원들의 전문성과 공무원으로서의 직업적 안정성을 해칠 뿐만 아니라 과도한 진급경쟁을 유발함으로써 조직 갈등을 부추기는 요인으로 작용하고 있다. 특히, 일반 공무원에 비해 현저하게 빠른 퇴직과 연금 공백을 발생시키는 계급정년제는 조속히 폐지되어야 한다. 또한, 전문성을 보유한 퇴직요원들을 업무에 적극 활용하여 조직 역량을 강화할 수 있는 제도적 장치도 마련해야 한다.

마지막으로 정보기관 구성원들의 직업윤리라 할 수 있는 '정보윤리'의 확립이 필요하다. 국가정책을 수행하는 정책가들에게 공익과 사회적 책임이라는 '정책윤리'가 필요하듯이 정보의 실질적 생산자인 정보기관 요원들도 도덕적 직업관이자 활동의 준거가 되는 '정보윤리'의 확립이 필요하다. 국가정보기관을 구성하고 정보를 생산하는 것은 결국 정보요원들이다. 아무리 훌륭한 제도와 절차를 도입한다고 해도 이를 직접 운용하는 정보요원들이 올바른 가치관과 국가관을 가지고 있지 못하다면 어떠한 역할도 기대할 수가 없다.

정보기관이 국익을 위해 바람직한 역할과 기능을 수행하기 위해서는 정보요원들의 '정보윤리' 확립이 필요하다. 요원들의 '정보윤리'는 투철한 사명감과 국가관을 가진 직원을 선발한 후 지속적인 교육과 의식개혁을 통해 정보요원으로서의 자긍심과 직업의식을 심어줌으로써 형성될 수 있다.

정보기관요원들은 임무완수를 위해서라면 어떠한 활동도 용인된다는 자의적 사고에 빠지기도 한다. 그러나 정보기관의 활동들이 정당성을 인정받는 경우는 국가안보와 국익이라는 합목적적인 기준이 적용되었을 경우만으로 한정된다는 사실을 명심해야 한다. 정보활동의 모든 판단 기준은 국가안보와 국익이라는 관점에서 이루어져야하기 때문이다.

정보기관의 외형적인 개혁 못지않게 중요한 것이 국가정보기관에서 근무하는 직원들의 마인드이다. 조직이나 제도와 같은 외형적인 틀은 이것을 실질적으로 운용하는 사람들의 가치관이나 직업윤리에 따라 전혀 다른 모습으로 나타날 수 있다. 정보기관의 실질적인 혁신은 직원 개개인의 의식혁신을 통해 완성되는 것이다. 정보기관 요원들의 도덕적 직업관이라 할 수 있는 '정보윤리'의 확립이 중요한 이유이다.

국가의 안전과 국민의 생명을 지키기 위한 중요한 정보를 다루는 정보요원들에게 투철한 사명감과 국가관으로 뒷받침되는 '정보윤리'의 확립은 조직혁신을 위해 무엇보다도 우선되어야 할 가치이다. 최근 언론지면을 장식하고 있는 국가정보원 내부의 심각한 인사 난맥상은 '정보윤리' 확립의 필요성을 보여주는 단적인 사례라고 하겠다.

7. 맺음말

치열한 정보경쟁의 시대에 국익을 확보하고 국가안보를 수호하기 위한 국가정보기관의 중요성은 새삼 강조할 필요가 없다. 특히, 북한이 미사일 발사와 핵 실험 재개 위협을 지속하고 있는 현재의 안보상황을 고려할 때 국가정보원의 역할은 그 어느 때보다 중요하다.

지난 문재인 정부당시 국가정보원은 갑작스러운 국내보안정보 활동 중단과 대공수사권 폐지 입법 등으로 방향성을 상실하고 역량이 훼손되고 있는 것으로 알려지고 있다. 국가정보원은 국민들의 신뢰와 사랑을 받고 국익창출에 기여하는 조직으로 거듭 태어나야 한다.

정보기관 본연의 임무인 해외정보활동에 역량을 집중하고 국익을 위한 산업·경제 정보활동을 확대해야 한다. 또한 통합정보기관의 틀에서 벗어나 정보활동과 법집행 업무를 분리하여 집행하는 전문기관으로의 변신을 모색해야 한다. 정치적 독립성의 확보와 직원들의 전문성과 직업적 안정성을 유지하기 위한 혁신적인 인력운영 제도 도입도 필요하다.

국가정보원이 과거의 부정적 이미지에서 벗어나 본연의 역할을 수행하기 위해서는 대대적인 조직개편과 인력 재배치를 통한 업무 혁신으로 면모를

일신하고 국민들의 지지와 신뢰를 회복하기 위한 철저한 개혁을 지속적으로
추진해야 한다.

또 한 가지 중요한 사실은 국가정보기관이 정보기관으로서 본연의 업무에
충실하고 바람직한 역할을 수행하기 위해서는 정보기관 스스로의 노력 못지
않게 정보의 최종 사용자인 정책결정권자의 의지가 중요하다. 정책결정권자
가 어떤 정보를 필요로 하고, 정보기관에 어떤 정보를 요구하느냐에 따라 정
보기관의 역할이 달라질 수 있기 때문이다.

첨예한 남북 대치상황과 치열한 국제경쟁 속에서 국가의 안전과 국익을
확보하기 위한 국가정보기관의 역할은 강화되어야 한다. 국가정보기관이 본
연의 역할을 제대로 수행하기 위해서는 국민들의 지지와 성원이 필수적이
다. 국민들의 믿음과 신뢰를 받는 조직으로 거듭나기 위해 국가정보원은 철
저한 자기 혁신을 통해 과거의 부정적 이미지를 벗고 새롭게 변모하고자 하
는 지속적인 자정노력을 기울여야 할 것이다.

참고 문헌 ───────────────────────────────

강인덕, 「한 중앙정보 분석관의 삶 1」, 파주: 경인문화사, 2022.

김당, 「시크릿 파일 국정원」, 서울: 메디치미디어, 2016.

김병진, 「정책학개론」, 서울: 박영사, 2001.

김윤덕, 「국가정보학」, 서울: 박영사, 2001.

문정인 편저, 「국가정보론」, 서울: 박영사, 2002.

천영우, 「대통령의 외교안보 어젠다」, 서울: 박영사, 2022.

Fred W.Rustman Jr, 박제동 역, 「CIA 주식회사」, 서울: 수희재, 2004.

Paul Todd, Jonathan Bloch, 이주영 역, 「조작된 공포」, 서울: 창비, 2005.

Peter Schweizer, 황건 역, 「국제산업스파이」, 서울: 한국경제신문사, 1993.

Tim Weiner, 이경식 역, 「잿더미의 유산」, 서울: 랜덤하우스코리아, 2008.

강기옥, "국가 정보기관의 구조와 기능 및 발전방향에 관한 연구", 연세대학교 석
    사학위 논문, 2003.

염돈재, "국가정보기관의 산업정보활동의 근거와 범위에 관한 연구", 서울대학교
    석사학위 논문, 1998.

임성재, "정책과정에서 국가정보기관의 역할에 관한 연구", 경희대학교 석사학위
    논문, 2004.

II

국가정보기관의 해외정보활동

신 언

II

국가정보기관의
해외정보활동

신 언(국가정보연구회 회장)

1. 개관

　해외정보는 고전적 의미로 볼 때 중국 춘추시대의 전략가 손자가 집필한 것으로 알려진 손자병법, 그중에서도 제13편인 용간(用間) 편에서 뿌리를 찾을 수 있다. 사람을 활용하여 적진의 상황과 정보를 수집하는 것이 내용이다. 현대적 용어로 소위 휴민트(HUMINT)의 시원(始原)이라고 할 수 있다. 그러나 여기서 논하려는 해외정보는 아무래도 제2차 세계대전 이후 탄생한 미국 CIA의 활동에 대한 연구가 출발점이 되는 것이 바람직하다고 볼 수 있다.

　미국은 2차 대전을 계기로 이전의 고립에서 탈피, 세계 최강의 국가로 부상하게 되면서 전 지구적인 차원에서 국제문제를 다룰 수밖에 없는 지위를 갖게 되었다. 이러한 상황 변화를 배경으로 트루먼 행정부는 1947년 국가안보법(National Security Act)을 제정하였으며, 함께 제정된 CIA 법(CIA Act)에 따라 CIA가 탄생하게 된다.

　CIA의 탄생은 몇 가지 점에서 주목할 만하다. 첫째, 1941년 12월 일본에

의한 진주만 기습공격이라는 중대한 정보실패에 대한 반성과 교훈, 둘째, 제
2차 세계대전을 겪으면서 정보의 중앙 통제 및 집중의 필요성에 대한 인식,
셋째, 그동안 육군, 해군 등 각 군이 가진 정보역량에 의존하던 미국의 정보
체계가 CIA라는 국가정보기관 탄생으로 최초로 국가단위 정보체계로 전환
된 점 등이다.

대한민국의 해외정보는 어떠한 위치에 있는가? 국가정보원의 전신으로
1961년 탄생한 중앙정보부는 발족 당시 미 CIA를 모델로 하여 출범하였다.
그러나 출범 당시에는 국가가 처한 국정상황과 안보현실로 인해 대통령의
국정운영보좌와 북한공산집단의 도전에 대한 응전을 주 임무로 수행하게 되
면서 국내정보 중심의 운영이 주축을 이루었다. 따라서 해외정보가 국내정
보를 지원하는 부수적 역할로 인식되어 온 것은 부인할 수 없는 사실이다.

물론 북한의 제3세계 외교와 공작에 대처하기 위해 해외에 백색, 흑색의
정보요원을 파견하기 시작하고 해외정보의 중요성에 대한 인식이 제고되기
는 하였지만 국내정보 중심의 운영은 문민정부의 출범을 알린 김영삼 정부
에 이르기까지 큰 변화가 없었다. 또한 민주화와 잦은 정권교체로 인해 안기
부, 국정원이 정쟁의 대상이 되고 존립에 대한 도전이 제기될 때마다 해외정
보가 국내정보 존치의 방패막이 되어왔음도 부인할 수 없다.

그러나 구소련의 붕괴로 인한 탈냉전 시대의 도래 이후 다변화된 안보환
경은 국가정보기관이 더 이상 국내, 국외를 구분하면서 존재하기 어려운 상
황이 되었다. 오히려 전통적 안보위협의 증가는 물론, 미－중 간 전략경쟁,
기후변화, 경제안보와 팬데믹 등 새로운 안보환경에 대처하기 위한 해외정보
의 역량 강화는 한시도 늦출 수 없는 필수적 요구(vital necessity)가 되었다.

특히 2022년 2월 러시아의 우크라이나 침공과 2023년 벽두 사이버공간을
강타한 AI 기반의 챗GPT 등장은 정보기관들에 대하여도 미증유의, 미답의
길(unprecedented & untrodden path)을 가도록 강요하고 있다. 다시 말해 4차
산업혁명 시대와 디지털혁명의 도래는 정보기관들로 하여금 휴민트(HUMINT)
와 약간의 기술적 요소(TECHINT)가 혼합된 전통적 운용방식에 안주하지 못

하게 만들고 있으며 혁신적 변화(innovation)를 추구하게 하고 있다.

대한민국 정보기관의 경우, 태생의 한계로 인해 오랜 기간 새로운 정권의 전리품이나 정쟁의 대상이 되어옴으로써 급변하는 국제안보환경에 효율적이고 능동적으로 대처하는 데는 한계를 보여 왔다. 따라서 그동안 종속변수로 간주되어 왔던 해외정보의 본질적 변화는 더더욱 어려웠다. 아래에서는 정보의 순환 사이클을 염두에 두면서 달라진 정보환경의 변수들을 고려하는 가운데 해외정보 분야의 근본적 변화(paradigm shift) 방향을 제시하고자 한다. 이를 위해 수집, 공작, 분석(보고서 생산 포함) 등 해외정보의 모든 분야가 다루어질 것이다.

2. 수집(Collection)

1) 여건의 변화

효율성의 문제를 떠나 국가정보원은 대통령 직속기관으로 대외적으로 대한민국의 정보공동체를 대표해 왔다. 따라서 자연스럽게 해외공관에 요원을 파견(I/O 또는 파견관/수집관)하고 외교부, 국방부 및 각 부처의 주재관들과 정보를 공유하면서 수집활동을 전개해 왔다. 또한 파견국과의 정보협력을 통해 북한을 비롯한 우리의 적대세력에 대한 정보를 수집해 왔다. 여기에는 대공, 방첩, 대테러 등 다양한 분야가 포함되어 있다. 파견관의 해외수집활동은 그 자체가 비밀(secrecy)로 취급되어 배타적 영역으로 간주되어 온 측면이 강하다. 그러나 민주화로 인한 유관부처들의 발언권 강화와 상호 견제 작용은 과거와 달리 파견관에게 정보의 영역에서 배타적 지위를 허용하지 않는 분위기가 조성되도록 만들었다.

이러한 정보기관, 또는 파견관에게 인적 요소보다 더 큰 도전을 야기한 것은 PC와 인터넷으로 대변되는 제3차 산업혁명이라고 할 수 있다. 소위 공개출처정보(OSINT)의 시대가 도래한 것이다. 이전에는 비밀로 취급되어 파견관만이 독점할 수 있던 정보가 컴퓨터에 접근이 가능한 일반인들에게까지 여과 없이 전파되기 시작했다. 사실 과거에는 첩보나 정보는 정보기관의 영역에 들어온 순간부터 비밀로 취급되어 온 것이 사실이다. 그러나 이제는 80-90%의 공개정보를 처리하면서 나머지 비밀정보를 수집, 처리해야 하는 것이 정보기관, 나아가 해외 파견요원들의 임무가 되었다.

특히 4차 산업혁명의 총아라고 할 수 있는 디지털(사이버공간)과 AI의 본격 등장은 정보 생태계를 뿌리째 뒤흔들 수 있는 대사건이다. 2023년 초 등장한 AI기반의 챗GPT의 등장은 인류에게 경이를 넘어 공포심까지 조성하고 있다. 물론 각국 정보기관들은 사이버와 AI시대의 본격적인 도래를 기관 차원에서 예견하고 대응해 오기는 하였지만 정보수집의 최전선에 있는 해외파견요원들 역시 이 같은 추세에 적응하지 못한다면 그 존립자체가 어렵게 된 것이 오늘의 현실이다.

2) 안보위기의 성격변화

사실 정보기관은 위기를 먹고산다. 위기를 사전 예견(early warning)하고 그 대응책을 고민하는 것을 중요한 임무(業)로 한다. 그래서 정보기관이 보는 세상은 모두 위기로 가득 차있다. 그렇다고 해도 최근의 정보환경은 오랜 기간 우리가 경험치 못한 미증유의 위기들 속에 놓여있다. 어떻게 보면 이 같은 안보위기의 성격변화에 가장 큰 영향을 받게 되는 것이 해외정보 분야라는 데 전문가들 사이에 큰 이견은 없다.

다음에서는 대한민국이 직면하고 있는 안보위기의 특성을 ① 전통적 안보위기의 심화, ② 국제정세와 한반도 안보의 연동성 및 동조화(synchronization), ③ 국제적 안보위기 상황 간의 상호연결성(inter-connectivity)과 복합화(complexity), ④ 국가안보위협요인의 다양화(diversity)로 규정하고. 그 특성별로 부연설명을 하고자 한다.

가) 전통적 안보위기의 심화

우리의 전통적 안보위기의 핵심은 당연히 북한 공산정권이다. 지난 문재인 정부는 김정은의 비핵화 의지를 맹신하면서 한반도 평화프로세스 정착을 지상과제로 추진하였다. 그러면서 김정은 환심 사기와 달래기를 위해 5년의 기간 동안 극단적 대북 유화정책을 추구해 왔다. 심지어 2020년 6월 개성소재 남북공동연락사무소에 대한 북측의 일방적 폭파도발에 대해서도 책임소재를 따지지 못하고 김여정 등에 의한 멸시에 가까운 대한민국 디스카운트를 감내하는 굴욕을 대한민국과 국민에게 안겨주었다. 문 정부는 자신들의 대북정책으로 연평해전, 천안함 폭침과 같은 남북 간 무력충돌이 없었다고 강변하지만 오늘날 대한민국이 처한 안보현실은 참담한 지경이다. 김정은 집단은 2022년 김여정의 8.19자 담화를 통해 핵을 국체(國體) 운명이라고 주장한 데 이어, 9월에는 선제 핵공격을 법제화함으로써 비핵화를 정면으로 거부하였다.

북한은 2022년 한 해 ICBM 능력 제고와 SRBM, 전술핵무기 개발 등을 공표하고 88차에 걸친 미사일실험을 강행하면서 한국과 미국에 대한 대결노선을 노골화하였다. 뿐만 아니라 한·미 간 확장 핵억제 정책과 연합 군사훈련을 선전포고로 간주한다면서 한반도의 긴장수위를 한껏 높이고 있다. 또 한 가지 부정적 요인은 과거 북핵에 대한 유엔의 제재에 동참해 왔던 중국과 러시아가 미-중 간 전략경쟁과 우크라이나 전쟁을 둘러싸고 안보리에서의 거부권행사 등으로 북한의 도발억제에 협력하지 않고 있다는 점이다.

나) 국제정세와 한반도 안보의 연동성 및 동조화(synchronization)

반도체, 배터리 등 첨단기술을 둘러싼 미-중 간의 대립양상 첨예화와 함께 발발한 지 1년이 지난 현시점에도 종식의 기미를 보이지 않고 있는 우크라이나 전쟁은 신냉전시대의 도래, 핵무기 사용을 포함한 제3차 세계대전 발발 가능성 등의 표현이 자연스럽게 회자되는 국제정세를 조성하고 있다.

특히 우크라이나 사태는 국제사회를 자유민주주의 체제와 권위·전체주의 체제 간의 대립양상으로 몰고 가고 있다. 2022년도 시진핑 주석과 푸틴 대통령은 정상회담을 통해 '한계 없는 동반자관계'를 천명하였으며, 러시아가 중국은 물론 심지어 북한으로부터 무기를 공급받는 것을 추진하고 있다는 언론의 보도가 나오고 있다. 이에 대해 미국은 중국이 러시아에 무기를 제공할 경우 심각한 결과에 직면하게 될 것임을 경고하고 있다.

세계는 러시아의 우크라이나 침공 초기부터 이런 상황이 권위·전체주의 세력을 고무시켜 다른 지역으로 비화될 가능성에 주목하였다. 그런 가운데 2022년 8월 낸시 팰로시 미 하원의장의 대만방문이 촉발한 양안 간의 긴장 고조는 중국의 대만침공과 미-중 간 무력충돌의 가능성을 현안으로 부각했다. 대만문제로 인해 동북아에서의 세력균형에 균열이 발생할 경우, 무모한 핵과 미사일 개발을 통한 극도의 벼랑 끝 전술을 취하고 있는 북한이 이에 편승하여 한국에 대한 도발을 기도할 개연성을 우려하지 않을 수 없다. 문재인 정부 5년간의 대북유화정책의 결과 북한의 핵과 미사일 능력의 고도화가 이루어진 점은 간과해서는 안 될 변수이다.

다) 국제적 안보위기 상황 간의 상호연결성(inter-connectivity)과 복합화(complexity)

한반도에서 멀리 떨어진 중부 유럽대륙에서 진행되고 있는 우크라이나 사태는 국제사회에 대해 단순히 군사안보적 측면을 넘어서 지정학적, 지경학적으로 복합적인 영향을 미치고 있다. 아산정책 연구원은 2023년도 국제정세 전망에서 복합경쟁(complex competition)을 화두로 제시하고 있다. 또한 오랜 기간 미국 정보공동체에서 활동한 정보전문가인 매튜 버로우(Mathew Burrow)와 로버트 매닝(Robert Manning) 두 사람은 2022년 연말 National Interest誌 기고에서 2023년도에 세계를 위험에 빠뜨릴 가능성이 있는 10대 요인을 열거하면서 러시아의 우크라이나 침공으로 조성된 복합위기(poly crisis)에 최우선 순위를 부여한바 있다. 우크라이나발 복합위기에는 2차 대전 또는 냉전 종식 후 유럽대륙에서 발생한 대규모의 무력 충돌이라는 측면 이외에도 세계 최대를 자랑하는 우크라이나 산 밀수출 차단으로 인한 세계적 식량 파동과 서방을 겨냥한 푸틴의 에너지 무기화 시도 등 경제적 요인이 포함되어 있다.

과거에는 경제위기는 경제위기대로, 안보위기는 안보위기대로 분리 대응이 어느 정도 가능하였으며 미, 중, EU 등 주요 국가들 간의 협력이 문제 해결의 긍정적 요소로 작용하기도 하였다. 버로우와 매닝이 전망한 바와 같이 국제사회는 식량위기, 미-이란 간 핵협상, 개도국 부채위기, 기후변화, 김정은의 핵 무력 강화 등 무수한 위험 요인들에 직면해 있다. 문제는 "불행은 혼자 오지 않는다."라는 경구와 같이 이러한 위기들이 복합적으로 작용하여 개별국가의 범주를 넘어 세계적 차원의 긴장과 불안을 조성한다는 점이다.

라) 국가안보 위협요인의 다양화(diversity)

COVID-19 이전에도 SARS, MERS 등의 팬데믹이 특정 지역이나 사람들에게 고통을 준 적은 있지만, COVID-19처럼 장기간 세계 보건을 위협한 사례는 없었다. 어떻게 보면 2022년 2월 러시아의 우크라이나 침공 전까지 인류 공동체의 최대 현안이었다고 해도 과언이 아니다. 이전에는 지역분쟁과 같은 전통적 안보 위협요인들에 비해 부차적인 것으로 간주되었던 소위 신 안보 위협요인들이 정보의 영역에 현실로 다가오면서 그 비중은 더욱 커지고 있다.

디지털 시대의 도래와 함께 사이버 안보는 각국의 공통 현안으로 이미 자리 잡고 있으며 심리전, 타국의 선거개입, 해킹을 통한 불법 금융획득 등 다양한 형태의 정보적 도전을 제기하고 있다. 최근에는 첨단 기술을 둘러싼 미-중 간 경쟁과 갈등, 신자유주의 및 글로벌리즘의 퇴조와 각국의 자국이익 우선주의 등의 작용으로 인한 경제안보가 새로운 화두로 등장하면서 "경제안보가 곧 국가안보"라는 인식이 급속히 확산되고 있다.

　정보기관이 모든 신 안보의 영역에 관여하는 것은 불가능한 일이지만 국가안보와 국익에 직·간접적 영향을 미치는 사안들에 대하여는 조기경보와 대응을 위한 정책적 지원이 가능하도록 역량을 키워나가야 한다. 신 안보 위협의 많은 부분이 전 지구적인 차원에서 발생하고 전개되는 것인 만큼 해외정보의 역할과 기능의 중요성은 아무리 강조해도 지나치지 않을 것이다.

3. 공작(Operation/Covert Action)

　공작은 광의의 의미에서 수집의 한 수단이다. 그래서 과거 국정원은 북한과 같은 적성국가에 사람을 보내 첩보를 수집하는 자체를 수집공작이라 명명하기도 하였다. 그러나 엄밀히 말하면 공작은 적(敵) 또는 상대방이 감추려고 하는 정보를 획득하거나 탈취하기 위한 적극적(affirmative) 정보활동을 지칭한다.

　요즈음은 자주 사용되지 않는 것 같지만 정보기관이 공작 추진 시 대상에 대해 협력을 유도하는 4가지의 요소가 있다. 첫째, 금전(Money), 둘째, 이념(Ideology), 셋째, 노출/강요(Compromise/Coercion), 그리고 마지막으로 자아/자신에 대한 과대평가(Ego) 등으로 통상 MICE로 불린다. 이른바 스파이 스토리에 각 요소에 해당하는 사례가 무수히 많지만 미 CIA의 에임스(Aldrich Ames), NSA의 스노우든(Edward Snowden)과 몬테스(Ana Montes) 등을 예시하는 것으로 그 의미를 충분히 이해할 수 있을 것이다.

　한국의 정보기관 역시 이 같은 4가지 요소를 활용하여 해외공작 활동을 전개해 왔다. 보안상의 이유로 구체적인 내용을 밝히기는 어렵지만 북한의 핵개발과 외화벌이 활동에 대한 신뢰할 만한 첩보 수집을 위하여 해외의 북한요원과 북한과 우호협력관계에 있는 국가들의 관련자에 대한 포섭공작 추진 시 상기 4가지 요소들을 활용하였다는 정도는 언급할 수 있다.

공작도 전체적인 정보활동의 환경변화를 피해나가지 못하는 가운데 공작환경은 날로 열악해지고 있다. 더욱이 디지털 기술의 발달로 공작 추진 환경은 더 많은 제약을 받게 되었다. 공작을 추진하는 요원들 역시 변화된 정보활동의 환경변화에 적응(adapt)해야 하며 디지털, 사이버 시대에서 생존 가능한 활동역량으로 무장하여야 한다.

공작의 대상이나 목표도 지역의 특성에 따라 달라질 수밖에 없다. 대북공작, 영향력 공작, 경제안보 관련 공작 등이 포함될 것이다. 동시에 경계해야 할 점은 우리 측의 공작활동이 주재국 보안 및 공안 당국의 감시(surveillance)의 목표라는 점이다. 종종 시비의 대상이 되고 있는 국내정보활동과 달리 해외에서의 공작활동은 기본적으로 대상국의 법률적 제약을 우회, 회피하면서 진행되는 경우가 다반사이다. 이를 위해서는 철저한 가장 신분, 가장 스토리가 준비되어 있어야 하며, 주재국의 관련 법(미국의 FARA 등)을 숙지하고 유사시 활용할 수 있어야 한다. 주재국 법률 위반으로 우리 외교에 부담을 주어서는 안 될 것이다.

이와 함께 공작대상에 대한 철저한 파악과 협조자(agent)에 대한 신뢰를 구축해야 한다. 동시에 협조자에 대한 익숙함을 경계해야 하며 협조자에 의한 기만, 거짓의 가능성을 배제하지 말아야 한다. 전임자가 활용하던 협조자 인수 후 반드시 신뢰성 재확인의 과정을 거쳐야 한다. 협조자가 우리 측이 필요로 하는 첩보나 정보를 조작하여 제공할 가능성도 항시 경계해야 한다. 미국이 이라크 전 개시를 결정하는 과정에서 담당자가 독일 BND가 운용하던 협조자(코드네임 Curve Ball)가 제공하는 첩보를 검증 없이 본국에 보고함으로써 이라크가 대량살상무기(WMD)를 개발 중이라는 판단오류를 범했던 정보실패의 사례는 우리가 교훈으로 삼을만하다.

우리 정보역량의 성장과 함께 공작분야에서 성과가 기대되는 것은 정보협력을 통한 공작이다. 이 부분은 아래 정보 협력 부분에서 조금 더 상술하고자 한다. 아울러 우리가 잘할 수 있는 공작이 무엇일지에 대하여도 개념이 정립되어야 한다.

4. 정보 협력

정보협력은 정보기관이 가지는 정보역량의 한계를 극복하고 정보목표를 달성하는 주요한 수단이다. 특히 한국의 국가정보기관은 1961년 출범 당시 처해 있던 '북한의 대남안보위협'이라는 특수한 안보환경으로 인해 미 CIA와 긴밀한 관계를 유지해 왔으며, 창설과정에서도 CIA의 협조를 받은 것으로 알려져 있다. 미국과의 정보협력은 그 뒤로도 미약한 국력 등의 요인으로 인해 상당 기간 북한의 대남 안보위협에 대처하는 중요한 수단이 되어왔다. 그러한 열세 상황에서도 한국은 대북정보역량을 꾸준히 제고시킴으로써 정보기관으로서의 위상을 인정받게 되었다.

냉전기간 동안 한국 정보기관의 정보협력은 자유민주주의 국가의 정보기관들에 국한되어 왔다. 그러나 냉전의 종식은 한국 정보기관의 정보협력 대상과 범위에 큰 변화를 가져왔다. 그 결과 구소련, 중국 등 과거 적성국으로 분류되던 공산권 국가들과의 정보협력관계를 개설하게 된다. 물론 이들 국가의 정보기관과의 협력은 미, 일, 유럽의 우방국 정보기관들과는 그 성격에서 큰 차이가 존재한다.

우리의 경우 정보협력은 외교·안보분야의 정식 채널을 통해 달성하기 어려운 국가적 목표 달성을 지원하는 데 상당한 기여와 역할을 해왔다. 구체적 내용을 밝히기는 어렵지만, 탈냉전의 조류를 이용한 북방정책, 중국, 구소련 등과의 수교지원, 제3세계 국가들과의 수교 성사에 고위급 정보협력은 의미 있는 기여를 해왔다.

세계 10위권 경제로의 성장으로 대변되는 우리의 국력신장은 정보협력에도 많은 변화와 영향을 가져왔다. 과거 개도국 당시 우리의 경제가 그랬듯이, 정보협력 역시 주로 우리가 상대의 도움을 요청하는 경우가 많았다. 그러나 이제는 정보협력에서도 대등한 교류가 이루어지고 있으며 상대적으로 역사와 경험이 일천한 외국의 정보기관들에 대해서는 정보협력의 채널을 통해 그들이 필요로 하는 부분에 지원을 제공하고 있다. 다시 말해 정보협력 역시 과거의 수혜의 입장에서 혜택을 공여하는 입장으로 전환되고 있다. 이 같은 교류를 통해 상대 정보기관이 가지고 있는 영향력을 우리나라와 해당 국가 간의 실질적 관계발전에 활용할 수 있는 선 순환적 효과도 기대할 수 있다.

또 한 가지 정보협력의 향후 발전 방향으로 개척할 수 있는 분야는 정보협력 공작이다. 우리로서는 우선적으로는 북핵문제 해결을 위해 비확산분야에서의 협력을 상정할 수 있으며 상호 이해관계가 일치하는 영역에서 협력을 확대 강화해 나갈 수 있을 것이다. 이러한 기대는 우리의 정보역량 강화와 함께 제고된 국제정보공동체 내에서의 위상제고로 가능하게 되었다. 정보협력 공작이 가능한 구체적 대상으로는 국제테러리즘, 국제범죄, 팬데믹을 비롯한 신 안보 위협 등에 대한 공동 대처 등을 상정할 수 있다.

5. 분석(정보의 생산/보고)

정보기관이 국가원수를 비롯한 정책집단을 보좌하는 것은 민감한 첩보보고 등 수시적인 경우도 있지만 통상 생산, 가공된 정보보고서를 통해서이다. 미국의 경우, 국가정보국(DNI)이 대통령에게 매일 정보보고(PDB)를 제공하고, 일본의 경우도 내각조사관이 총리에게 정보사항을 보고하는 것으로 알려져 있다. 우리의 경우도 과거 중앙정보부 시절부터 최고책임자(부장, 원장)가 대통령에게 정기적 대면보고를 하는 관행이 오랜 기간 지속되어 왔다. 진보성향의 정부 등장과 함께 정보기관의 국내정치 개입차단과 권력기관 견제를 명분으로 대통령과 정보기관장간 대면보고의 관행이 중단 내지 축소되기는 하였으나 이는 정보기관을 숙정의 대상으로만 간주하고 정보의 기능과 역할에 대해 무지한 국가지도자들의 인식부족에 기인한 탓이다.

정책과 정보의 상관관계에 대해서는 국내, 국외를 막론하고 오랜 논쟁이 계속되어 왔다. 우리의 경우, 국정 전반에 대한 정보기관의 역할에 대한 요구가 상당기간 지속되어 왔으며, 그로 인한 부작용이 시비의 대상이 되어왔던 것이 사실이다. 반면, 미국, 일본, 영국, 독일 등 외국의 경우, 정보는 철저히 정책결정을 보좌하는 것이라는 인식이 지배적이다. 그러나 현실에 있어서는 정보기관과 대통령이나 총리와의 관계(proximity theory)에 따라 정책과 정보의 경계가 모호해지는 경우도 없지 않다. 또한 정보가 정책결정자의 의도에 영합하게 될 경우, 미국의 이라크 침공의 근거를 제공한 이라크의 대량살상 무기 개발과 같은 엄청난 정보실패를 초래하게 된다.

좋은 분석은 객관성과 정확성이 담보되어야 하는데, 우리 정보기관의 경우 '차단의 원칙'을 근거로 우리만의 분석에 그치는 경우가 종종 있다. 분석의 내용과 질에 대한 비교와 경쟁이 부족했음을 지적하지 않을 수 없다. 아울러 분석부서들 내에 존재하는 도제(徒弟) 시스템이 갖는 폐쇄성도 좋은 분석의 생산에 부정적 역할을 한 측면이 있다. 지금과 같은 디지털과 공개정보(OSINT)의 시대에 이같이 닫힌 구조 하에서는 정보기관이 생산하는 분석에 대한 높은 평가가 존재하기 어렵다.

오늘날 해외정보 분야의 분석관들은 공개정보의 홍수와 인터넷매체를 포함하는 국내외의 무수한 언론과 사이버공간을 통해 전파되는 조작, 허위 정보와 치열한 싸움을 전개해야 하는 어려움에 직면해 있다. 그러나 제한된 인력으로 이 같은 변수에 일일이 대응하기는 불가능하다. 디지털과 정보 홍수의 시대에 양질의 분석정보 생산이 가능하도록 인적요소, 시스템 등에서의 변화와 혁신이 요구된다.

6. 해외정보 역량강화를 위한 제언

앞에서 해외정보에 포함되는 여러 가지 요소별로 현 실태와 문제점을 정리했다. 지금과 같은 복합위기의 시대에 국가안보와 이익을 지켜내기 위해서는 해외정보의 더 많은 역할과 기여가 요구되고 있다. 지금부터는 전술한 내용들에 기초하여 해외정보 역량의 제고방안을 제시하고자 한다.

1) 4차 산업혁명, 디지털시대에 부합(adaptation)하는 인적 시스템의 개혁·정비

가) 수집·공작 분야

아마도 공작을 포함, 수집분야에 종사하는 요원들의 대다수는 자신들을 'human handler'로 간주하면서 HUMINT에 관심의 대부분을 쏟고 있을 것이다. 물론 정보기관에 있어 humint는 기본이고 가장 핵심적 요소이다. 그러나 이들 요원들이 상대해야 할 세계가 엄청나게 변화하고 있다. 디지털 환경에 적응하지 못하고서는 일상의 간단한 업무처리조차 어려운 실정이다. 따라서 우선 디지털 환경에 대한 기본적 이해와 함께 어떻게 디지털 시대에 정보활동을 수행해야 하는지에 대한 교육과 훈련이 필요하다. 미 CIA도 전체요원의 30% 이상에 대해 디지털화(digitalization)를 위한 재교육을 실시하고 있다고 윌리엄 번스(William Burns) CIA 국장이 언급한 바 있다. 최근 국방 분야에서 디지털화로 무장한 전투 병력에 대한 논의가 빈번히 이루어지고 있다. 정보기관의 수집, 공작분야에서도 'AI와 디지털로 무장된 전사들'(armored with digital & AI)의 등장은 시대의 변화에 적응하는 자연스러운 현상이다.

수집, 공작 분야에 배치, 파견되는 요원들에 대한 교육과 훈련과정에 디지털화에 대한 내용이 필수적으로 포함되어야 한다. 주의할 것은 이 같은 교육과 훈련이 HUMINT에 의한 수집, 공작활동과 배타적이 아니라 상호 융합작용이 이루어지도록 해야 한다는 점이다. 광의의 디지털화의 일부이기도 하지만 정보 분야는 차치하고라도 우리의 일상생활에서조차 사이버공간을 떠나서는 살기가 어려운 환경이 이미 현실이 되고 있다. 정보활동과 사이버영역을 어떻게 연결하는가도 중차대한 도전이 될 것이다.

나) 분석 분야

디지털화로 인해 가장 큰 부담과 스트레스를 받는 영역이 분석 분야가 될 것이라는 점에는 이견이 없다. 이제 분석업무는 디지털화로 더욱 그 위력을 과시하고 있는 공개출처 정보와의 싸움에서 살아남아야 한다. 공개정보의 홍수 속에서 정보적으로 가치 있는 요소를 추출해 낼 능력배양을 위한 교육과 훈련이 강화되어야 한다. 채용단계에서부터 디지털화의 소양이 고려되면 더욱 좋을 것이다. 이러한 변화의 시도는 전통적 분석의 틀에 익숙한 베테랑 분석관들과 일정 부분 마찰이 있을 수 있다. 그러나 이 같은 문제는 베테랑 분석관들은 새로운 환경에서 '경험과 통찰'(insight)을, 육성된 분석관들은 방법론과 디지털 시대의 정보환경에 대한 지식을 상호 공유하면서 공통분모를 키워나가면 된다.

해외정보에서 분석이 차지하는 비중의 중요성은 아무리 강조해도 지나치지 않는다, 왜냐하면 정보기관은 생산한 정보보고서를 통해 국가원수를 비롯한 정책결정 집단에 어필(appeal)하기 때문이다. 따라서 분석의 틀을 어떻게 디자인할지는 매우 중요한 문제이다.

2) 우선수집정보목표(PNIO) 시스템의 재정비 및 강화

서두에서 정보기관은 위기를 먹고사는 집단이라고 정의한 바 있다. 그러므로 분석분야 책임자는 위기, 특히 국가안보상의 위기의 성격과 대상을 규명하는 작업을 선행해야 한다.

우선 지역적으로 안보위기의 등급을 매길 수 있다. 한국은 최대의 안보위협인 북한이 제1지대(1st Tier)가 되어야 하며, 북한문제와 연계하여 잠정적 위협인 중국, 러시아 등이 제2지대(2nd Tier), 테러리즘과 미ー중 간 전략경쟁이 충돌하는 중동, 동남아 등이 제3지대(3rd Tier), 기타 미국, 일본, EU 등 전통적인 우방 국가들을 제4지대(4th Tier)로 분류할 수 있다.

요소별로는 전통적 안보, 탈냉전 후 한 때 정보세계의 중요한 화두가 되어왔던 테러리즘, 미ー중 간 전략경쟁이 촉발한 경제안보, 팬데믹, 기후변화 등 소위 신 안보 위협 등이 분석의 중요한 대상이 된다. 요즈음은 별로 회자되지 않는 듯하지만 위에서 언급한 지역과 요소 두 가지를 융합하여 새로운 우선수집정보목표(PNIO)의 체계를 재정비하여 수집, 공작분야 활동의 방향타로 활용하는 것이 바람직하다.

3) 한국형 정보공동체 구축을 통한 총체적 국가정보 역량 제고

과거 국정원은 정보의 기획, 조정 기능을 가지고 있음으로 인해 자연스럽게 정보의 수렴과 종합이 가능했으며 미국의 CIA나 현재의 DNI가 수행하고 있는 미 정보공동체의 주도기관(leading agency) 역할을 수행할 수 있었다. 그러나 국정원을 무력화시키려는 기도가 수년간 지속됨으로 인해 그나마 정부 내에 유지되던 정보교류의 기능이 많이 약화되었다. 게다가 북한의 도발이라는 전통안보 위협이 더욱 심각한 국면에 접어들고 미ー중 갈등, 경제안보 등 과거 경험하지 못한 새로운 위협들이 계속 등장하고 있는 안보환경 하에서 정보역량 강화는 고사하고라도 국가정보기관과 부문정보기관들이 각자 움직이는 양상을 보이는 안타까운 현실에 놓여있다.

우리나라가 가지고 있는 해외정보 관련 자산(asset)으로는 국정원 거점, 외교공관, 군 무관부, 각 부처 주재관들이 있다. 이와 같은 정보자산들로 하여금 앞에서 기술한 것처럼 PNIO를 공유하도록 하고 협력의 네트워크를 구축하는 방안을 검토할 필요가 있다. 이를 위해 필요하다면 각 정보자산의 모기관(본부) 간에 양해각서(MOU)를 교환할 수 있다. 이러한 계획은 물론 대통령실의 지원을 필요로 한다.

또 한 가지 미국이나 일본에 비해 우리가 취약한 점은 정부 − 기업(민간요소) 간 정보적 측면의 협력이 거의 부재하거나 매우 취약하다는 점이다. 우리의 국력신장과 함께 민간분야의 역량은 엄청나게 발전해 왔다. 이해충돌(conflict of interest)의 위험을 피해 가면서 국가안보와 국익확보를 위해 정보 분야에서의 민관협력은 더 이상 외면하기 어려운 실정이다. 정부 부처끼리의 협력을 핵심(core)으로 하고 민관 협력을 외연으로 하는 범국가적 정보공동체의 구축이 이루어져야 한다.

4) 한국적 공작모델 창안

정보 또는 공작기관이라고 하면 전문가·비전문가를 떠나 흔히들 모사드를 제1순위로 꼽는다. 우리 정보기관이 모사드와 같은 조직으로 변신할 수 있을까? 솔직히 대답은 '불가능'이다. 그러면 우리가 실행할 수 있는 공작은 어떤 것이 되어야 할까?

물론 휴민트를 통한 공작이 기초가 되어야 할 것이다. 여기에 디지털과 사이버 공간을 통한 기술적 공작요소가 가미되어야 할 것이다. 본부와 현지 간의 긴밀한 협력은 필수조건(a must)이다. 가령 북한을 대상으로 하는 대북정보 유입과 심리전 공작 추진 시 휴민트의 한계를 극복하는 수단으로 기술적 수단이 활용될 수 있을 것이다. 제주, 창원 등지에서 발생한 간첩사건에서 볼 수 있듯이 향후 남북 간에는 상대방 체제를 겨냥한 치열한 공작의 공방이 오갈 것이다. 특히 북한이 한국 내의 좌익세력을 해외로 불러내어 정부퇴진 등의 공작추진을 명령하고 있다는 점에서 우리의 해외방첩공작의 중요성이 더욱 부각될 것이다.

다음으로 우리가 할 수 있는 공작으로 영향력 공작을 생각해 볼 수 있다. 우리 정보역사는 70년대 중앙정보부에 의한 소위 '박동선 사건'(Korea Gate)이라는 아픈 기억을 가지고 있다. 물론, 정보기관이 자칫 외교관계에 부정적 영향을 미칠 수도 있는 영향력 공작을 하는 것이 타당한지에 대한 논쟁이 있다. 우리는 오랜 기간 일본이나 이스라엘이 주요 국가들을 대상으로 전개하는 영향력 확대 움직임을 부러운 눈으로 지켜보아 왔다. 최근에는 러시아의 미국 대통령선거 개입 시도, 중국의 캐나다 및 호주에서의 선거개입 및 조야 침투기도 등이 기사화되는 것을 보고 있다. 사실 외교부 산하의 국제교류재단(Korea Foundation)이나 한국 국제협력단(KOICA)을 통한 대외지원, 기재부의 대외경제협력기금(EDCF) 등도 우리 정부의 선한 영향력 확대 노력이라고 할 수 있다. 그러나 국가안보 및 경제안보 등에서 정보기관만이 수행할 수 있는 영역이 있을 것이다. 이러한 성격의 공작은 단기성과에 연연하지 않으면서 장기적 계획 하에 추진해야 한다.

다음으로는 정보협력을 통한 공작의 확대, 강화가 필요하다. 우리는 북한이라는 최대의 위협이면서 역량 면에서 강점을 가지고 있는 공작자산이 있다. 국정원이 많은 투자와 노력을 경주하고 있는 것으로 알려진 비확산분야도 유망한 정보협력 공작의 대상이다. 북한문제 이외에도 국제정보공동체 내에서 상승한 위상을 바탕으로 공동의 관심사를 개발하여 정보협력 공작으로 발전시켜 나갈 수 있다. 다만 한 가지 우려되는 것은 우리 정보기관이 공작추진에 합당한 치밀성과 과감성, 야성(野性)을 갖춘 요원들을 충분히 육성해왔는지에 대한 의문을 배제하기 어렵다.

5) 정보기관을 국가 지혜창고(國家 智慧倉庫)로 전환

앞에서 잠깐 언급했지만 정보기관은 생산보고서를 통해 대통령을 위시한 정책집단의 평가를 받게 된다. 결국 얼마만큼 우수한 분석관(정보관)을 가질 수 있느냐의 문제로 귀결된다. 국정원도 미 CIA의 Kent School 같은 분석관 훈련 시스템을 가지고 있지만 과연 그 훈련이 공개정보의 홍수 속에서 가치 있는 정보를 가려내고 정보환경의 변화에 대응할 수 있는 분석관을 육성하고 있는지를 평가할 필요가 있다.

국정원이 외교부, 국방부, 통일부 등의 안보부서와 필요한 정보교류도 하고 분석평가를 공유하고 있는지는 알 수 없다. 미국의 경우, CIA, DIA, 국무부(정보조사국)들 간에는 서로 전투("we are going to fight with them.")라고 할 정도로 정기적이고 심도 있는 정보평가의 과정이 존재한다. 또한 분석의 고정적 틀에 빠질 수 있는 위험을 피하기 위해 DNI 산하에 국가정보관들로 구성된 NIC를 설치하고 단기, 장기적 분석과 전망을 담은 NIE를 발표하고 정보공동체 내에서 공유한다. 또한 DNI 분석차장산하에 Intellipedia라는 데이터 저장 공간을 보안등급에 따라 설치, 미국 정보공동체 구성원들이 소속이나 계급을 막론하고 자유롭게 분석한 견해를 공유토록 하고 있다. 우리가 유사한 체제를 도입하기 위해서는 각 기관 간 약정이나 양해각서 체결 등의 절차가 필요하겠지만 고려할 만한 내용이라 하겠다.

앞에서 여러 번 언급하였지만 오늘날 안보위기는 전통적 안보위협 이외에도 권위/전체주의 체제 대 자유민주주의 세력 간의 경쟁과 갈등, 팬데믹, 에너지 및 식량위기, 경제안보 등 요인이 상호작용하는 복합적 성격(Poly crisis)을 내포하고 있다. 그만큼 정보기관의 중장기적 판단과 전망 역량이 중요하다. 특히 국가정보기관은 시사적 현안에 대한 분석이 우선순위를 가지지만 타당성과 객관성을 인정받는 중장기적 분석역량을 갖출 것이 요구되고 있다. 국정원이 컨트롤 타워 역할을 하는 것이 가장 합리적인 것으로 보이지만 필요하면 정보공동체 구성 기관들이 공동으로 참여하는 기제(mechanism)를 고려해 볼 수 있다.

6) 대외경쟁력 강화를 통한 분석관의 역량 제고

정보기관, 특히 국정원의 분석관들은 정보기관 고유의 차단의 원칙과 폐쇄성으로 인해 그 능력에 대한 검증을 받을 기회가 제한되어 온 측면이 있다. 그러나 지금과 같은 공개정보의 시대에 그 같은 여유는 허용되기 어렵다. 자신이 담당하는 현안에 대해 속도와 내실을 겸비하지 않고서는 외부의 민간 전문가와 언론 등 공개매체와 경쟁할 수 없다. 물론 민감한 사안에 대해서는 정보기관이 분석내용을 외부에 공개하거나 토론의 대상으로 하는 데는 한계가 있겠지만 내부 조율을 거쳐 정보기관 분석관들이 국내외의 유관학술회의 등에 참석, 자신의 견해를 공유하고 검증받는 시스템의 도입을 검토할 필요가 있다.

7) 해외정보에 대한 정책결정 그룹 및 정보기관 지휘부의 인식 개선

한 국가의 정보에는 국내, 해외 등 여러 요소들이 존재한다, 그럼에도 우리가 일상적으로 직면할 수밖에 없는 정보환경 속에서 해외정보의 중요성은 간과하지 못할 만큼 부각되고 있는 실정이다. 대통령을 포함한 정책결정 그룹이 이러한 정보환경 변화를 제대로 이해하고 국가적 차원의 해외정보역량 강화에 관심과 지원을 아끼지 말아야 한다. 정보기관 지휘부는 정보활동이 내포하는 특수성에 대한 분명한 이해를 가지고 기관을 운영해야 한다. 앞에서 열거한 해외정보활동의 현재와 발전방향을 참고하여 지휘부로서의 역할과 책임을 다할 것이 요구된다. 여기에는 외국 정보기관과의 차원 높은 정보협력을 통해 국가안보의 수호는 물론 국익증진에 기여하는 적극적 활동이 포함된다. 정보협력의 성과 사례는 일일이 열거할 필요도 없이 수없이 존재한다.

현재의 국가정보기관은 2020년 12월 당시 여당인 민주당의 입법 폭거로 관련법이 개정된 이후 활동에 철저히 족쇄가 채워진 상태이다. 세계 어느 국가의 정보기관도 우리와 같은 족쇄를 차고 운영되는 사례가 없다. 오래전 러시아에서 최덕근 영사의 피살과 같은 비극을 겪기는 하였지만 해외정보활동은 주재국의 법률과 방첩활동의 견제를 넘나들면서 수행해야 하는 업무다. 지휘부는 예산, 인원, 조직 등에서 현지의 요원들이 공세적으로 활동할 수 있는 공간을 제공하도록 노력해야 한다.

이러한 주장의 연장선상에서 해외정보활동 중에 사망, 체포와 같은 피해를 입게 되는 요원들에 대해서는 보호 및 보상을 위한 법률적, 제도적 장치를 마련토록 해야 할 것이다. 단순히 '이름 없는 별'로는 부족하다.

대북정보의 중요성과 활동 방향

유성옥

Ⅲ

대북정보의
중요성과 활동 방향*

유성옥(국가안보전략연구원 이사장)

1. 서론: 한반도의 분단 현실과 국가정보 활동

국가정보활동이란 국가차원에서 이루어지는 거시적이고 포괄적인 최고수준의 정보활동으로서 국가안보와 국민 전체의 이익에 기여하기 위한 전략적 목표하에 수행된다. 또한 국가정보활동은 국가정보[1]를 생산하고 활용하기 위한 총체적인 활동이기도 하다. 이런 측면에서 볼 때 국가정보활동에서 반드시 고려해야 할 3요소를 든다면 ① 그 국가가 처한 특수한 안보환경

---

* 본 논문은 한국행정학회 국가정보연구회 세미나(2021.3.20.)에서 발표한 자료를 보완 정리한 것임.

1) '국가정보'의 개념과 관련 "국가정보는 다양한 데이터, 첩보, 전문적인 분석을 통한 정보화의 과정을 거쳐 정책결정자에게 도움을 주기 위해 분석된 지식을 의미하며"(윤정석, 「국가정보학의 이해」, 오름, 2014, p.34.) "국가정보는 국가적인 차원에서 활용되며, 그 사용자가 주로 국가의 최고결정자라는 점에서 구별되며, 지식과 활동을 수행하기 위한 국가적 조직까지도 포괄한다"(전웅, 「현대국가정보학」, 박영사, 2015, p.6.)는 견해가 있다.

② 국가가 지향하는 목표 ③ 헌법적 가치의 구현 등이 될 것이다.

이를 우리 현실에 적용해 보면 국가정보활동에서는 첫째, 안보환경 측면에서 오늘날 대한민국은 국가안보의 주적(主敵)이자 전대미문의 독재국가인 북한으로 부터 상시적이고 심각한 위협을 받고 있다는 점을 고려해야 할 것이다. 지난 2021년 1월 개최된 조선노동당 8차 당 대회에서 북한은 '전략무기 5대 과업'[2]을 제시하면서 우리를 겨냥한 전술핵무기의 개발과 비평화적 방도(무력)에 의한 통일 의지를 노골적으로 드러냄으로써[3] 우리의 안보환경이 보다 엄중한 국면으로 접어들었다.

둘째, 이러한 상황에서도 우리는 자유민주주의와 시장경제가 떠받치고 있는 대한민국의 국가정체성을 지키고, 이를 발전시켜 나감으로써 보다 안전하고 번영하는 국가를 만들어 나가야 한다는 점이다.

셋째, 우리는 세계 유일의 분단국가로서 헌법 전문('평화적 통일의 사명')과 헌법 4조('자유민주적 기본질서에 입각한 평화적 통일정책의 추진')에 명시된 대로 한반도 통일이라는 헌법적 가치를 구현해 나가야 한다는 점이다. 따라서

---

2) 8차 당 대회에서 김정은은 ① 극초음속 미사일 ② 초대형 핵무기와 대륙간탄도미사일(ICBM) 및 다탄두 개별유도기술(MIRV) ③ 핵추진잠수함(SSBN) 및 잠수함 발사 탄도미사일(SLBM) ④ 핵무기 소형화와 전술무기화 촉진 ⑤ 군사정찰위성 및 무인정찰기 개발을 '전략무기 5대 과업'으로 제시하였다. 이후 북한은 김정은이 교시한 '전략무기'들을 빠짐없이 개발·시험해 오는 등 '5대 과업'의 조기 완성에 주력하고 있다.

3) 8차 당대회에서 김정은은 "핵무기의 소형 경량화 전술무기화를 보다 발전시켜 현대전에서 작전임무의 목적과 타격 대상에 각이한 수단으로 적용할 수 있는 전술핵무기 개발을 지속해야 한다"고 강조함으로써 사실상 우리를 겨냥한 전술핵무기 개발을 최초로 언급하였다. 또한 개정된 당 규약 서문에 "조국통일을 위해 강력한 국방력으로 군사적 위협을 제거하여 조선반도의 평화적 환경을 수호한다"고 명시하였다. 이와 관련 2021.1.10.일 자 노동신문은 "이것은 강위력한 국방력에 의거하여 조선반도의 영원한 평화적 안정을 보장하고 조국통일의 역사적 위업을 앞당기려는 우리 당의 확고부동한 입장으로 반영"이라고 주장함으로써 유사시 무력통일을 배제하지 않고 있음을 분명히 하였다.

우리가 전개하는 국가정보활동은 무엇보다도 이 세 가지 요소를 모두 충족시켜 나가는 방향으로 추진되어야 할 것이다.

이에 본 논문은 ① 한반도의 특수한 안보환경 하에서 전개되는 국가정보활동에 있어 대북정보가 가지는 중요성을 살펴본 후, ② 바람직한 대북정보활동의 방향이 무엇인지를 모색하면서 ③ 결론 부분에서는 대북정보역량을 강화하기 위해서는 어떠한 노력이 경주되어야 할 것인지를 고찰하고자 하였다.

2. 국가정보활동에서 대북정보의 중요성

1) 조기경보(early warning) 기능과 북한 도발의 억제

신속하고 정확한 대북정보는 북한위협에 대한 징후를 사전에 포착해 내는 조기경보의 기능을 함으로써 북한의 도발을 억제하는 역할을 하게 한다. 정전협정 이후 북한은 3천여 건의 크고 작은 대남도발[4]을 감행해 왔다. 김정은 체제에 들어 북한은 4차례의 핵실험과 대륙간탄도미사일(ICBM)·잠수함발사 탄도미사일(SLBM) 및 신형 중·단거리 미사일 시험발사를 지속 감행하였다.

북한은 문재인 정부 이후 남북 간에 채택된 「4.27 판문점 선언」(2018.4)과 「9.19 평양 선언」(2018.9) 및 「9.19 군사분야 합의서」(2018.9)를 무색하게 하는 대남도발 행보를 이어 오고 있다. 2020년 6월에는 「판문점 선언」(1조 3항)에 의해 설치된 남북공동연락사무소를 일방적으로 폭파하였다. 같은 해 9월에는 우리 해수부 공무원을 코로나 방역을 이유로 해상에서 무참히 살해하

---

4) 북한은 정전협정 이후 직접침투·간접침투 등 2,002건의 대남침투와 지상·해상·공중도발·전자전 도발 등 1,118건의 국지도발 등 총 3,120여건의 대남도발을 감행하였다(「2020 국방백서」, 「2022 국방백서」(서울: 대한민국 국방부), p.319, p.352.).

였다. 특히, 「9.19 군사분야 합의서」는 '지상과 해상, 공중을 비롯한 모든 공간의 일정한 구역에서 일체의 적대행위를 전면 중지'하기로 하는 완충구역을 설정함으로써 한미의 대북 감시·정찰 능력을 현저하게 저하시키는 결과를 초래하여 북한의 기습공격에 적시에 대응하기 어렵다는 지적을[5] 받아왔다.

또한 북한은 우리의 「한국형 3축 체제」의 한 축인 '킬체인(Kill Chain)'[6]의 조기탐지 능력과 선제타격 능력을 무력화하기 위해 대남 공격용 미사일의 고체연료화 및 터널·저수지 등 은닉된 장소에서의 기습타격 능력을 강화하고 있어 대북 조기경보의 중요성이 더욱 절실해 지고 있다.

지난 8차 당 대회에서 대남공격용인 전술핵무기의 집중적인 개발 방침을 선언한 이래 북한은 전술핵 탄두를 적재할 수 있는 '북한판 이스칸데르'라 불리는 KN-23 전술미사일(사거리 600km)의 개량형과 풀업(pull-up) 기동 등 요격 회피를 위한 변칙 기동이 가능한 '북한판 에이태컴스(ATACMS)'인 KN-24 전술미사일(사거리 400km), KN-25인 600mm 초대형 방사포(사거리 400km) 등 신형무기들을 속속 개발하여 실전배치를 완료한 것으로 평가되고 있다. 이와 함께 2022년 9월에는 임의의 시간에 대남선제 핵공격이 가

---

5) 2023년 11월 22일 북한이 군사정찰위성을 발사하고 "우주궤도에 진입시키는 데 성공했다."고 발표하자, 우리 정부는 즉각적으로 '9.19 군사합의서'의 일부(同 합의서 1조 3항의 '비행금지구역 설정')에 대한 효력 정지를 의결·발표하였다. 우리 군은 "9.19 합의로 인한 비행금지구역 설정으로 접경지역 북한군 도발징후에 대한 우리 군의 감시·정찰이 제한되는 상황에서 오히려 북한은 군사정찰위성까지 발사해 우리에 대한 감사정찰능력을 강화하려 하고 있다."고 설명하였다. 이어 "우리 군은 9.19 합의 이전에 시행하던 군사분계선 일대에서 북한의 도발 징후에 대한 공중 감시·정찰 활동을 복원할 것이며, 이는 북한도발에 대한 상응조치이고, 최소한의 방어적 조치"라고 강조하였다(2023.11.22. 연합뉴스 보도).

6) '킬체인'은 북한의 핵·미사일 관련 지휘·발사·지원체계, 이동식 발사대 등 핵심표적을 신속·정확하게 탐지하여 사용 징후가 명백한 경우 발사 전에 제거하는 공격체계이며, 이를 통해 '거부적 억제개념'을 구현한다(「2022 국방백서」, p.57.).

능함을 명시한 「핵무력정책법」을 법령화하였으며, 2023년 9월에는 이를 헌법에 명시하는 등 김정은 정권은 핵무력 고도화를 위한 질주를 계속해 오고 있다.

또한 북한은 사이버 수단을 동원하여 우리 사회안전망에 대한 파괴와 해킹을 통한 정보 및 금전탈취 등 온라인상의 대남도발[7]을 더욱 강화하고 있다. 북한의 해킹을 통한 가상화폐 탈취는 2017년 UN 안보리 대북제재로 인해 핵·미사일 개발자금 조달이 어렵게 되자 더욱 교묘하면서도 광범위하게 이루어지고 있다.[8] 또한 북한군의 휴전선 이북 전진배치 특성 및 특수전 수행 능력으로 볼 때 북한이 언제 어디에서 기습도발을 감행해 올지 예측하기 어려운 상황이다.[9]

---

7) 북한은 1990년대 이후 우리사회 내 인터넷 보급이 광범위하게 확산되자, 남북 간 비대칭전력으로서 인터넷이 갖는 저비용·고효율(① 광범위한 확산 ② 빠른 속도 ③ 익명성)의 특성을 이용하여 사이버 상에서 대남심리전 공작·사이버 테러·불법적인 정보수집(해킹)·간첩 교신 등을 수행해 오고 있다. 김정은은 2013년 8월 "사이버전은 핵 미사일과 함께 우리군대의 무자비한 타격능력을 담보하기 위한 만능의 보검"이라고 주장하는 등 대남사이버 도발에 주력하고 있다(유성옥, "북한 대남통일전략의 추진구도와 전개양상", 「전략연구」, 서울: 한국전략문제연구소, 통권 제 82호, 2020년 11월, pp.34-40.).

8) 2023년 10월 UN 안보리 대북제재위원회 전문가패널이 안보리에 제출한 보고서에 의하면 북한 해커들은 2022년 사이버(가상화폐) 절도를 통해 17억 달러(약 2조 2천억원)의 가상화폐를 절취한 것으로 추정된다.

9) 북한은 육군 전력의 약 70%를 평양-원산선 이남 지역에 배치하여 언제든지 기습공격을 감행할 태세를 갖추고 있다. 전방에 배치된 170㎜ 자주포와 240㎜ 방사포는 수도권 지역에 대한 기습적인 대량 집중공격이 가능하고, 사거리 연장 및 정밀유도가 가능한 300㎜ 방사포와 대구경 방사포를 개발하여 한반도 전역을 타격할 수 있는 방사포 위주로 전력을 강화하고 있다(「2020 국방백서」, p.24.). 또한 북한은 20여 만명에 달하는 특수전 부대(특수작전군)를 운영하고 있는 것으로 평가된다. 특수전 부대는 전시 땅굴을 이용하거나 잠수함, 공기부양정, 고속상륙정, AN-2기, 헬기 등 다양한 침투수단을 이용하여 전·후방에 침투하여 주요 부대·시설 타격, 요인 암살, 후방 교란 등 배합작전을 수행할 것으로 판단된다(「2022 국방백서」, p.27.).

이런 때일수록 북한의 도발 징후를 사전에 정확히 감지할 수 있는 대북정보는 조기경보의 기능을 하는 데 있어 무엇보다도 중요하다. 조기경보는 북한의 도발에 대비할 수 있는 시간을 확보해 주어 도발 징후가 실제적 도발로 이어지지 않도록 예방하고 억지하는 역할을 수행한다.

대북정보가 북한도발에 대한 조기경보의 기능을 충분히 수행하기 위해서는 첫째, 대북정보의 범위가 ① 북한의 도발징후를 직접 감지해 낼 수 있는 핵·미사일 등 대량살상무기를 포함한 군사정보 ② 유일영도체제라는 북한체제의 특성상 정책결정에 절대적 영향을 미치는 김정은의 동선·언급내용·습관·성격(personality)·건강 및 리더십에 관한 정보 ③ 북한체제 변화에 영향을 미치는 북한내부의 정치·경제·사회·문화·민심 동향 등 제반 정보까지 포괄하는 것이어야 할 것이다.

둘째, 북한위협에 대한 실효성 있는 조기경보를 위해서는 대북정보가 북한지역에 국한된 것이어서도 안 된다. 북한의 대남도발에 동원되는 국내 암약 간첩망과 종북세력, 해외의 북한 공작거점에 대한 정보까지도 망라된 종합적인 판단을 함으로써 안보위협의 사각지대를 최소화해야 한다. 나아가 북한과 북한의 후견국 역할을 하는 중국과 러시아와의 군사협력 등 대외동향에 관한 정보도 적시에 입수·평가될 때 대북정보의 조기경보를 위한 역할은 더욱 제고될 것이다.

2) 한반도 정세의 안정적 관리

조기경보가 대북정보의 소극적·방어적 측면의 역할이라면 한반도 정세의 안정적 관리를 위한 대북정보의 역할은 보다 적극적인 성격을 띤다. 대북정보가 한반도 평화유지에 중요한 것은 무엇보다도 한반도와 동북아 안정을 위협하는 최대의 요인이 북한이기 때문이다.

북한은 대략 30-60기 수준의 핵무기를 보유하고 있는 것으로 평가[10]되고 있는 가운데, 핵탄두 장착이 가능한 미사일을 사용하여 남한 전역과 한반도 인근 미군기지를 직접 타격할 수 있고, 머지않아 미국본토까지 공격할 수 있는 능력을 구비하게 될 것으로 예상된다. 또한 북한이 합리적 정책결정을 기대하기 어려운 최악의 일인독재국가라는 점에서 그 위협의 위험성과 불예측성은 더욱 심각하다. 나아가 한반도의 지정학적 특성상 북한의 도발은 한반도 차원을 넘어 동북아 지역으로 쉽게 에스컬레이트 될 수 있다. 북한의 기습 남침으로부터 시작된 한국전쟁은 미국을 중심으로 한 유엔군의 참전과 중공군의 개입을 가져오면서 급속하게 국제전으로 발전되었다. 오늘날 핵보유국인 북한이 국지전 성격의 무력기습공격을 감행할 경우에도 남북한이 한미연합방위체제와 북중 간 '혈맹관계'로 묶여 있어 쉽사리 전면전과 국제전으로 비화됨은 물론, 핵전쟁으로 비화할 가능성도 배제할 수 없다.

따라서 대북정보는 한반도의 평화를 유지하고 정전체제를 안정적으로 관리하면서 나아가 항구적인 평화체제를 구축해 나가는 데 있어서도 중요한 토대가 된다. 특히 현재 한반도가 직면하고 있는 최대의 안보위협 요인이 북한 핵문제이기 때문에 북한의 핵무기 능력과 김정은의 핵전략에 대한 정확한 판단정보는 북한의 완전한 비핵화를 이끌어 내는 데 있어 매우 중요하다.

향후 북한의 비핵화는 ① 가동 중인 핵시설의 폐쇄(shutdown) → ② 불능화(disablement) → ③ 폐기(dismantlement)의 과정을 거치게 될 것인데, 여기에서 가장 중요한 것은 북핵시설 정보에 대한 정확한 신고와 검증이다. 6자회담에 의해 도출된 「9.19 공동성명」(2005.9) 및 「2.13 합의」(2007.2)의 이행이 중단된 것도 북한이 핵시설에 대한 정확한 정보를 신고하지 않았기 때문

---

10) 북한의 핵무기 보유량 추정치는 평가 기관마다 다소의 차이가 있다. 2023년 1월 한국국방연구원(KIDA)은 80-90기로, 2023년 4월 미국의 과학국제안보연구소(ISIS)는 북한이 만들 수 있는 핵무기는 35-65기(基)이며, 중간 값은 45기로 평가하였다. 2023년 6월 스톡홀름국제평화연구소(SIPRI)는 북한이 보유한 핵탄두 수를 30기로 평가하고, 조립할 수 있는 핵탄두 수는 50-70기 사이로 추정하였다. 한편 2021년 4월 RAND와 아산정책연구원은 북한이 2027년에는 최대 242개의 핵무기와 수십기의 ICBM을 보유하게 될 것으로 전망하였다.

이었다. 더군다나 북한의 핵전략은 기만전술에 기반을 두고 있다는 점에
서[11] 북한 핵 능력에 대한 정확한 정보를 확보하는 일은 더욱 중요하다. 이
른바 '2차 북핵위기' 발발의 원인도 북한이 「제네바 합의」(1994.10)를 우회하
여 비밀리에 우라늄 농축시설을 가동함으로써 핵무기 제조를 시도했던 기만
책에서 비롯된 것이다. 앞으로도 북한은 비핵화 협상 과정에서 지연전술을
구사하면서 핵무기 정보에 관한 정확한 신고를 거부하거나 중요정보를 은폐
하는 행태를 반복할 가능성이 농후하다.

따라서 북한 핵무기와 제반 관련시설 및 프로그램에 대한 정확하고도 시
의성 있는 정보를 확보하여 북한을 압박함으로써 조기에 북한이 완전한 비
핵화의 길로 걸어 나오도록 해야 할 것이다. 이처럼 대북정보는 북한의 비핵
화를 이끌어 내면서 한반도의 항구적인 평화체제를 제도화해 나가는 데 있
어 중요한 단초를 마련할 것이다.

3) 북한의 변화유도와 우리 주도의 통일 추진

대북정보는 우리 안보위협의 근원인 북한독재정권의 근본적인 변화를 유
도해 나가는 데 있어서도 매우 중요하다. 현재 북한 내부 정세에 관한 정확
한 진단과 미래에 대한 예측은 북한체제를 변화시켜 나가기 위한 전략적 방
향을 도출하는 데 있어 매우 유용하다. 따라서 북한체제에 대한 SWOT 분
석에 입각하여 북한체제의 ① 강점(strength) ② 약점(weakness), ③ 기회

---

11) 북한의 핵문제와 관련한 기만전술은 ① 김일성이 1968.11월 경 비밀리에 핵무
    기 개발을 지시하고도 지속적으로 '핵무기를 개발할 의지도, 필요도, 능력도 없
    다'고 주장한 점 ② 1992-93년 IAEA의 대북 임시사찰 결과 북한이 신고한 플
    루토늄의 양(90g)과 실제 추출량(kg 단위)의 불일치 → IAEA의 대북특별사찰
    의결 → 북한의 반발과 NPT 탈퇴 → '1차 핵위기' 발생 ③ 「제네바 합의」를 우
    회한 고농축우라늄 추출 → '2차 핵위기' 발생 ④ 「9.19 공동성명」에도 불구하
    고 시간벌기와 지속적인 핵무력 증강 등 행태를 보였다.

(opportunity) ④ 위협(threat) 요인에 관한 정확한 평가를 도출해 낼 필요가 있다. 대북정보에 기초한 신뢰성 있는 SWOT 분석은 북한체제 변화유도에 필요한 전략적 로드맵을 그릴 수 있게 해 준다. 북한체제 전반에 관한 다방면의 유가치한 정보를 취합하고 '수집 → 분석·평가 → 활용'이라는 정보의 순환과정을 통해 북한의 실질적인 변화를 견인하는 유효한 대북전략을 수립할 수 있다.

나아가 대북정보는 우리 헌법(4조)에 명시된 '자유민주적 기본질서에 입각한 평화적 통일'을 성취하는 데도 매우 중요하다. 한반도 통일은 「남북공존과 교류협력 → '남북연합'의 과도기 → 완전한 정치적 통일」이라는 단계적이고 점진적인 과정으로 나아가는 것이 바람직하다. 그러나 북한 내 급변사태 발생으로 김정은 체제가 일시에 붕괴됨으로써 갑자기 통일이 찾아올 수도 있다. 어떤 경우에도 시의성 있고 정확한 대북정보는 한반도 통일로 나아가는 과정을 안정적으로 관리하고 우리가 지향하는 자유민주주의와 시장경제체제에 의한 한반도 통일을 준비하는 데 있어 필수불가결한 역할을 수행하게 될 것이다. 이는 우리의 헌법정신을 구현해 나가는 대북정보의 미래지향적 기능이라 할 수 있다.

독일·베트남·예멘 등 과거 분단국의 통일 사례에서 보듯이 급격한 통일은 많은 후유증을 낳게 된다. 서독은 1969년 브란트의 「동방정책(Ostpolitik)」 이후 30여 년간 동독과의 교류와 협력을 통해 통일을 준비하였지만 통일 이후 많은 문제에 직면하였다. 낙후된 동독지역을 개발하는 데 천문학적인 비용이 소요되었고 동서독 주민 간 대립·갈등도 심하였다. 순식간에 정치적 통일을 이루었지만 사회 심리적 통합을 이루는 데는 20여 년의 시간이 소요되었고, 아직도 치유되지 않는 통일의 부작용이 산적해 있다. 통일의 후유증은 상당부분이 통일 이전 동독에 대한 정보의 부족과 부정확성에서 비롯되었다. 특히, 동독 경제상황에 대한 정보판단의 착오에서 비롯된 비현실적인 경제정책은 많은 문제점을 야기하였다.[12]

남북한은 동서독에 비해 ① 동족상잔의 전쟁을 치루었고 ② 언제 통일이 될지도 모르는 상황에서 독일의 분단(1945-1990년)보다 훨씬 오랜 기간의 단절로 인해 심화된 남북 간 이질성이 가져다줄 폐해 ③ 통일 당시 동서독(서독의 1인당 소득은 동독의 3배)과 비교하여 남북 간 극심한 경제력 격차(2023년 현재 남한의 1인당 소득은 북한의 약 28배) ④ 이산가족 세대의 퇴진으로 인해 남북을 이어주는 연대감과 동족의식의 약화 등 통일 이후 국가통합을 저해할 요인들이 산적해 있다. 따라서 지금부터라도 한반도 통일 이후에 전개될 통일의 부작용과 혼란을 최소화하기 위해서는 북한의 제 분야에 대한 정확한 정보를 축적하고 체계화해 나가는 것이 긴요하다.

대북정보가 부족하여 제대로 된 준비도 없이 통일을 맞게 된다면 한반도 통일은 축복이 아니라 재앙이 될 수 있다. 성급하고 빠른 통일이 아니라 후유증을 최소화하면서 통일 후 남북주민 간 화학적 융합과 사회 심리적 통합이 이루어지는 「바른 통일」을 준비하는 데 있어서도 대북정보는 매우 중요한 역할을 할 것이다.

---

12) 동서독 간 준비 없는 통일의 여파는 경제분야에서 가장 두드러지게 나타났다. 동서독 화폐의 1 대 1 교환, 생산성을 고려하지 않는 동독 노동자에 대한 높은 임금의 책정, 동독 지역에 있어서의 비효율적인 투자 등 통일직후 많은 시행착오와 후유증을 경험하였다. 서독주민은 가중한 조세부담으로 불만이 증대되고, 경제상황이 악화되자 동독주민을 '게으른 동쪽 것(Ossi)', 동독주민은 서독주민을 '거만한 서쪽 것(Wessi)'으로 상호 비하하는 등 동서독 주민 간의 심리적 갈등도 심하였다(유성옥, "대한민국의 분단극복을 위한 통일정책", 「한국의 외교안보와 통일 70년」, 서울: 한국학중앙연구원, 2015, pp.207-208.).

3. 바람직한 대북 정보활동 방향

1) 대북정보 수집 능력의 획기적 향상

대북 정보가 유가치한 것이 되기 위해서는 ① 적시성(timeliness) ② 정확성(accuracy) ③ 객관성(objectivity) ④ 적합성(relevance)이라는 일반적인 정보가 갖추어야 할 요건13)들을 구비해야 한다. 정보는 모든 생명체와 마찬가지로 하나의 순환체계를 가지고 있다. 정보의 순환과정은 국가정보목표 우선순위(Priorities of National Intelligence Objectives, PNIO)에 의한 정보 요구와 함께 시작되며, 이는 '요구 → 수집 → 처리 → 분석 → 배포'의 단계를 거치면서 환류(feedback)되고 검증됨으로써 당초의 정보요구에 맞추어 새롭게 업데이트하게 된다.14) 정보는 수많은 판단오류와 시행착오를 반복하면서 보다 유가치한 것으로 재탄생된다.

그런데 통상 첩보(information)는 정보(intelligence)와는 구별된다. 기본적으로 정보는 첩보에 의해 생산된다. 첩보는 정보와는 달리 아직 신뢰성이 검증되지 않은 보석의 원석(原石)과도 같다. 첩보의 수집은 국가정책의 수립 및 집행을 지원하는 정보생산을 위한 1차적인 정보활동이자 기본토대가 된다15)는 점에서 '좋은 정보'를 생산하기 위해서는 무엇보다도 '좋은 첩보'의 수집이 선행되어야 한다. 유가치한 첩보는 유가치한 정보를 만들고, 정보순환체계를 보다 유용하고 건강하게 만든다. 정보활동의 기초인 첩보수집 단계에서부터 첩보가 일정 수준의 적시성·정확성·객관성·적합성을 갖추지 못할 경우 이는 곧 정보실패로 귀결되기가 쉽다. 썩은 생선으로는 결코 좋은

---

13) 한국국가정보학회 엮음(이기덕 외), 「국가정보학」(서울: 박영사, 2013), p.26.
14) CIA는 정보의 순환단계를 ① 정보의 기획 및 관리 → ② 첩보의 수집 → ③ 수집된 첩보의 처리 및 탐색 → ④ 정보분석 및 보고서 생산 → ⑤ 정보소비자에게 배포 등 5단계로 구분한다(민진규, 「국가정보학」, 서울: 배움, 2016, p.32.).
15) 한국국가정보학회, 앞의 책, p. 75.

요리를 만들 수 없는 이치와 같다. 아무리 첩보가 많이 입수된다고 해도 그 것이 신뢰할 수 없는 것이라면 쓰레기나 다름없는 정보공해(公害)가 될 뿐이 기 때문이다.

대북정보의 경우 북한이 세계에서 가장 폐쇄적이고 정보 접근이 어려운 체제라는 점에서 정보의 출발점인 첩보수집 자체부터가 매우 난이하다. 또 한 힘들게 수집한 첩보조차 신뢰성을 부여하기가 쉽지 않다. 반대로 양질의 대북첩보는 유가치한 좋은 대북정보를 생산하기 위한 든든한 토대가 된다. 적시에 요구되는 김정은을 포함한 북한 지도부의 동선, 핵무기를 포함한 대 량살상무기에 관한 현황, 당·정·군 내부의 동향, 장마당 물가를 포함한 북 한의 경제현황, 주민들의 민심, 북한의 대외군사 협력 동향 등 핵심사항에 관한 유가치한 첩보는 국가안보에 있어 매우 중요하다.

이를 위해서는 ① 대북 인간정보(Human Intelligence, HUMINT)를 포함하 여 기술정보(Technology Intelligence, TECHINT) 범주의 ② 영상정보(Image Intelligence, IMINT) ③ 신호정보(Signal Intelligence, SIGINT) ④ 징후계측정 보(Measurement and Signatures Intelligence, MASINT) ⑤ 지리공간정보 (Geospatial Intelligence, GEOINT) 등 첩보수집 수단을 보다 첨단화·고도화 해 나가야 한다. 남북 간의 정보전은 기술전쟁과 과학전쟁이라고 해도 과언 이 아니라는 점에서 북한의 대남 정보력을 능가할 수 있는 우리의 대북정보 역량 향상이 더욱 시급하다.

나아가 다양한 경로를 통해 수집된 대북첩보들은 융합되고[16] 상호비교· 검증됨으로써 첩보수집 단계에서부터 신뢰성(credibility)을 높여나가야 한다. 그러나 극도의 통제·감시 체제인 북한의 권력 핵심부 내에 협조망을 부식 하는 일에서부터 첩보위성과 유무인 정찰기의 운용에 이르기까지 첩보 수집

---

16) 예를 들어, 북한 핵시설의 주변 토양을 채취함으로써 북한이 추출해 낸 핵물질 의 양을 추론해 내는 것은 징후계측정보(MASINT)이나, 직접 토양을 채취하는 것은 휴민트에 의해서만 가능하다는 점에서 징후계측정보와 휴민트는 상호 결합 되어야 유의미한 정보를 생산해 낼 수 있다.

을 위해서는 많은 시간과 천문학적인 예산이 소요된다. 따라서 최대한 짧은 기간 안에 한정된 예산으로 최고 수준의 대북정보 역량을 구비하기 위해서는 보다 효율적인 첩보수집 체계를 구축하고 운영하는 일이 긴요하다.

민감한 대북정보를 수집하기 위해서는 북한의 정보보호 장치망들을 무력화시키면서 폐쇄체제의 허점을 파고들 수 있는 첨단기술을 개발해 나가야 한다. '창과 방패의 관계'에서 북한의 두터운 방패를 뚫고 들어갈 수 있는 보다 날카로운 '만능(萬能)의 창(槍)'을 개발해 내도록 끊임없이 고민해야 할 것이다. 이를 위해서는 북한 정보방어능력의 강·약점에 대한 정확한 진단과 함께 대북 첩보능력을 향상시킬 수 있는 기술력과 전략을 지속적으로 개발해 나가야 한다.

2) 융합적이고 열린 정보판단 능력의 배가

수집된 대북첩보는 정확한 분석·평가에 의해 유가치한 정보로 생산되고 활용된다. 정보판단의 실패는 국가재앙을 초래하고, 전쟁을 패배로 이끌기도 한다. 미국의 진주만 피습(1941.12)과 '9.11 테러'(2001.9) 및 하마스의 이스라엘에 대한 기습테러 공격(2023.10)도 정보 실패에서 비롯된 사례이고, 우리 역사에서 임진왜란(1592-1598년)과 병자호란(1636-1637년)의 참혹함이 초래된 것도 주변국 정세 흐름에 대한 조선왕조의 정보판단 실패가 원인이 되었다.

통상 정보판단의 실패는 첩보의 많고 적음을 떠나 ① 정보판단 대상에 대한 고정관념 ② 상황에 관한 안이한 인식 ③ 집단사고(groupthink)의 함정 ④ 정치적 목적을 우선시하는 비민주적 조직문화 등에서 비롯된다. '검은백조 이론(Black Swan theory)'과 '회색코뿔소 이론(Gray Rhino theory)'은[17] 정

---

17) '검은백조 이론(Black swan theory)'은 예측과 상상을 초월하여 발생하는 위험이나 위기를 설명하는 이론인 데 비해, '회색코뿔소 이론(Gray rhino theory)'은 지속적인 경고로 인해 사전에 충분히 인지하고 예상할 수 있었지만 징후들을 섭

보판단의 맹점이 낳은 위험을 잘 설명해 준다.

따라서 정보 분석과 판단이 성공하기 위해서는 첫째 열린 사고, 둘째 끊임없는 문제의식과 위기의식, 셋째 상상력과 창의력, 넷째 활발한 토론과 정치적 고려를 하지 않고 직언(直言)을 할 수 있는 조직문화 등이 선행되어야 한다. 이러한 요건들이 충족된 정보분석과 판단이 이루어질 때 정보는 비로소 정확성·객관성·적합성을 구비한 유가치한 것이 된다.

대북정보에 대한 분석평가에도 통상적인 정보판단의 실패와 성공요인이 그대로 적용된다. 북한정보를 제대로 판단하기 위해서는 균형있는 사고에 따라 종합적이고 융합적인 시각으로 실체를 통찰해 낼 수 있는 열린 자세가 중요하다. 모든 현상은 변화하기 때문에 대북정보에 대한 고정된 관점에 머물러서는 그 실상과 방향성을 제대로 간파해 낼 수 없다. 나아가 정치학은 물론이고 일반적인 역사 철학 심리 경제 사회 문화인류학 등 인문사회학적 식견도 구비되어야 북한정보에 대한 통찰력 있는 판단이 가능해진다. 또한 북한체제도 북한만이 갖고 있는 특이성(particularity)과 여타 국가들에서도 존재하는 보편성(universality)을 동시에 갖고 있기 때문에 유사한 사회주의국가들의 사례와 경험을 북한의 경우와 비춰보는 비교론적 접근법도 요구된다.

그런데 지금까지 우리의 현실은 정부의 정치적 색채에 따라 대북정책이 바뀌어 왔다. 여타 국가의 경우에도 이 같은 현상이 없을 수 없겠지만 우리는 그 정도가 매우 심하다. 대북정책이 정부의 지지도와 선거결과에 연결되다 보니 자연히 대북 인식과 판단에도 정략적 차원의 희망적 사고(wishful thinking)가 작용한다. 그 결과 실체와는 달리 북한체제의 위기가 과도하게 평가되는가 하면, 반대로 북한이 핵무기를 포기하고 남북 간 화해협력을 지향하는 정책으로 나올 것이라는 지나친 낙관론이 대두되기도 한다. 정치가 과잉 지배함으로써 진실과는 동떨어진 정보판단과 정보왜곡이 발생하는 경우가 허다하다.

게 간과하고 방심함으로써 초래되는 위험과 위기를 설명하는 이론이다.

더구나 대북정보를 다루는 정보기관이 정권의 입맛에 맞는 정보판단을 하게 된다면 이는 정보실패를 넘어 국가의 존립마저 위태롭게 할 수도 있는 매우 위험한 일이 될 것이다. 국가안전보장회의(NSC) 등 정부 내 안보관련 회의체에서도 대북정보판단을 둘러싸고 정부의 기존입장과 배치되는 다양한 의견을 낼 수 없을 때 자유민주주의 체제의 장점은 사라지고 국가안보도 조종(弔鐘)을 울리게 된다.

따라서 정보에 대한 판단과 정부의 정치적 성향은 완전히 분리되어야 한다. 정치적 고려를 완전히 배제하고 오로지 사실(fact)과 증거(evidence)에 근거한 과학적 정보 분석과 판단에 따라 북한 실체를 파악해야만 북한발(發) 도발징후에 대한 신속한 탐지와 대처가 가능하다. 그래야만 북한의 완전한 비핵화와 실질적인 변화를 견인해 내는 일도 가능하다. 어떤 상황에서도 진실에 근거한 이견(異見)을 당당히 주장할 수 있고, 이를 경청하는 정치 사회적 문화가 정착되어야만 정보판단의 성공과 국가정보활동의 성공도 가능하다. 민주주의가 없이는 결코 국가안보도 존재할 수 없기 때문이다.

3) 로시가돌(roshgadol, '큰 머리')적 발상에 의한 적극적 대북정보활동

대북첩보수집과 정보판단은 보다 적극적이고 창의적인 대북정보활동을 통해 완결되어야 한다. 정책과 행동이 뒤따르지 않는 정보활동은 죽은 것이나 다름없다. 대북첩보수집과 정보판단은 국가안보의 주된 위협인 북한으로부터 우리의 안전과 생명을 지키기 위한 것이기 때문에 그 위협을 최소화하거나 원천적으로 차단하는 것이야말로 대북정보활동의 요체이자 최종목표가 되어야 한다.

이에 한반도 분단이라는 우리의 특수한 안보현실을 고려할 때 대북정보활동은 다음과 같은 세 가지 방향에 중점을 두고 추진되어야 할 것이다.

첫째, 북한의 실질적 변화유도를 위한 북한사회 내 외부정보 유입과 확산 활동이다. 이는 수집·평가한 대북정보를 활용하여 역으로 북한사회 내부 깊숙이 자유와 민주주의의 바람을 불어넣는 것이다. '적수천석(滴水穿石 : '떨어지는 물방울이 바위를 뚫는다'는 의미)'처럼 드러나지 않으면서도 집요하게 북한체제를 흔들고, 자유·민주·인권 의식을 깨우침으로써 북한주민 스스로 독재자의 폭정에 항거하도록 하는 한편, 북한 내 개혁개방의 씨앗을 뿌리고 그 성장을 유도하는 고도의 심리전 활동을 전개해 나가야 한다.

대북심리전은 우리의 유일한 대북 우위 비대칭전력으로서 정보 조작과 폐쇄로 존립하고 있는 북한체제의 아킬레스건을 공략할 수 있는 매우 유용한 수단이다. 따라서 대북심리전은 북한의 정세변화와 심리전 매체기술의 발달에 맞추어 지속적으로 전개되고 진화되어야 한다. 대북심리전의 효과는 우리 민간단체의 대북전단 살포에 강력 반발한 북한의 남북공동연락사무소 폭파(2020.6) 행위와 '남한풍' 차단을 위해 제정(2020.12)[18]된 북한의 「반동사상문화배격법」 등의 내용으로 반증되고 있다.

둘째, 북한체제를 직접적으로 변화시켜 나가기 위한 대북공작활동이다. 대북공작은 고도의 기밀이 요구되는 활동으로서 북한 권력핵심부 내 민감한 첩보 수집을 위한 협조망 구축에서부터 북한의 정치사회적 변화를 촉발하기 위한 다양한 방식의 장치를 설치하고 작동시켜 나가는 것이다.[19] 치밀하고

---

18) 2021. 1. 16. 국가정보원은 국회 정보위원회에 "북한이 작년 12월 「반동사상문화배격법」을 제정하여 남측 영상물을 유입·유포하는 경우에는 최대 사형에 처하도록 하는 등 형법이 강화되었다"고 보고하였다. 한편 2021. 2. 12. 자유아시아방송 보도에 따르면 「반동사상문화배격법」에는 한국 영화는 물론, 노래·그림·사진 등을 소유하거나 유포하는 것이 금지되었으며, 이를 어길 경우 5년 이상 15년 이하의 노동교화형을 선고받고, 유포하는 사람은 무기징역과 최고 사형에 처하는 폭압적인 내용이 포함된 것으로 알려졌다.

19) 대북공작은 비밀공작(covert action)의 성격을 띨 수밖에 없다. 비밀공작의 유형은 ① 선전공작(propaganda) ② 정치공작(political operation) ③ 기만공작(deception operation) ④ 경제공작(economic operation) ⑤ 준(準)군사공작

도 상시적인 대북공작 활동은 북한체제 변화를 유도하면서도 북한 내부의 권력변동에 관한 의미있는 움직임과 대남도발 징후를 조기에 포착하게 한다.

또한, 북한이 발신하는 역(逆)정보를 걸러내는 역할도 수행함으로써 공수(攻守)가 조화된 대북정보 활동을 가능하게 한다. 이런 측면에서 대북공작활동은 북한의 정세변화에 따라 보다 다각적이고 효율적인 방식으로 향상시켜 나가야한다.

셋째, 대북정보활동을 보다 체계적이고 창의적으로 추진해 나가기 위한 중장기적인 전략과 마스터 플랜을 수립하는 일이다. 여러 갈래의 대북정보 활동이 일관된 목표를 가지고 상호연계 되면서 시너지 효과를 내기 위해서는 활동별 우선순위와 단계별 행동계획을 치밀하게 수립해야 한다. 그러나 정보기관의 활동은 고도의 기밀을 요구하는 특성으로 인해 '차단의 원칙'에 따라 각개전투 식으로 이루어지는 경우가 대부분이다. 그 결과 유사한 활동의 중복으로 인한 불필요한 자원의 낭비와 함께 업무의 사각지대가 발생함으로써 효과적인 대북활동이 이루어지지 않게 된다.

따라서 ① 대북첩보의 수집 → ② 대북정보의 분석과 판단 → ③ 대북정보를 활용한 대북심리전과 대북공작 → ④ 북한체제의 근본적 변화(북한의 완전한 비핵화 포함) → ⑤ 통일을 위한 과도적 단계 → ⑥ 대한민국의 헌법정신에 입각한 완전한 통일에 이르기까지 단계별 활동목표와 액션플랜이 하나의 전략하에 일목요연하게 수립되어야 한다. 다만, 이러한 대북활동은 반드시 '비밀의 엄수'라는 대북공작 활동의 원칙을 벗어나지 않도록 해야 할 것이다. 우리의 경우 정부의 임기가 5년 단임이기 때문에 임기 내 성과를 낼 수 있는 단기적 정책에 치중하다 보니 중장기적인 대북전략을 수립하기가 매우 어려운 것이 현실이다. 따라서 이 문제를 어떻게 극복하느냐 하는 것이 지속적이고 효과적인 대북공작활동을 위한 매우 중요한 과제가 될 것이다.

그러나 대북정보활동에 있어 발휘되어야 할 무엇보다도 중요한 점은 기존

(paramilitary operation) 등이 있다(한국정보학회 엮음, 앞의 책, pp.162-171.).

의 틀과 관행을 깨는 적극적이고 창의적인 업무방식이다. 즉, 책임 회피를 위해 상부의 지시를 최대한 좁게 해석하는 소극적 태도인 로시카탄 (Roshkatan, 히브리어로 '작은 머리'의 의미)적 사고에서 탈피하여 지시는 따르되 자신의 판단을 더하여 보다 효과적인 방법을 고안하고 실행하는 로시가돌(Roshgadol, '큰 머리'의 의미)적 사고가 절실히 요구된다.[20] 즉, 미래지향적이고 상상을 초월하는 자유롭고 창의적인 업무방식을 고안하고 실천해 나감으로써 급변하는 제반 정세에 능동적으로 대처해 나갈 수 있어야만 대북정보활동의 효율성이 극대화된다.

4) 광범위한 국내외 대북 정보협력 플랫폼의 구축

대북정보활동은 우리가 보유한 한정된 자원만으로 수행하기에는 한계가 있다. 이미 북한은 핵무기 개발과 사이버 테러 및 해킹을 통한 금융자산의 탈취·밀수 등 국제사회에서의 불법행위로 인해 각국의 주된 감시대상이 된 지 오래이다. 특히 북한의 핵개발이 야기시킨 일련의 유엔 안보리 대북제재 조치들은 북한의 행동을 규제하기 위한 광의(廣義)의 대북정보활동의 일환이다. 북한 이슈가 글로벌 어젠다가 된 만큼 대북정보 활동을 위한 국제적 협력 여건도 훨씬 용이해졌고 협력 필요성도 더욱 절실해지고 있다.

그러나 최근 들어 글로벌 차원에서 미중 간 전략경쟁이 가속화되면서 신냉전 구도가 심화되고 있는 가운데, 2022년 2월 러시아의 우크라이나 침공으로 시작된 러-우 전쟁으로 미국을 중심으로 하는 자유민주주의국가 진영과 중국·러시아·북한을 한 축으로 하는 전체주의 독재국가 진영 간의 대립이 고착화되어 가고 있다. 이에 따라 북한의 탄도미사일 발사 등 연이은 안보리 결의 위반행위에 대해서도 이를 규탄하고 제재하기 위한 안보리 차원

---

20) 윤종록, 「후츠파로 일어나라-7가지 처방에 담긴 유대인의 창조 정신」(서울: 크레듀, 2013), pp.143-145.

의 어떠한 일치된 결론에 도발하지 못하는 등 사실상 안보리 기능이 작동불
능의 상황에 빠져있다.

따라서 당면하게는 이미 이행되고 있는 안보리 대북제재가 지속적이고 실
효적인 것으로 되도록 안보리 기능을 회복시키기 위한 국제사회와의 협력이
매우 필요한 시점이다. 안보리 기능이 회복된다면 이를 계기로 우리는 안보
리 제재조치에 위반되는 북한의 불법행위에 대한 첩보를 적시에 입수·평가
한 후 유관국들과 이를 공유함으로써 제재의 헛점(loophole)을 찾아내고, 나
아가 추가적인 제재조치가 부과되도록 긴밀하게 협력하는 일도 시급히 해야
할 대북정보활동이다. 대북정보가 강력하고 실효적인 대북제재를 지속되게
하여 북한을 핵포기의 협상 테이블로 이끌어 내는 '촉진자' 역할을 하도록 함
으로써[21] 조기에 북한을 완전한 비핵화로 유도하는 것이 시급한 실정이다.

일반적으로 국가 간의 정보협력은 입수·평가·축적된 정보를 상호 교환
하며, 정보 수집지역과 수집목표를 분담하고, 정보 수집 수단을 공유하는 등
다양한 형태로 이루어진다. 국가 간의 정보협력은 적은 비용으로 정보의 양
과 질을 높이고, 정보 약소국인 경우 정보 선진국의 노하우와 기술을 습득할
수 있는 좋은 기회를 부여받게 된다. 반면 지나치게 정보선진국에 의존할 경
우에는 정보활동의 자립능력과 자율성이 떨어지게 되는 함정에 빠질 수도
있다.

그럼에도 불구하고 대북정보에 대한 접근과 판단은 매우 어렵기 때문에
우방국들과의 공조 필요성이 절실하다는 점에서 국제적 차원의 정보협력은
보다 강화되어야 한다. 이를 위해서는 유관국 정보기관 간, 해당 정부부처
간, 각국 NGO 간 등 정보협력의 채널을 보다 다양화하고 체계화시켜 나가는
것이 필요하다. 특히 우방국 간에는 중요한 대북정보가 실시간으로 공유되고
긴밀한 협조가 이루어져야 정보의 튼튼한 플랫폼을 구축해 나갈 수 있다.

---

21) 유성옥, "8차 당 대회 이후 북한의 행보 전망 및 우리의 대응방향", 「북한」(서
    울: 북한연구소), 통권 591호, 2021년 3월호, p.21.

대북 정보협력이 원활하게 이루어지기 위해서는 정보협력의 대상 간
① 상대가 제공하는 정보의 가치에 대한 신뢰성(credibility) ② 정보 질(質)
의 정확성(accuracy) ③ 자국이 원하는 정보를 협력국이 언제든지 제공할 수
있다는 가용성(availability) ④ 자국이 제공하는 정보의 비밀을 지킬 수 있다
는 비밀성(confidentiality)을 유지하는 요건[22]이 충족되어야 한다.

우리의 경우 한때 동맹국인 미국과도 대북정보협력이 원활하지 못했다면
이러한 4가지 요건이 구비되지 않았기 때문임을 유념하여 한미 간에 공고한
신뢰를 구축하는 일이 급선무가 될 것이다. 또한 한일 간 지소미아(한일군사
정보보호협정, General Security of Military Information Agreement, GSOMIA)를
둘러싼 과거의 갈등[23]도 양국 간 신뢰의 부족에서 비롯된 것이었다. 특히
한일 간 마찰에는 양국의 국내정치적 요인이 다분히 개입된 데도 원인이 있
었다. 국가안보의 사활이 걸린 문제에 국내정치적 고려가 관여될 경우에는
매우 위험한 결과를 초래할 수 있다. 안보는 안보 그 자체로, 정보협력은 정
보협력 그 자체로 풀어나가는 절제력과 지혜가 필요하다.

또한 인터넷과 SNS의 급속한 발전으로 인해 공개출처정보(Open Source
Intelligence, OSINT)도 매우 중요해졌다. 공개출처정보는 때로는 한정된 비
밀정보의 신뢰성을 검증하고 보완하는 기능도 한다. 국가기밀을 다루는 정
보기관은 제한된 인원으로 활동해야 하기 때문에 방대한 공개출처정보를 입

---

22) 민진규, 앞의 책, p.527.
23) 한일 간 지소미아는 2016년 11월 박근혜 정부 때 체결되었으며, 국회 비준이 필
요한 정식조약은 아닌 행정협정이나, 한국이 일본과 맺은 유일한 군사부문 협정
으로서, 2019년에만 한일은 7차례에 걸쳐 대북정보를 교환했다. 우리 측은 탈북
자나 북중 접경지역의 인적 네트워크 등을 통해 얻은 정보를 제공하고, 일본 측
은 정보수집 위성·이지스함·지상 레이다·조기경보기 등으로 취득한 신호정보
를 공유해 왔다. 그러나 이후 문재인 정부는 지소미아의 효력을 정지시켰으며,
윤석열 정부에 들어 2023년 3월 21일 한국은 "2019년 우리 정부가 일본 측에
통보한 '지소미아 효력 정지' 통보를 철회한다"는 결정을 일본 측에 서면으로 통
보함으로써 3년 8개월만에 지소미아가 완전 정상화되었다.

수하고 체계화하는 일에 충분한 자원을 동원하기 어렵다. 따라서 아웃소싱을 통해 업무의 부담을 줄이면서 정보기관만이 할 수 있는 일에 집중하는 것이 중요하다. 이처럼 민간차원에서의 활동과 공개출처정보의 활용을 통한 적절한 역할 분담은 대북정보활동의 효율성을 높이는 데도 기여할 것이다. 국내외의 광범위한 정보협력을 통해 끊임없이 진화·발전하는 건강한 정보플랫폼을 구축해 나갈 때보다 기민하고 차원 높은 대북정보활동이 가능할 것이다.

4. 결론: 대북정보역량 강화를 위한 '줄탁동시(啐啄同時)'

대북정보역량을 강화하기 위해서는 크게 두 가지가 필요하다.

우선, 대북정보업무에 직접적으로 참여하고 있는 정보기관의 역량을 내실화하고 극대화하는 일이다. 정보기관은 대북첩보 수집, 정보 분석·평가, 대북심리전과 대북공작뿐만 아니라 수사, 방첩, 보안, 대테러, 외사, 사이버 안보 등 포괄적인 대북업무를 수행하고 있다. 그러나 정보기관의 역량이 제대로 구비되지 않고서는 어떠한 대북정보활동도 원활하게 수행하기 어렵다. 따라서 정보기관의 역량강화를 위해서는 무엇보다도 정보기관 종사자들의 뜨거운 열정과 헌신성, 전문성 함양을 위한 재교육, 자긍심 고취, 신분보장, 공정한 인사와 적재적소의 인재 배치, 합리적인 조직운영 등 정보기관 자체의 뼈를 깎는 노력이 선행되어야 한다.

또 다른 하나는 정보기관을 정치와 완전히 분리시킴으로써 대북정보역량이 누수(漏水)되지 않고 본연의 역할에 집중되도록 하는 외부환경을 조성해 주는 일이다. 통상적으로 정권이 교체되면 새 정부의 대북정책 방향과 정권코드에 맞추면서 그동안 수행해 오던 대북정보활동을 중단하거나 다른 방향으로 수행하는 경우가 허다했다. 과거 정부 때의 대북업무를 정치적 이유로 포괄적으로 사법처리함으로써 정보기관의 조직과 업무가 공개되고 대북정보활동의 지속성과 축적된 전문성이 붕괴되는 사태가 발생되기도 했다.

정권교체와 관계없이 이미 수립되어있는 중장기 대북전략과 기존의 대북 정보활동은 지속적으로 수행해 나갈 수 있도록 하는 법적·제도적 장치가 마련되어야 한다. 이는 정보기관 자체의 노력만으로는 불가능하다. 범정부적 인 노력과 함께 국회차원에서 이를 입법화하는 방안을 강구해야 할 것이다. 병아리가 알에서 나오기 위해서는 안에서는 병아리가, 밖에서는 어미 닭이 껍질을 쪼아야 하듯이 정보기관 자체의 피나는 노력과 이에 대한 외부환경 의 지원이 병행하는 줄탁동시(啐啄同時)가 이루어져야 한다. 이렇게 해야만 정보기관의 역량이 강화되며 본연의 대북업무를 흔들림 없이 수행할 수 있 고, 대북정보활동의 역량도 배가될 것이다.

정보활동은 오로지 진실만을 추구해야 한다. 정보기관 자체의 조직이기주 의에 의해서든, 혹은 특정 정권의 정치적 이익을 위해서든 간에 정보가 왜곡 되는 사태가 발생할 경우에는 정보기관은 존립의 정당성을 완전히 잃게 된 다. 왜곡된 정보로는 대북정보의 기능인 조기경보와 안보위협의 차단, 한반 도 정세의 안정적 관리, 나아가 북한체제의 변화유도와 우리 주도의 자유통 일을 준비하는 일도 수행할 수 없다.

미국 CIA의 모토는 요한복음 8장 32절인 "진리를 알지니, 진리가 너희를 자유케 하리라"이다. 이스라엘 모사드의 모토는 잠언 11장 14절인 "도략이 없으면 백성이 망하여도, 모사가 많으면 평안을 누리리라"[24]이다. 국가정보 기관이 진실에 대한 가치를 목숨처럼 여기면서 어떤 외부의 환경에도 흔들 리지 않고 확고한 국가전략에 따라 정도(正道)로 나아갈 때 대한민국의 국가 안보와 국민의 안위도, 통일된 대한민국의 번영된 미래도 존재할 수 있다.

---

24) 성경의 한글 번역문은 「캐논 해설성경」(서울: 성경의말씀사 발간, 2000년)을 인용.

IV

국정원 수사권 폐지, 간첩은 누가 잡나?
–정보기관이 해외에서 수집한 정보의 증거능력 확보 방안–

장석광

IV

국정원 수사권 폐지,
간첩은 누가 잡나?

장석광(국가정보연구회 사무총장)

1. 서론

교통·통신 등 과학기술의 비약적인 발전은 국가 간의 인적·물적 교류를 활성화시키고, 경제·사회 등 모든 분야에서 세계화를 급격하게 진행시켰다. 이러한 급격한 세계화는 범죄 방면에서도 국제범죄의 증가를 초래했는데, 범죄의 이러한 국제화 현상은 일반 형사사건에만 국한되지 않고 간첩사건에서도 나타났다. 북한은 우리의 해외여행 자율화를 계기로 1990년대부터 직접침투 방식을 지양하고 우회침투 방식을 지향하기 시작했다. 탈북민이나 외국인으로 위장 침투하는 방법, 포섭한 내국인을 중국·일본·동남아로 불러내어 접선하는 방법 등 공작방식을 다양화하고 국제화시켜 나갔다.

일심회 간첩사건, 왕재산 간첩사건, 민족춤패 전○○ 사건, PC방 간첩 사건, 목사간첩 김○○ 사건 등 2000년 이후 국정원에 적발된 간첩사건은 모두 북한의 해외공작조직과 연계된 사건들이었다. 최근 국정원에 적발된 국가보안법 위반 사건들의 관련자들도 중국 베이징·광저우·다롄, 베트남 하노이, 캄보디아 프놈펜 등 해외에서 북한 공작원을 접선했던 것으로 확인되고 있다.

그런데 2024년 1월 1일부터 국정원의 간첩수사권이 폐지된다. 수사권이 있을 때도 해외에서의 채증 활동이 민변(民辯)에 의해 '상대국에 대한 주권 침해' 시비에 휘말렸던 국정원이다. 형식적 법리만 따진다면 수사권 없는 국정원은 해외에서 간첩수사 활동을 할 수 없다. 그러나 간첩수사를 전담해야 되는 경찰도 입장은 비슷하다. 치안유지가 주요 임무인 경찰은 해외정보활동의 법적 근거가 없다. 현실적으로 해외정보망 구축도 쉽지 않다. 결국 2024년부터는 대한민국 어느 기관도 해외에서 간첩수사 활동을 제대로 할 수 없다. 법과 제도의 허점이다.

혹자는 22대 국회의원을 뽑는 내년 총선에서 국민의힘 당이 다수당을 차지한 후 국정원의 수사권을 회복시키면 된다고 얘기한다. 말은 쉽지만 그게 그렇게 간단한 문제가 아니다. 총선은 2024년 4월 15일이고 국회의원의 임기 개시는 5월 30일이다. 국민의힘 당이 총선에서 승리해서 폐지된 국정원 수사권을 원래대로 돌린다 하더라도 최소 6개월에서 1년의 해외 채증활동의 공백은 피할 수 없게 된다. 경찰이 간첩수사를 전담한다고 하더라도, 국정원에게 최소한 해외에서 수집한 정보자료의 증거능력이라도 인정해 줄 필요성이 여기에 있다. 만약 이마저도 반대하는 국회의원이 있다면 그 의원은 간첩을 잡지 말자는 것과 다름 없다. 우리는 그의 이름을 역사에 기록으로 남기자.

2. 북한 해외공작조직과 연계된 간첩사건의 특징

2023년 3월, 서울중앙지검은 자통민중전위 중간수사결과 보도문에서 '국정원의 6년에 걸친 장기간의 해외채증으로 국가보안법 위반 사실이 확인되었다'고 발표했다. 2023년 5월, 수원지검도 민노총 중간수사결과 발표에서 '국가안보위해 범죄는 중대한 사안일수록 해외에서 장기간에 걸쳐 은밀하게 진행되므로 해외 정보수집 활동이 필수적'이라고 발표했다. 최근 간첩단 수사의 핵심은 해외채증이다. 그런데 2024년부터 국정원의 해외채증 활동이 불가능해진다. 간첩수사를 전담해야 하는 경찰은 법적·현실적으로 해외채증 활동이 쉽지 않다. 수사권 없는 국정원이지만, 국정원이 해외에서 수집한 정보자료에 증거능력이라도 인정해 줄 필요가 있다. 왜 그럴 필요가 있는지, 2000년 이후 국정원이 수사했던 해외공작조직 연계 북한 간첩사건의 특징을 살펴보자. 2023년 12월 현재 재판 중이거나 수사 중인 사건은 특징 분석의 대상에서 제외했다.

1) 북한의 전문 공작기관에 의해 자행되었다.

2000년 이후 국정원에서 수사한 5건의 간첩사건 중 일심회 사건은 대외연락부가, 왕재산 사건은 225국이, 민족춤패 전○○ 사건과 PC방 간첩사건, 목사간첩 김○○ 사건은 문화교류국에서 구축한 간첩망이었다. 그러나 대외연락부, 225국, 문화교류국은 이름은 달라도 사실 한 기관의 다른 명칭이다.

문화교류국은 간첩 남파, 공작원 밀봉교육, 한국 내 고첩 관리, 지하당 구축 공작, 해외공작 등 정통적인 정보·공작업무를 담당하는 북한의 정보기관이다. 노동당 연락부의 후신인 문화교류국은 북한 내에 존재하는 대남 정보기구 가운데 가장 역사가 오래된 부서로서, 대남공작기관의 원조라고 할 수 있다. 1946년 북로당 산하 '서울공작위원회'가 모태가 되어 1947년 북조선

노동당 5과로 출발하여 연락부(1975.9) ⇨ 사회문화부(1988.11) ⇨ 대외연락부(1988.1)로 변천해 왔으며, 2009년 2월 대남정보기구 개편과 함께 내각으로 이동하면서 225국으로 개칭되었다. 그리고 2012년 말에 통일전선부로 통합되었고, 2016년 4월 문화교류국으로 개칭되었다.

명칭만 보면 마치 합법적인 문화교류를 전담하는 부서처럼 보이지만 광복 직후 국내에서 적발된 대부분의 지하당이나 간첩 사건들이 모두 문화교류국의 전신들에 의해 자행되었다. 내각 총리나 통일전선부장의 지휘를 받지 않고 김정은에게 직접 지휘를 받는 독립적인 대남공작부서로 기능하고 있다.

간첩 성시백 사건(1950), 동백림 사건(1967.6), 통일혁명당 사건(1968.7), 여간첩 최수정 사건(1974), 임자도 침투 간첩 김용규 사건(1975), 간첩 이병설 사건(1986), 입북 간첩 오길남 사건(1986.11), 중부지역당/간첩 이선실 사건(1992.8), 구국전위 사건(1994.6), 부여침투 간첩 김동식 사건(1995.10), 부부간첩 최정남 · 강연정 사건(1997.8), 민족민주혁명당 사건(1999.8), 대만 화교간첩 정수평 사건(2006.4), 일심회 사건(2006. 10), 왕재산 사건(2011.8), 목사간첩 김○○ 사건(2015.11), PC방 간첩사건(2016. 7)이 모두 문화교류국이 그동안 자행해 온 간첩 사건들이다. 70여 년의 역사를 자랑하는 북한 문화교류국의 간첩망은 매우 방대하다. 적발되지 않은 간첩망을 고려하면 그 뿌리와 가지는 우리 사회 곳곳에 깊숙하게 침투하여 암약 중이거나 잠복 중일 것으로 추정된다.

2) 국가정보기관인 국정원에 의해 적발되었다.

국가안보위해 범죄의 첩보 수집은 개인의 정보활동보다 국가정보활동에 의존하는 경우가 많다. 국가정보활동은 대공수사 · 외사 · 보안 · 방첩 · 대북공작 · 해외정보 · 북한정보 · 통신 · 사이버활동 · 과학장비 · 탈북자 신문첩보 등 국정원의 모든 역량을 합친 정보활동을 말한다. 특히 이들 국가안보위해 범죄는 범행의 모의나 실행이 당국의 수사권이 실질적으로 미치지 못하는 해외에서 일어나는 경우에는 사실조회·미행감시·압수수색·감청·소환조사·체포 등을 통한 범증 수집이 쉽지 않다. 특히 그 해외가 중국 등 친북국가일 경우에는 채증 활동은 지극히 어렵다. 당연히 수사와 정보의 유기적 결합이 필요하다. 국가정보기관인 국정원이 법적 제도적으로 간첩수사를 담당할 수밖에 없는 이유가 여기에 있다. 이에 비해 공개조직으로 치안유지가 주요 임무인 경찰은 조직·인사·예산편성 등 여러 여건상 그동안 집시법 위반과 국가보안법상 단순 잠입·탈출, 회합·통신, 찬양·고무 등의 수사에 특화되어 왔다. 당연히 조직사건이나 해외공작조직과 연계된 간첩 수사의 경험은 없다.

2006년 8월부터 서울중앙지검 공안1부 소속으로 일심회 사건의 주임 검사로 활동했던 최기식 변호사의 증언은 이런 현실을 잘 시사해 주고있다. "이 사건의 발단은 당연히 국정원 내부 첩보수집부터 시작되었습니다. 오랜 기간의 첩보 수집을 바탕으로 결국 혐의자들이 중국으로 나가 북경 인근에서 북한 공작부서 사람들과 접촉하고 있다는 것을 포착하게 되었습니다. 이에 대공 수사요원들은 본격적으로 수사에 나서 증거를 확보하는 노력을 하게 된 것입니다. 이를 위해 수사관들은 해외, 특히 중국에서 활동하는 동료들과 협업을 하였고, 결국 오랜 잠복기간을 거쳐 상당한 증거를 확보하게 된 것입니다. 당시 해외에서 활동하는 국정원 동료들의 협력이 없었다면 초기에 확실한 접선의 증거를 확보하는 데는 매우 큰 어려움이 있었을 것입니다. 만약 경찰에 국정원의 대공수사권이 이관된다면 이러한 국외 협력 채널을 구축하기가 매우 어려울 것이고 결국은 국정원과 협업을 할 수밖에 없을 것 같습니다. 그렇게 된다면 그 협업체계의 구축도 쉽지 않을 것이고, 구축이 된다고 하더라도 그 협업의 정도는 국정원이 직접 대공수사를 할 때보다는 훨씬 약화될 것으로 예상됩니다."

3) 국제형사사법공조를 통한 간첩수사는 없었다.

국가 간의 인적·물적 교류의 활성화는 범죄의 경우에도 국경을 초월하는 국제범죄의 증가를 초래했다. 뿐만 아니라 국내에서 범죄를 저지르는 외국인의 수, 국내에서 범죄를 저지르고 외국으로 도주하는 내국인의 수, 외국에서 범죄를 저지른 내국인의 수도 같이 증가하게 되었다. 범죄의 이러한 국제화 현상은 국제사회로 하여금 국가 간 상호협력의 필요성을 인식시키고, 형사사법제도의 국제적 공조를 적극 추진하게 만들었다. 그러나 이러한 국제화 현상은 비단 일반 형사범에만 국한된 것은 아니었고 국가안보위해 범죄들에게도 나타났다. 북한은 대한민국의 해외여행 자율화를 계기로 1990년대부터 직접침투 방식에서 벗어나 우회 침투를 지향하기 시작했다. 탈북민이나 외국인으로 위장 침투하는 방법, 다양한 경로를 통해 포섭한 내국인을 중국·일본·동남아로 불러내어 접선하는 방법 등 공작방식을 국제화하고 있다. 그 외에도 대남심리전과 통일전선공작의 전위조직으로 악용하기 위해 미국과 중국에서 활동 중인 친북단체를 '제2의 조총련'으로 획책하는 등 북한은 어려운 경제사정에도 불구하고 해외공작 거점을 지속적으로 확대하고 있는 실정이다.

그럼에도 국정원은 지난 2000년 이후 일심회 사건, 왕재산 사건, 민족춤패 전○○ 사건, PC방 간첩 사건, 목사간첩 김○○ 사건 등 그 어느 사건에서도 국제형사사법공조를 통한 수사는 하지 않았다. 해당 국가들과 형사사법공조조약이 체결되지 않은 바도 아니었다. 중국과는 1998.11.12, 베트남은 2003.9.15, 일본은 2006.1.20, 태국은 2003.8.25, 필리핀은 2003.6.3. 조약을 체결했지만, 간첩사건의 경우 대개 정치범적 성격을 띠기 때문이다. 국제형사공조법의 취지에 비추어 보면 이른바 정치범[1]일 경우 국제 공조는 쉽지

---

1) 정치범죄라 함은 일반적으로 내란죄 등과 같이 그 국가의 기본적인 정치질서를 직접 파괴할 것을 의도하는 범죄를 말한다고 해석되고 있다. 따라서 항공기 납치 기타의 테러행위의 범인은 국가의 기본질서를 파괴할 의도를 가지고 있었다

않다. 공조 요청을 받은 상대국이 정치적 대립의 일방 대상자가 되기 꺼려하기 때문이다. 그 외에도 국가안보위해 범죄의 경우 첩보수집부터 증거수집까지 국가의 모든 정보역량이 총동원되기 때문에 공조 요청국의 국가정보역량이 피 요청국에 노출되는 것을 방지하기 위한 것도 이유 중의 하나다. 형사사법공조를 통할 경우 신속하고 효율적인 증거수집이 어렵다는 것도 현실적 문제점이기도 하다.[2)]

실제로 우리나라 국제형사사법공조법은 제6조(공조의 제한)에서 대한민국의 주권, 국가안전보장, 안녕질서 또는 미풍양속을 해칠 우려가 있는 경우(제1호)와 공조요청이 정치적 성격을 지닌 다른 범죄에 대한 수사 또는 재판을 할 목적으로 한 것이라고 인정되는 경우(제3호)에 공조를 하지 않을 수 있다고 공조제한 규정을 두고 있다. 현실적으로도 공조요청의 대상이 되는 국가가 친북국가이고, 관련자가 그 나라 국민일 경우 형사사법공조를 기대하기란 거의 불가능에 가깝다. 앞에서도 밝혔듯이 우리나라와 중국과는 1998년 공조조약을 체결했다. 2006년부터 2015년간 우리나라가 중국과 한 형사사법공조 사례를 살펴보면 중국이 우리나라에 요청한 경우는 14건에 불과하지만 우리나라가 중국에 공조요청을 한 경우는 173건에 달했다.[3)] 그러나 이 중 국가보안법 범죄로 공조요청을 한 사례는 단 2건에 불과하다. 그러나 적어도 해외공작조직과 연계된 간첩사건으로 중국과 공조한 사례는 단 한건도 발견되지 않는다.

고 하더라도 일반적으로는 통상의 형사범죄자로 본다. 정치범죄의 범위에 대해서는 그 동기의 목적, 실행 상황, 그 성질 등을 기준으로 하지만, 국제법상으로는 아직 미확정적인 상태다. 결국 특별한 조약규정이 없는 한 정치범인지 여부의 인정은 공조 요청을 받는 국가의 국내법에 따른 판단에 맡겨지게 될 것이다.

2) 형사사법공조란 대한민국과 외국 간에 형사사건의 수사 또는 재판에 필요한 협조를 제공하거나 제공받는 것을 의미한다. 형사사법 공조 시스템을 이용하여 외국을 상대로 수사에 관한 공조 요청을 하는 경우 검사의 요청에 따라 법무부장관 및 외교부장관의 조치 등 절차진행에 장기간이 소요된다.

3) 법무연수원, 범죄백서, 2017, 250면

'형사사법공조 없이 무단으로 타국에서 수사 활동을 한 것은 그 나라의 영토주권을 침해한 것으로서 위법하고, 그런 상태에서 수집한 자료들은 모두 위법수집증거로서 증거능력이 없다'는 논쟁은 해외공작조직 연계 간첩사건의 재판 때마다 제기되었다. 만약 형사사법공조를 통해 수사 활동이 원만하게 진행될 수 있었다면 이런 시비는 애초에 제기 되지도 않았을 것이다. 만약 간첩수사에서 형사사법공조가 가능하다면, 특별한 조사활동이 필요한 신원이나 해외 거소에 대한 확인은 어렵다 하더라도 적어도 해외 숙박기록이나 출입국기록 등과 같은 객관적인 사실 자료는 쉽게 입수가 가능했을 것이다. 이와 관련된 국정원 수사관들의 채증활동 애로상과 법원의 태도는 판결문에 수시로 등장한다.

그러나 국정원 수사관 A는 위 여권 사본의 입수경위에 관하여 증인이 피고인들이 베트남 하노이에서 만나는 북한 상부선의 신원을 알기 위하여 상부선이 체류하고 있는 호텔의 협조를 받아 여권 사본과 숙박기록을 직접 입수하였다. 증인이 직접 데스크에서 여권사본과 투숙기록을 입수하였고, 해외 내사기법까지 말할 수 없다는 취지로 진술하고 있을 뿐, 구체적으로 어떤 경위로 입수를 하였는지에 대한 진술을 하지 아니하고 있다. 국내에서 증거를 임의제출 받는 경우 적어도 임의제출 동의서와 같은 임의제출 의사를 확인할 만한 서류를 작성 받는 등으로 임의성을 증명하고 있고, 해외에서 채증하는 경우에도 이와 같은 방법으로 임의성을 입증하는 것이 불가능하다거나 현저히 곤란하다고 보기는 어렵다. 또한 위 여권은 사본이 증거로 제출된 것이므로 이를 증거로 사용하기 위해서는 여권 원본을 법정에 제출할 수 없거나 제출이 곤란한 사정이 있고 그 원본이 존재하거나 존재하였으며 증거로 제출된 여권 사본이 이를 정확하게 전사한 것이라는 사실이 증명되어야 할 것인데(대법원 2015.4.23. 선고 2015도2275 판결 참조), 위 여권 사본이 실제로 북한의 여권과 그 형식이나 내용이 유사한 점은 인정되나, 그 입수 경위가 불분명하다는 점을 고려하면 더 나아가 원본의 존재 여부나 원본과의 동일성을 인정하기도 어렵다. 따라서 위 증거는 증거능력이 없으므로 증거로 사용할 수 없고, 이에 대한 변호인의 주장은 이유 있다.[4]

국정원 수사관이 입수한 여권 사본의 증거능력이 부인된 위 판례는 비록 베트남에서 발생한 것이지만 중국의 경우도 마찬가지다. 중국은 베트남 보다 숙박시설에 대한 국가의 통제가 더 심하고 더욱이 2023년 7월부터 반간첩법이 시행되고 있어 현지인을 통해 숙박기록을 임의제출 받는다는 것은 사실상 불가능에 가깝다.

다음은 소위 탈북 위장 화교 유○○ 사건을 통해 본 국제형사사법공조의 위험성이다. 앞에서 말한 국가보안법 위반 범죄로 중국에서 유일하게 회신이 왔다는 2건의 사례가 바로 위의 유○○ 사건이다. 중국과의 형사사법공조 조약상으로만 보면 중국에서 발생하였거나 중국인이 관련된 국가안보위해범죄 수사의 경우에도 사람이나 물건의 소재, 서류 기록의 제공, 압수수색 및 검증을 통한 증거 수집 또는 증인 신문 등을 중국 측이 당연히 제공해야 될 것 같다. 그러나 중국과 조약 체결 이후 위 2건을 제외하고는 공식채널을 통해 적법절차에 따른 간첩수사의 공조가 시행된 바는 없다. 국가보안법 위반 범죄가 정치범죄적 속성을 띠고 있기 때문에 어느 나라와도 형사사법공조가 쉽지 않은 것은 사실이다. 그러나 특히 친북 국가인 중국에게 국가보안법이나 군사기밀보호법과 같은 정치적·군사적 범죄의 형사사법공조를 기대하는 것은 사실상 연못에서 물고기를 구하는 것과 마찬가지다.

우리 검찰 측이 2013.6. – 2013.8. 간 수회에 걸쳐 중국 길림성 공안청에 밀입북 혐의를 받고 있는 위 유○○의 출입경 기록 입수를 요청하는 공문을 보냈다. 그러나 길림성 공안청은 '전례가 없다'는 등의 사유로 회신을 거부하였다. 그런데 2013.12.23. 유○○의 민변 소속 변호인이 주중한국대사관을 통해 우리 검찰이 제출한 '공증처 날인본 화룡시 출입경 기록' 등의 위조여부에 대한 사실조회를 하자 2014.2.13. 주한중국대사관을 통해 '공판검사가 제출한 공증처 날인본 화룡시 출입경기록 등은 위조된 것이다'라는 취지의 사실조회 회신을 바로 해왔다. 이에 2014.3.3. 검찰이 중국 정부에 대해 다

---

4) PC방 간첩 임영수·김경용 사건 항소심 판결문

시 위조문서에 대한 형사사법공조요청을 하자, 중국 정부가 2014.5.경 앞서 2014.2.13.자 주한중국대사관의 사실조회회신을 지지하는 내용의 회신을 보내왔다.

이 2건이 국가보안법 위반 사건과 관련하여 중국이 유일하게 우리의 형사사법공조에 응한 사례이다. 중국의 그 2건의 사법공조 결과가 우리의 안보 지형에 어떤 결과를 초래하였는지는 다시 설명할 필요도 없다. 문재인 정부의 국정원 수사권 폐지의 빌미가 된 사건이 바로 그 유○○ 사건이고, 그 배후에는 중국의 이런 선택적 형사사법공조가 있었던 것이다. 중국에서 처음부터 우리 검찰의 유○○ 출입경 기록 요청에 협조해 주었더라면 소위 간첩조작 사건이 일어나지 않았을지도 모른다. 그런데 중국은 왜, 무슨 이유로 검찰이 요청할 때는 거부하다가 민변 변호인의 요청에는 그렇게 쉽게 협조했을까? 이를 두고 일각에서는[5] 주한중국대사관과 중국 정부의 정략적 판단이 개입됐을 가능성을 제기했다. 단정적으로 말할 수 있는 그 어떤 근거도 없지만 정보적 차원에서 본다면 충분히 개연성이 있는 추리다. 간첩사건에 대한 형사사법공조가 어려운 이유가 바로 이런 부분이다. 만약에 간첩사건에 대해서도 형사사법공조가 가능하다고 생각하는 경찰관이 있다면 유○○ 사건을 반드시 반면교사로 삼아야 할 것이다.

4) 국정원이 해외에서 수집한 증거는 대부분 디지털 증거다.

국정원이 해외에서 수집한 증거는 테이프 캠코더에 저장된 동영상, 디지털 카메라에 저장된 동영상 캡처 사진, 음성 파일, 사진 파일, 디지털 매체에서 출력된 문건 등 대부분이 디지털 증거다. 이 중 상당 부분은 법원에서 증거능력을 인정받았다.

디지털 정보는 현대인의 모든 삶의 영역에 존재하고 사용자가 인식하지 못하는 사이에도 디지털 흔적은 남는다. 당연한 결과로 일반 형사사건에서

---

5) 뉴데일리, 2014.4.27.

는 물론이고 국가안보 위해사범 수사와 재판에서도 디지털 형태로 저장된 문자·사진·동영상 등 디지털 증거의 중요성이 높아졌다. 특히 조직 사건에 있어서 비밀 조직원들 간 사상학습, 비밀 통신 연락, 범죄 모의 및 실행 정황 등 주요 내용이 디지털 문서 형태로 저장됨에 따라 디지털 증거의 수집 해독 분석이 사건 성패의 열쇠가 되고 있다. 디지털 매체 관련 기술은 계속 발전하고 있지만 디지털증거와 관련된 법제도는 기술 속도를 따라가지 못하는 현상도 노정되고 있다.

2000년 이전에는 단파라디오 난수표 해독용 책자 등을 이용한 아날로그 방식의 간첩통신이 주류였으나, 2000년대 이후에는 인터넷 이메일을 간첩통신의 주된 수단으로 사용하면서[6] 국가안보 위해사범 수사실무에서 디지털 증거의 중요성이 날로 커지고 있다. 이메일도 처음에는 국내 이메일 계정을 사용하였으나, 10여 년 전부터 수사당국의 추적을 피하기 위해 외국계 이메일 계정을 많이 활용하는 추세다. 해외 거주 북한공작원과 공작용 이메일 계정을 공유하면서 보고문을 발송하고 지령문을 수신하는 경우도 많아졌다. 2007년 「일심회」 사건과 2011년 「왕재산」 사건 재판에서 디지털증거물에 대해 형소법 제312조 '성립의 진정'이 증명되지 않아 증거능력이 인정받지 못한 사례가 있었다. 이를 계기로 국정원은 사법부의 입장 변화를 이끌어내기 위해 디지털증거의 수집, 압수수색, 분석, 증거능력 등에 대해 집중적으로 연구하면서 전문 인력을 확보하고 디지털 포렌식 장비를 확충해 오고 있다.

국정원은 지난 20여 년간 국가안보 위해사범에 대한 반복적 수사를 통해 디지털 증거수집 분석에 대한 기법을 상당히 축적한 것으로 알려지고 있다. 국가안보 위해사범에 대한 수사 및 재판은 법원이 디지털증거법 분야의 법리를 확립하는 계기도 되었다. 해당 사건들은 재판을 거치면서 판례로 정립되었다.

---

6) 「민족민주혁명당」 사건 주범 하○○은 1999년 8월 초순경 신림동 PC방에서 인터넷을 통해 북한 지령 전문을 수신한 사실이 있는데, 이는 인터넷을 통한 간첩통신이 최초로 확인된 사례다. 이후 인터넷 이메일을 통한 간첩통신이 일반화되었다.

5) 「민변」 소속 변호사가 간첩사건 변호를 전담 했다.

2000년 이후 국정원이 수사한 간첩사건 모두「민변」소속 변호사가 변호를 전담했다. 사건 변호인들은 사건 때마다 국보법의 위헌성과 해당국의 주권침해를 주장하고, 해외촬영 동영상의 증거능력과 디지털 매체로부터 출력된 증거의 증거능력을 문제 삼았다. 변호인들은 국정원 수사의 어떤 작은 흠결이라도 찾아내려 혈안이었다. 재판이 시작되면 의례적으로 수사기관이 촬영한 사진과 동영상, 영장에 의해 합법적으로 압수한 자료들까지 증거조작으로 주장했다. 수사관들에 대해서는 불법 증거수집, 사찰 등 범죄자로 몰아가며 언론을 통해 사실을 호도했다. 다음은 이들 변호인이 수사를 조직적으로 방해했다고 알려진 사례들이다.

> 미국 시민권자 A某가 북한의 지령에 따라서 국내 386 운동권 출신 정·재계 인사를 포섭하여 일심회를 결성한 후 국내정세 동향을 수집하여 북한에 보고하는 등의 간첩활동을 한 사건이다. 당시 변호인이 신문과정에 과도하게 개입해 수사관이 더 이상 수사가 진행될 수 없음을 변호인에게 고지한 후 퇴거를 요구하자 변호인이 폭언을 하며 담당수사관과 몸싸움을 시도하는 등 극렬하게 수사진행을 방해하였다. 또한 피의자에게 대한 신문 도중 조사실 외부에서 식사를 하게 해 달라고 요구하거나 수시로 휴식을 요구하고, 피의자 본인은 생리적인 현상을 내세워 수시로 화장실을 다녀오는 방법으로 신문을 중단해 조사의 맥을 끊기도 했다. 그 외도 변호인이 휴대폰 문자메시지를 이용하여 수사관에게 일방적으로 출석기일 연기 내용을 통보하기도 하고, 변호인 휴가 등을 이유로 출석기일 조정을 요청하는가 하면, 수사관에게 참고인과 통화를 하지 말도록 요구하는 등 수사 진행을 방해하였다(일심회 간첩단 사건).[7]

---

7) 윤해성·주성빈, "안보사범에 대한 수사절차 개선방안에 대한 검토 — 피의자 신문시 변호인 참여권 문제를 중심으로", 한국경호경비학회 제46호, 2016, 124면

대학가 주사파 운동권 출신 총책 B某가 1993년 8월 김일성으로부터 '남한혁명지도부결성' 지령을 받고, 국내 주사파 운동권 출신 4명을 포섭하여 지하당 '왕재산'을 결성하고, 군사자료와 국내정세 등을 보고한 사건이다. 당시 변호인은 '왕재산 간첩단 사건'의 총책 B某의 부탁을 받고, 중요 참고인 관모봉(간첩 암호명)을 접촉하여, 그로부터 "1993년 8월에 밀입북하여 김일성을 접견하였다."는 중요한 사실을 듣고도 "공소시효가 완성되었고, 다른 피의자들이 묵비하고 있으니 묵비해 달라."고 회유하며 관계당국의 조사 시 묵비권 행사를 하도록 종용하였다. 또한 변호인들은 '국정원 출입 시에 실시하는 보안검색 조치가 변론권을 침해한다.'며 보안검색대 통과를 거부하고, 관계당국이 변호인의 조력을 막는 것처럼 억지 주장을 하면서 2011년 7월에서 8월간 법원에 국정원의 출입조치 취소를 구한다는 준항고를 무려 13건이나 제기하였고, 동행한 피의자 또는 참고인을 부추겨 동반 귀가 등의 방법으로 관계당국이 안보사범 피의자에 대한 신문 자체를 진행하지 못하도록 방해한 사실도 있다(왕재산 간첩단 사건).[8]

3. 해외공작조직 연계 간첩사건의 특징이 주는 시사점

1) 정보와 수사의 유기적 협조가 필요하다.

간첩 사건의 모의나 실행이 우리나라의 수사권이 실질적으로 미치지 못하는 중국이나 베트남, 캄보디아, 말레이시아 등 외국에서 일어나는 경우에 경찰과 같은 공개적인 법집행기구만으로는 사실조회, 미행감시, 압수수색, 감청, 소환조사, 체포 등을 통한 증거 수집이 지극히 어렵다. 어렵다기보다는 거의 불가능에 가깝다. 이런 경우 해외에서의 정보활동은 경찰과 같은 공개조직보다는 비공개조직인 정보기관을 통해 증거 수집을 하거나. 또는 자국 정보기관을 통해 외국 정보기관의 도움을 받아 증거 수집을 하는 것이 좋다.

---

8) 위의 자료, 125면

2) 수사를 위한 형사 특례절차가 필요하다.

국가안보위해범죄는 대개 정치적 배경을 가지고 있는 범죄로서, 고도의 보안이 요구된다. 중국과 같은 친북국가와 간첩수사를 공조한다는 것은 거의 불가능에 가깝다. 특히 수사공조가 상대국의 정략에 말려들 경우 대한민국의 안보전략에 치명적 타격을 받을 개연성도 배제할 수 없다. 따라서 중국과 같이 범죄행위지의 국가와 형사사법공조가 사실상 불가능한 경우에는 증거능력이나 증명력에 관한 형사소송법의 일반 원칙을 완화하는 국가안보 위해사범 형사 특례절차가 마련돼야 한다.

3) 경찰은 해외공작조직 연계 간첩수사가 사실상 불가능하다.

해외활동의 법적 근거도 없고, 북한방송 청취·탈북민 첩보·북한운용 웹사이트 검색 등 제한된 대북정보 역량만을 가지고 있는 경찰은 그동안 집시법 위반과 국보법상 단순 잠입·탈출, 회합·통신, 찬양·고무 등과 같이 종북 좌파세력의 치안질서 침해 사범 수사에 특화되어 있다. 경찰청 산하의 공개조직인 경찰이 김정은 직속의 정예 비밀 공작조직을 대적한다는 것은 법적·제도적·현실적으로 거의 불가능에 가깝다. 해외정보활동 경험이 없는 경찰의 섣부른 해외정보망 운영 시도는 최근 서울의 '동방명주 음식점 사건'[9]이 시사하듯 대한민국의 안보와 외교에 돌이킬 수 없는 재난을 초래할 개연성도 없지 않다.

---

9) 중식당 동방명주(東方明珠)에 대해 한국 정보당국이 사실상 중국 정부의 '비밀 경찰' 역할을 했다고 잠정결론 내린 가운데, 처벌 수위에 대한 딜레마에 빠졌다. 마땅한 처벌 규정이 없는 데다 중국과의 외교 마찰이 발생할 수 있기 때문이다. https://www.asiae.co.kr/article/2023051909425895589

4. 국가정보원이 해외에서 수집한 정보의 증거능력 - 디지털증거 중심

1) 국정원이 해외에서 수집한 디지털증거의 종류

가) 전자파일(컴퓨터 하드 디스크, 휴대전화, 개인용 저장매체)

수사기관이 유형물에 대한 전통적인 압수수색 방식으로 확보할 수 있는 자료이다. 주거지·사무실 등에 설치한 데스크톱 PC, 노트북, 휴대전화, 외장하드, 기타 개인용 저장매체에 저장되어 있으며, 통상적인 수사에서 증거자료가 가장 많이 현출되므로, 현재까지 디지털포렌식도 이 분야를 중심으로 발달해 왔다. 국가안보 위해사범들은 해외 체류 북한 공작원과 스테가노그라피 암호문 형식으로 수발신하며, 암호화 및 복호화시 상호 간 미리 약정된 암호 프로그램을 사용한다. 따라서 피의자가 사용하는 암호 해독용 프로그램을 확보하는 것과 피의자가 암호 프로그램을 활용하여 저장하거나 송수신한 문건의 흔적을 복구하는 것이 중요하다.

나) 국내외 이메일 계정

국가안보 위해사범들은 2000년대 초반부터 이메일 계정을 간첩통신으로 악용하고 있다. 처음에는 국내 이메일 계정을 이용하였으나, 10여 년 전부터는 수사당국의 추적을 피하기 위해 외국계 이메일 계정을 많이 활용하는 추세다. 최근에는 해외 체류 북한 공작원과 공작용 이메일 계정을 공유하면서 보고문을 발송하고 지령문을 수신하는 경우도 많다.

수사기관은 국내 이메일 계정의 경우 과거 자료는 「통신비밀보호법」 제9조의3에 따른 압수수색을 통해서, 미래 자료는 같은 법 제5조(범죄수사를 위한 통신제한조치), 제7조(국가안보를 위한 통신제한조치)에 따라 수집한다. 외국계 이메일 계정의 경우 국내 법원의 압수수색 영장이나 감청허가서 집행이 곤란하므로 법 집행의 사각지대가 발생한다. 물론 수사기관이 피의자 사용 이메일의 ID/PW를 파악하고 있는 경우에는 원격 압수수색을 통해 과거자료를 입수하는 것이 가능하다. 외국계 이메일의 미래 자료는 패킷감청을 통해서 입수를 시도해 볼 수 있겠으나 암호화 메일의 경우에는 통신내용을 파악하는 것이 매우 어렵다.

다) 음성·음향 정보

「통신비밀보호법」에 따라 법원 허가서에 근거한 대화녹음(같은 법 제3조), 범죄수사를 위한 통신제한조치(같은 법 제5조, 제6조, 제8조, 제9조), 국가안보를 위한 통신제한조치(같은 법 제7조, 제8조, 제9조), 법원의 허가서 없이 협조자가 대화의 당사자로 참여하여 피의자 몰래 대화 녹음, 피의자 압수수색을 통해 디지털 저장매체로부터 음성·음향 정보 파일을 취득한 경우 등을 생각해 볼 수 있다. 사람 음성의 경우 그 녹음 내용의 진실성이 요증(要證) 사실일 경우 전문법칙이 적용되며, 음향은 사람의 음성이 아닌 기계음이므로 전문법칙과 무관하며 취득과정의 적법성(「형사소송법」 제308조의2) 및 진정성(제318조 제1항)이 인정되면 증거능력이 부여될 수 있다.

라) 사진 촬영 정보

정보기관이 국가안보 위해사범들이 만나서 범행을 모의하거니 실행하는 장면을 촬영하고 이를 디지털 매체에 저장하는 경우를 생각해 볼 수 있다. 공개된 장소에서 촬영하는 경우에는 일정한 요건 아래 증거능력이 인정될 수 있다. 법원은 영남위원회 사건에서 "누구든지 자기의 얼굴·기타 모습을 함부로 촬영당하지 않을 자유를 가지나 이러한 자유도 국가권력의 행사로부터 무제한으로 보호되는 것은 아니고 국가의 안전보장·질서유지·공공복리를 위하여 필요한 경우에는 상당한 제한이 따르는 것이고, 수사기관이 범죄를 수사함에 있어 현재 범행이 행하여지고 있거나 행하여진 직후이고, 증거

보전의 필요성 및 긴급성이 있으며, 일반적으로 허용되는 상당한 방법에 의하여 촬영을 한 경우라면 위 촬영이 영장 없이 이루어졌다하여 이를 위법하다고 단정할 수 없다."라며 그 적법성을 인정한 바 있고, 왕재산 사건 2심(서울고등법원 2013.2.8. 선고 2012노805 판결)도 같은 취지로 판시한 바 있다.

한편, 협조자를 통해 범죄 장면을 촬영한 경우 증거능력이 있는지 논란이 될 수 있다. 기본적으로 「형사소송법」의 위법수집증거 배제법칙은 수사기관을 대상으로 적용되는 조항이며, 사인(私人)에 대해서는 동 조항의 적용이 없고 이익형량에 따라 판단해야 한다는 것이 다수 의견이다. 즉 사인이 수집한 증거는 효과적인 형사소추 및 형사소송에서 진실발견이라는 공익과 개인의 인격적 이익 등 보호이익을 비교형량하여 그 허용 여부를 결정한다. 이때 법원이 그 비교형량을 함에 있어서 증거수집 절차와 관련된 모든 사정, 즉 사생활 내지 인격적 이익을 보호하여야 할 필요성 여부 및 정도, 증거수집 과정에서 사생활 기타 인격적 이익을 침해하게 된 경우와 침해의 내용 및 정도, 형사소추의 대상이 되는 범죄의 경중 및 성격, 피고인의 증거 동의 여부 등을 전체적·종합적으로 고려해야 한다.

2) 디지털증거의 증거능력 요건 – 판례 중심

가) 수집과정의 적법성

① 압수 · 수색 · 검증 영장

범죄수사 목적으로 압수·수색을 하기 위해서는 먼저 범죄혐의가 있어야 하고(「형사소송법」 제215조, 제107조, 제108조), 필요성이 인정되어야 하며, 해당사건과 관련이 있어야 한다(법 제106조, 제109조). 그리고 보충성 및 최소 침해성 원칙을 준수해야 한다. 그런데 정보저장 매체에는 혐의사실과 무관한 다양하고 방대한 내용의 사생활 정보가 들어 있는 경우가 많고, 압수수색

현장에서 관련성 있는 파일만 선별한다는 것은 물리적으로 거의 불가능하기 때문에 전량 복제 내지 원본 반출에 따른 과잉압수 논란이 자주 발생한다.

　역외 원격 압수수색과 관련 「형사소송법」은 영장에 수색 장소를 기재하도록 규정하고 있는데(제219조, 제114조), 유체물을 상정한 법을 그대로 적용한다면 영장 집행 장소(국내)와 피압수자(해외 ISP업체)의 물리적 소재지와 디지털 증거가 저장된 소재지(해외 ISP 업체가 저장 서버를 비용이 저렴한 제3국에 설치하는 경우가 많음)가 달라 집행방법의 적법성 논란이 발생한다. 이에 국내에서 해외 소재 이메일 등에 대해 집행을 허용하자는 주장이 제기되며, 법원도 그 적법성을 인정하고 있다.[10]

② 임의 제출

　검사와 사법경찰관은 피의자나 기타인이 유류한 물건이나 소유자, 소지자 또는 보관자가 임의로 제출한 물건을 영장 없이 압수할 수 있다(제218조). 임의제출물은 상대방의 동의에 기초한 것이므로, 수사권 없는 행정조사로도 영치 받을 수 있다. 임의제출물의 경우에도 영장에 기초한 압수수색과 동일하게 참여권 보장을 위해 압수목록 또는 전자정보 상세목록을 교부하고, 저장매체의 동일성·무결성 유지 등의 적법절차는 유지되어야 한다.

③ 제3자 보관자료 취득

　주로 전기통신사업자를 대상으로 압수·수색을 진행하는 경우이며, 「전기통신사업법」과 「통신비밀보호법」의 규율을 받는다. 먼저 「전기통신사업법」 제83조에 의하면 전기통신사업자는 법원, 검사 또는 수사관서의 장, 정보기관의 장이 재판, 수사, 형의 집행 또는 국가안전보장에 대한 위해를 방지하기 위한 정보 수집을 위하여 다음 각 호의 자료의 열람이나 제출을 요청하면 그 요청에 따를 수 있다. 정보기관장 등은 통신자료제공 요청사유, 해당

---

10) 대법원 2017.11.29. 선고 2017도9747 판결

이용자와의 연관성, 필요한 자료의 범위를 기재한 서면으로 요청하여야 하며, 전기통신사업자가 제공하는 자료는 이용자 성명, 주민등록번호, 주소, 전화번호, 아이디, 가입자 또는 해지일이다.

다음으로 「통신비밀보호법」은 통신사실확인자료(제2조 제11호), 전기 통신에 대한 감청(제2조 제3호, 제7호), 우편물 검열, 전기통신의 압수수색 등에 대해 규정하고 있으며, 통신사실확인자료와 전기통신 감청의 경우는 수사 목적(법 제5조, 제6조, 제8조, 제9조, 제13조, 제13조의3)과 국가안보 목적(제7조, 제8조, 제9조, 제13조의4)으로 구분된다. 국가안보 목적으로 취득한 감청자료나 통신사실확인자료를 범죄수사 목적으로 활용할 수 있는지에 대해서는 논란이 있다.

나) 디지털 증거매체 특성에 따른 고유의 증거능력 요건

① 동일성 · 무결성

동일성은 법정에 제출된 증거(출력물, 이미징 파일, 물리적 사본)가 원본에 저장되어 있는 것과 동일한 것을 말한다. 무결성이란 증거(전자문서, 전자파일, 전자기록)가 생성된 이후 법정에 제출될 때까지 변경 · 훼손이 없는 것을 말한다. 디지털 증거는 변개(變改)의 용이성 내지 취약성으로 말미암아 최초 증거가 생성된 이후 법정에 제출되기까지 변경이나 훼손이 없었다는 점이 인정되어야 한다. 즉 디지털증거에 대한 수집 · 분석 · 보관 · 처리 · 법정제출 과정에서 원본 데이터의 무결성이 그대로 유지되고 있다는 절차적 보증이 필요하다.

동일성 · 무결성 요건과 관련해서 의미 있는 판결은 일심회 사건이다. 일심회 사건에서 대법원은 '압수물인 디지털 저장매체로부터 출력한 문건을 증거로 사용하기 위해서는 디지털 저장매체 원본에 저장된 내용과 출력한 문건의 동일성이 인정되어야 하고, 이를 위해서는 디지털 저장매체 원본이 압수 시부터 문건 출력 시까지 변경되지 않았음이 담보되어야 한다… (중략) 동일성을 확인하는 과정에서 이용한 컴퓨터의 기계적 정확성, 프로그램의 신뢰성, 입력·처리·출력하는 각 단계에서 조작자의 전문적인 기술능력과 정확성이 담보되어야 한다.'라고 판시했다. 왕재산 사건에서는 디지털증거의 증거능력 요건인 '동일성'에 더하여, '무결성' 요건까지 필요하다고 판시했다.

② 진정성

진정성은 두 가지 의미가 있다. 먼저 「형사소송법」 제318조 제1항의 진정성인데, 법문은 '검사와 피고인이 증거로 할 수 있음을 동의한 서류 또는 물건은 진정한 것으로 인정한 때에는 증거로 할 수 있다.'라고 되어 있다. 여기서 수사기관이 범죄혐의의 입증을 위해 제출한 증거가 허위가 아닌 진실한 바로 그것이라는 의미이다. 두 번째 의미의 진정성은 「형사소송법」 제313조의 '피고인 또는 피고인이 아닌 자가 작성한 진술서나 그 진술을 기재한 서류로서 그 작성자 또는 진술자의 자필이거나 그 서명 또는 날인이 있는 것(피고인 또는 피고인 아닌 자가 작성하였거나 진술한 내용이 포함된 문자·사진·영상 등의 정보로서 컴퓨터용 디스크와 그 밖에 이와 비슷한 정보저장매체에 저장된 것을 포함한다. 이하 이 조에서 같다)은 공판준비나 공판기일에서의 그 작성자 또는 진술자의 진술에 의하여 그 성립의 진정함이 증명된 때에는 증거로 할 수 있다.'에서 성립의 진정함을 뜻한다.

③ 신뢰성

디지털증거는 볼 수 없고(비가시적) 들을 수 없다는(비가독적) 특성이 있고 위변조가 용이함으로 인해 저장된 내용을 현출하는 과정에서 도입된 장비나 프로그램의 신뢰성과 취급자의 전문성이 요구된다. 법원은 일심회 사건과 왕재산 사건에서 디지털증거의 동일성·무결성을 인정하기 위해서는 정보의 저장매체 원본과 '하드카피', '이미징'매체 사이에서 자료의 동일성과 아울러 이를 확인하는 과정에서 이용한 컴퓨터의 기계적 정확성, 프로그램의 신뢰성, 입력·처리·출력의 각 단계에서 조작자의 전문적인 기술능력과 정확성이 담보되어야 한다고 판시한 바 있다.

현재 우리나라 수사기관은 대부분 미국에서 공인된 EnCase 프로그램을 사용하고 있다. EnCase의 주요 기능은 증거자료의 무결성 보장, 유연한 이미지 추출 방법 제공, 정확한 시간대 추적, 삭제된 파일과 폴더 및 비할당 클러스터 영역의 검색 및 복구, 컴퓨터 포렌식 결과 보고서 작성 등이 있다.

④ 원본성

디지털증거는 원본과 사본의 구분이 힘들고, 미국에서 이른바 '최량증거의 원칙(Best Evidence Rule)을 채택하여 원칙적으로 원본에 의한 입증을 요구함에 따라 증거의 원본성 문제가 논의되고 있다. 디지털증거는 유체물이 아닌 정보 그 자체이므로 매체 독립적이고, 원본의 완벽한 복제가 가능하기 때문에 특별한 사정이 없는 한 원본 데이터와 사본 데이터가 정확히 일치하고, 그 출력물도 완벽히 데이터와 등가(等價)를 이룬다.

미국은 연방증거규칙(Federal Rules of Evidence) 제3호에서 '데이터가 컴퓨터 또는 동종의 기억장치에 축적되어 있는 경우에 가시성을 가지도록 출력된 인쇄물 또는 산출물로서 데이터의 내용을 정확히 반영하고 있다고 인정되는 것은 원본으로 본다.'라고 규정하고 있어 디지털증거를 출력한 문건의 원본성을 입법적으로 인정하고 있다.

다) 전문법칙(傳聞法則) 문제

디지털증거가 '수집·분석 과정의 적법성', 매체 특성에 따른 고유한 증거능력요건을 구비한 경우, 세 번째 단계로 전문법칙 해당 여부에 대해 판단하여야 한다. 즉 전문법칙 예외요건에 해당하는 경우에만 증거능력이 부여될 수 있다.

① 전문법칙 체계

우리 「형사소송법」 제310조의2는 '제311조 내지 제316조에 규정된 것 이외에는 공판준비 또는 공판기일에서의 진술에 대신하여 진술을 기재한 서류나 공판준비 또는 공판기일 외에서의 타인의 진술을 내용으로 하는 진술은 이를 증거로 할 수 없다.'라며 전문증거의 증거능력을 제한하는 규정을 두고 있다. 전문증거는 법이 정한 일정한 요건을 갖춘 경우에만 증거능력을 부여할 수 있다는 의미이다.

② 전문법칙에 대한 판례의 입장

디지털 증거에 대한 내용의 진실성이 요증(要證) 사실인 경우 종이문서와 동일하게 전문법칙의 적용을 받는다. 그러나 디지털증거의 존재 그 자체가 요증 사실이거나 간접사실의 존부에 대한 정황자료로 활용될 경우에는 전문법칙의 검토 없이 증거능력이 부여될 수 있다.

디지털증거에 대한 전문법칙을 적용한 최초의 판례는 영남위원회 사건이다.[11] 즉 법원은 '컴퓨터 디스켓에 들어 있는 문건이 증거로 사용되는 경우 그 컴퓨터 디스켓은 그 기재의 매체가 다를 뿐 실질에 있어서는 피고인 또는 피고인 아닌 자의 진술을 기재한 서류와 크게 다를 바 없고, 압수 후의 보관 및 출력과정에 조작의 가능성이 있으며, 기본적으로 반대신문의 기회가 보장되지 않는 점 등에 비추어 그 기재내용의 진실성에 관하여는 전문법칙이 적용된다.'라고 판시했다. 이후에도 대법원은 일관된 입장을 유지하고 있다.

라) 시사점

디지털매체 특성에 따른 증거능력 요건은 수사 및 재판실무를 통해서 정립되었다. 특히 정보기관은 최근 20여 년간 국가안보 위해사범 수사를 통해

---

11) 대법원 1999.9.3. 선고 99도2317 판결

디지털 증거법 체계 확립에 절대적으로 기여했고, 디지털포렌식 분야의 개척에 선도적 역할을 해왔다. 이러한 노력 끝에 법원은 2006년 「일심회」 사건 판결문에서 수사실무에서 일반적으로 사용하는 디지털포렌식 프로그램인 'EnCase'를 최초로 언급하면서 공신력을 부여하기도 했다.[12]

국가안보 위해사범은 물론이고 일반 형사사건에서도 디지털증거가 차지하는 비중이 현재도 늘어났고 앞으로도 절대적으로 늘어날 것으로 예상된다. 미국 FBI는 현대 사회에서 생산되는 정보의 93%가 디지털 형태로 생산된다고 발표한 바 있어, 오늘날 수사기관이 수집하고 법정에서 활용되는 거의 모든 증거가 디지털증거라고 할 수 있을 정도다. 디지털증거 분야에 대한 증거능력 확보 문제는 정보기관의 수사뿐 아니라 행정조사의 영역에서도 공통적으로 중요하다. 수사 또는 행정조사 중 취득한 디지털증거는 입수과정에서의 강제성(수사)과 임의성(행정조사) 이외에는 증거능력 요건 면에서는 아무런 차이가 없기 때문이다.

5. 수사권 없는 국가정보원이 해외에서 수집한 정보의 증거능력 확보방안

1) 법령의 해석론을 통해 증거능력을 확보하는 방안

가) 「국가정보원법」 제4조 제1항 제1호 '정보의 수집 · 작성 · 배포'에서 '정보활동'의 법적 의미를 확장 해석

통상적으로 수사업무는 범죄 혐의에 대한 첩보 수집 ⇨ 혐의자 기본 신원 · 동향 등 기초 내사 진행 ⇨ (혐의가 의심될 경우) 심층 내사 진행 ⇨ (혐의점이 사실로 확인될 경우) 입건, 인지보고서 작성 ⇨ 임의수사 진행(公私단체 사실조회, 동향관찰 등) ⇨ 통신수사(통신사실확인자료, 통신제한조치, 위치추적,

---

12) 서울중앙지방법원 2007.4.16. 선고 2006고합 1365 판결

전기통신에 대한 압수수색 등을 통해 증거 수집) ⇨ (기소 가능한 수준의 증거가 확보된 경우) 강제수사로 전환하여 유형물에 대한 압수수색, 신병 체포 또는 구속 ⇨ 피의자 소환조사를 통해 신문조서 작성, 참고인 소환조사 ⇨ 수사결과 검찰 송치 ⇨ 검찰 기소 후 공소유지 지원 등의 순서로 진행된다. 그런데 국정원의 수사권이 폐지된 2024.1.1. 이후 국정원의 정보활동이 위 수사진행 단계 중 어디까지에 해당되는 지에 대해서는 법률에서 명확히 규정하고 있지는 않다.

국정원 대공수사권 폐지를 골자로 하는 국정원법 개정안을 발의한 더불어민주당 김병기 의원은 2018.1.12. 국정원 대공수사권의 경찰 이관의 의미를 "최초 첩보수집단계에서 조사단계까지는 정보기관이 당연히 해야 하지만 수사단계부터는 경찰로 이관한다는 뜻"으로 설명했다.[13]

박지원 국정원장은 국정원법 개정안이 국회 본회의를 통과하기 불과 5일 전인 2020년 12월 8일 제382회 국회법사위에 출석하여, 김용민 의원이 "수사권을 폐지하는 그런 법안의 취지로 (국정원법 개정안을) 만들었습니다. 그런데 보면 사실상 수사권이 있는 것처럼 여전히 남아 있습니다. … 직무수행을 위하여 필요한 경우 현장조사·문서열람·시료채취·자료제출 요구 및 진술요청 등의 방식으로 조사할 수 있다. 조사를 할 수 있다라고 돼 있습니다. 이것만 보면 행정조사처럼 보입니다."라는 질의에 대해 "… 지금도 산업스파이나 테러, 마약, 이러한 것들은 저희들이 해외에서 이루어지고 있고 국내에 연계가 되면 그러한 부분에 대해서는 조사를 해서 기소 단계에서 검찰과 경찰에 넘겨서 함께 공소권 유지하는 데 지원할 뿐이지…"라고 답변했다.[14][15]

---

13) http://tbs.seoul.kr/news/newsView.do?idx_800＝2283251&seq_800＝1025924
    3&typ_800＝9(TBS뉴스 기사)

14) 제382회국회(정기회) 법제사법위원회회의록 제14호

15) 박지원과 김병기는 간첩수사를 마약이나 산업스파이 정도의 범죄로 보고 있는
    것 같다. 그러나 만약 그들이 실제로 그렇게 생각한다면 그것은 한 나라의 책임
    있는 위치에 있었거나 있는 자로서 무지하다고 지적하지 않을 수 없고, 간첩의
    실체를 알고도 그렇게 행동한다면 거의 간첩에 다름 아니다. 간첩과 마약사범,

　2017년부터 2020년간 국정원법 개정 논의과정에서 국정원 대공수사권 폐지법안을 발의했던 더불어민주당 김병기 의원, 국회 정보위원과 법사위원, 수사권 폐지를 주장하는 진영에서는 '국정원이 종말단계(사법처리) 직전까지는 첩보수집 - 내사 - 증거수집 등 고유한 업무를 수행할 것이고, 증거수집이 완료된 이후 강제수사 착수 단계에 이르러서야 수사기관에 사건을 이첩하게 되므로, 안보 공백 우려는 없다'라고 일관되게 주장해왔다.

　윤석열 정부 출범 이후인 2023.1. 국민의힘 최재형 의원이 주요 대공사건은 해외 첩보망과 연계가 필수인데, 경찰이 전담할 경우 이 같은 연계가 원활하지 않을 수 있다는 취지로 '경찰은 해외 방첩망이 전무하다는 점에서 과연 제대로 된 대공 수사가 하루아침에 가능할지 의문'이라고 지적하자 정보위원회 소속 더불어민주당 김병기 의원은 이번에도 '개정 국정원법상 국정원은 수사권만 사라졌지 내사단계에서 필요한 정보수집이나 조사 권한은 보유하고 있다. 경찰과 정보공유만 잘 이루어지면 문제될 것 없다.'고 반박하며[16] 국정원이 수사단계 직전까지 증거수집 등 실질적인 수사 활동은 그대

산업스파이 등 국제범죄자가 어떻게 다른지 언급하지 않을 수 없다. 마약이나 국제범죄의 경우도 일반 형사범과는 달리 초국가적·조직범죄 성격을 가진 범죄임에는 틀림없으나 내외국인을 막론하고 대부분 국내에서 범죄현장을 포착할 여지가 많아 대공(안보) 수사에 비해 범증 수집이 상대적으로 용이하다고 볼 수 있다. 그러나 마약을 비롯한 테러·밀수·인신매매·위조지폐 등 국제범죄는 세계주의 원칙에 의해 국제적으로 모든 나라가 공동으로 대처해야 할 '인류보편의 가치'를 침해하는 범죄로 분류된다. 이런 범죄의 국제공조는 비교적 원활하게 이루어진다고 볼 수 있다. 이외에도 마약이나 국제범죄를 간첩수사와 비교하는 것은 무지의 소치다. 마약이나 국제범죄는 개인적 배경을 가진 범죄다. 범죄조직 자체는 超국가성을 띠고 있다 하더라도 행위자는 개인에 불과하다. 보안의식이나 범죄수법이 대공(안보) 사범에 비해 상대적으로 치밀하지 못하다. 관련자들은 대부분 전과자들이어서, 첩보입수 후 통화내역조회나 전과조회만 해도 조직 실체를 비교적 쉽게 파악할 수 있다. 국내에서 범죄현장을 포착해 체포할 수 있는 여지가 많다. 국제공조가 원활히 이루어지고, 운반 중인 마약 같이 실물 증거 압수도 기대할 수 있다. 수사단계에서 신문투쟁이나 변호사의 사법방해 행위가 없다. 첩보 수집에서 송치까지 상대적으로 단시일에 사법처리 가능하다.

로 수행하는 것으로 설명했다.

　더불어민주당은 국정원법 논의가 시작되던 2017년부터 지금까지 일관된 입장을 유지하고 있다. 개정된 국정원법의 문언이나 박지원 전 원장과 김병기 민주당 의원의 그때그때 워딩(wording)들은 외견상 행정조사처럼 보이지만 사실 그 실질은 수사에 가깝다. 따라서 국정원의 범죄정보 수집활동이 외견상 행정조사의 방법으로 수행된다고 하더라도 실질적으로는 임의수사에 준하여 활동해야 한다. 그것이 입법자의 입법 취지를 살리는 것이다.

　국정원의 범죄정보 수집활동이 「형사소송법」 제308조의2(위법수집증거배제)에 해당하지 않도록 하고, 디지털자료일 경우 디지털 매체 특성에 따른 증거요건을 구비하도록 하며, 진술증거일 경우 「형사소송법」 제310조의2 이하 전문법칙의 적용을 받도록 한다면, 그렇게 수집된 범죄정보가 수사권이 없다는 단순한 이유 하나만으로 그 증거능력을 부정당하지는 않을 것이다. 국정원의 범죄정보활동으로 수집된 증거자료가 증거능력을 확보하기 위한 방안을 디지털증거 중심으로 제시한다.

① 적법절차에 의한 정보 수집

　수사기관의 수사가 공소유지를 위하여 범죄사실에 대한 증거를 수집·보전하는 행위라고 할 때, 행정기관의 조사는 국가와 지방자치단체 등이 행정활동을 적정하게 실행하기 위해 필요한 정보나 자료를 수집하는 권력적 내지 비권력적 활동을 의미한다. 따라서 수사와 조사 모두 객관적 사실을 발견하기 위한 국가의 행정활동이지만, 국가기관에 의한 국민의 기본권 제한이라는 점에서는 법률적 근거가 있어야 하고, 그 제한의 정도도 기본권의 본질적 내용을 침해하지 않는 필요 최소한에 그쳐야 한다.

　기본권의 제한에 적용되는 원칙에 과잉금지의 원칙이 있다. 과잉금지는 목적의 정당성, 방법의 적정성, 피해의 최소성, 법익의 균형성 등이 고려되는데,

---

16)　https://www.joongang.co.kr/article/25135975·home　2023.1.26.　중앙일보 기사.

이 중 어느 하나라도 저촉되면 위헌이다. 또한 기본권을 제한하는 경우에도 그 본질적인 내용은 침해할 수 없다. 과잉금지의 구체적 내용은 다음과 같다.

㉠ 목적의 정당성

국민의 기본권을 제한하는 의회의 입법은 그 입법의 목적이 헌법과 법률의 체계 안에서 정당성을 인정받을 수 있어야 한다. 국정원에 의한 영상정보는 법률에 따라 국가안전보장 또는 범죄수사 지원를 위한 목적으로서만 허용되며, 다른 목적을 위해서는 허용되지 않는다.

㉡ 방법의 적정성(수단의 적정성, 필요성)

목적을 달성하기 위한 적합한 수단이 많을 경우, 그 중에서 국민에게 가장 최소한의 제한을 가져오는 수단을 택해야 한다. 만약 공개 수사방법이나 동의에 의한 영상정보 수집이 불가능할 경우에는 비밀영상 촬영이 허용될 수 있겠지만 이도 보충적 수단으로 이용되어야 한다.

㉢ 피해의 최소성

입법권자가 선택한 기본권의 최소한의 제한조치가 입법목적달성을 위해 적절한 것이라고 하더라도 보다 완화된 수단이나 방법을 모색함으로써 그 피해를 최소화해야 한다. 따라서 국정원은 영상정보를 수집함에 있어서 국민의 기본권 침해의 피해가 최소한에 그치도록 노력해야 한다.

㉣ 법익의 균형성

기본권의 제한이 위의 여러 원칙들에 적합한 경우에도 제한이 의도하는 정치·경제·사회적 유용성과 그 제도에 의하여 야기되는 국민적·사회적 손실을 비교형량하여 양자 간에 합리적인 균형관계가 성립되어야 한다. 이 원칙은 개인의 어떤 행위를 규제함으로써 초래되는 사적 불이익과 그 행위를 방치함으로써 초래되는 공적 불이익을 비교하여 규제함으로써 초래되는 공익이 보다 크거나 적어도 양자 간에 균형이 유지되어야 한다는 것을 의미한다. 따라서 간첩행위를 방치함으로써 발생되는 공익의 피해와 국정원이 대상자의 영상정보를 수집하여 침해되는 기본권의 피해 간 이익을 비교형량하여 법익균형성을 판단할 수 있을 것이다. 침해되는 기본권의 본질적인 내용의 구체적인 의미와 범위는 헌법재판소와 법원이 결정할 수밖에 없다.

적법절차의 실질적인 내용은 ① 영장제도나 적법절차를 규정하고 있는 헌법에 위반하는 경우 ② 수사기관의 수사 활동이 형벌법규에 위반하는 경우, ③ 형사소송법의 효력규정에 위배하여 압수·수색·검증 등이 무효인 경우로 나눈다. 따라서 적법절차의 실질적인 법문규정이 없는 상황에서 적법절차의 실질적 내용에 대한 위반이 있는지 여부는 법원이 절차 위반행위와 관련된 모든 사정을 전체적이고 종합적으로 살펴서 판단하여야 한다.

헌법재판소는 「헌법」 제12조 제3항 본문이 동조 제1항과 같이 적법절차 원리의 일반조항에 해당하는 것으로서, 헌법조항에 규정된 형사절차상의 제한된 범위 내에서만 적용되는 것이 아니라, 국가작용으로서 기본권 제한과의 관련 여부와는 관계없이 모든 입법 작용 및 행정작용에도 광범위하게 적용된다고 해석하였다. 따라서 적법절차 원칙은 수사뿐만 아니라 행정조사에서도 똑같이 적용된다.

국정원 직원이 해외에서 수집한 정보는 여러 유형들이 있겠지만, 그 중 국정원 직원이 직접 채증한 사진 또는 영상정보에 대한 증거 활용에 대하여 검토한다. 기본적으로 해외에서의 수사 또는 조사 행위 자체는 국제법상 관할 위반이라고 볼 수 있지만, 국익적 차원에서 본다면 반드시 위법이라고 단정할 수 없다. 판례의 입장도 마찬가지다.

수사권이 있을 때의 정보활동에 대한 적법성 판단은 수사권 없는 행정조사의 경우에도 그대로 적용하여 해석할 수 있다. 앞에서도 언급한 바 있지만 다시 한번 두 판례를 검토한다. 국정원이 촬영한 영상정보의 증거능력을 직접적으로 판단한 대법원 판례는 소위 '영남위원회' 사건이 최초다. 동 사건에서 국정원은 국가보안법 위반 혐의를 상당부분 포착한 상태에서 그 회합의 증거를 확보하기 위한 목적으로 피고인의 주거지 밖에서 담장 및 2층 계단을 통하여 출입하는 모습을 비디오로 촬영했다. 이에 대법원은 '누구든지 자기의 얼굴 모습을 함부로 촬영당하지 않을 자유를 가지나 이러한 자유도 국가권력의 행사로부터 무제한으로 보호되는 것은 아니고 국가의 안전보장·질서유지·공공복리를 위하여 필요한 경우에는 상당한 제한이 따르는 것이고, 수사기관이 범죄를 수사함에 있어 현재 범행이 행하여지고 있거나 행하여진 직후이고, 증거보전의 필요성 및 긴급성이 있으면, 일반적으로 허용되는 상당한 방법에 의하여 촬영을 한 경우라면 위 촬영이 영장 없이 이루어졌다 하여 이를 위법하다고 단정할 수 없다.'라고 판시했다.[17]

해외촬영 사진의 증거능력과 관련해선 '왕재산' 사건의 판결이 있다. 국정원은 국보법 위반 사건을 수사하는 과정에서 해외의 식당 앞길, 호텔 프론트 등 공개된 장소에서 피고인들의 모습을 촬영했다. 대법원은 '피고인들이 일본 또는 중국에서 북한 공작원들과 회합하는 모습을 동영상으로 촬영한 것은 위 피고인들이 회합한 증거를 보전할 필요가 있어서 이루어진 것이고, 피고인들이 반국가단체의 구성원과 회합 중이거나 회합하기 직전 또는 직후의 모습을 촬영한 것으로 그 촬영 장소도 차량이 통행하는 도로 또는 식당 앞길, 호텔 프론트 등 공개적인 장소인 점 등을 알 수 있으므로, 이러한 촬영이 일반적으로 허용되는 상당성을 벗어난 방법으로 이루어졌다거나, 영장 없는 강제처분에 해당하여 위법하다고 볼 수 없다.'라고 판시함으로써 국정원의 해외촬영행위가 위법하지 않으며 동영상을 캡처한 사진들의 증거능력을 인정하여 정보수사기관이 영장주의를 위반하거나 초상권을 침해하지 않았음을 다시 한번 확인해 주었다.

따라서 국정원이 비록 수사권이 없더라도 해외 정보수집활동의 적법성 요건으로 '① 범죄혐의가 있고, ② 증거보존의 필요성이 있으며, ③ 긴급성이 인정될 경우 위법한 정보수집활동이 아니다.'라는 해석의 도출이 가능하다.

---

17) 대법원 1999.9.3. 선고 99도2317 판결

② 디지털 정보의 진정성 확보

수사권 없는 국정원이 해외에서 촬영한 영상정보를 당사자의 유죄 입증을 위한 증거로 활용할 시에는 적법절차 + 디지털 증거의 진정성 + 전문법칙의 세 가지 요건이 충족되어야 한다.

㉠ 적법성

해외에서 발생한 국가안보 및 국민의 안전을 위해(危害)할 범죄활동에 대하여 긴급촬영을 통해 증거를 보전할 필요성이 있고, 멀리서 또는 근접거리에서 디지털 카메라 등을 사용하여 북한 공작원과의 접선 모습을 촬영하는 등 증거보존의 필요성과 수집방법의 상당성을 확보한다면 앞서 살펴본 판례와 같이 적법성을 인정받을 수 있을 것이다.

㉡ 디지털 증거의 진정성

법원은 디지털 증거의 진정성을 판단하는 요건으로 ① 모든 과정에 인위적인 조작이 없어야 한다는 동일성과 무결성의 요건, ② 범죄와 관련된 디지털 데이터의 압수·수색은 디지털포렌식에 전문적인 지식·기술·경험을 가진 전문가에 의해 진행되어야 한다는 전문성 요건, ③ 디지털포렌식에 사용되는 도구나 프로그램은 오류의 가능성이 전혀 없거나 무시할 수 있을 정도의 극소한 것이어야 한다는 도구에 대한 신뢰성과 정확성 요건을 제시했다.[18]

• 동일성·무결성

디지털 카메라에 저장된 저장매체로부터 해당 디지털 영상정보를 수집할 때 위·변조되지 않았음을 입증하기 위하여 해쉬(hash)값을 산출하고, 해당 산출 과정을 촬영 또는 녹화함으로써 향후 디지털 영상정보에 대한 동일성·무결성을 입증한다.

---

18) 강구민, "대공사건에 있어 전자적 증거의 증거능력", 「형사소송 이론과 실무」 제8 권 제2호, 한국형사소송법학회, 2016.12. 157면.

• 전문성

디지털 카메라 내에 있는 디지털 저장매체로부터 해당 디지털 영상정보를 산출할 시에는 디지털포렌식이라는 전문 기술이 필요하기 때문에 포렌식 분석자의 전문성이 요구된다. 분석자의 전문성은 자격증, 교육, 경험 등을 종합적으로 검토하여 판단한다.

• 도구의 정확성과 신뢰성

디지털포렌식에 사용된 프로그램 또는 도구에 대한 정확성과 신뢰성이 요구된다. 즉 해당 분야 전문가들로부터 인정받고 검증된 포렌식 도구여야 한다. 국정원이 해외에서 디지털 카메라 등을 이용하여 접선 장면을 촬영하고 해당 영상 정보를 수집하는 사안에서 ① 전문성이 입증된 디지털포렌식 조사관으로 하여금 ② 검증된 디지털포렌식 도구를 사용하여 범죄 혐의사실 관련된 영상정보를 수집하도록 하고 ③ 디지털포렌식 조사관이 수집한 디지털 영상정보에 대한 해쉬값을 산출함으로써 수집한 디지털 영상정보의 진정성을 입증할 수 있을 것이다.

③ 전문법칙 적용

국정원 직원이 해외에서 수집한 영상정보에 북한 공작원과 국내 대상자의 대화 내용이나 문서 내용 등이 들어 있는 경우에는 「형사소송법」 제313조의 진술서 등으로 판단하여 전문법칙이 적용된다. 따라서 공작원과 대상자의 만남 자체가 아닌 대화내용이나 문서상의 내용 등이 증거로 제시될 때에는 전문법칙이 적용되기 때문에 작성자 또는 진술자의 진정성립의 입증이 필요(「형사소송법」 제313조 제1항)하다. 그러나 실제 수사 현실에서는 거의 모든 피의자들이 진정성립을 부인하기 때문에 「형사소송법」 제313조 제2항에 따라 과학적 분석결과에 기초한 디지털포렌식 자료 등 객관적 방법으로 성립의 진정함을 증명하는 경우 증거로 할 수 있다.

나) 국정원법상 '정보활동'의 확장해석이 필요한 법적 논리

① 흠결 있는 입법(개정 국정원법)의 보완

개정 국정원법의 입법취지는 임의적 수사인데 법규정은 행정조사권이다. 국정원의 임무는 국가안보 수호인데, 국가안보는 행정조사권의 대상이 아니다. 입법취지와 법규정이 맞지 않고, 국정원법과 행정조사기본법이 맞지 않는다. 입법취지 부분은 앞에서 설명했으니, 여기서는 국정원법과 행정조사기본법의 모순관계를 밝힌다.

「국정원법」은 제5조 제2항에서 '직원은 현장조사 · 문서열람 · 시료채취 · 자료제출 요구 및 진술요청 등의 방식으로 조사할 수 있다.'라며 행정조사권을 규정하고 있다. 그러나 그 세부적인 행정조사의 절차, 방법, 한계 등에 대한 구체적 내용은 규정하고 있지 않다. 그런데 「행정조사기본법」 제3조 제1항은 '행정조사에 관하여 다른 법률에 특별한 규정이 있는 경우를 제외하고는 이 법으로 정하는 바에 따른다.'라고 되어 있다. 따라서 국가정보원의 행정조사는 행정조사기본법을 적용받는다.

그런데 「행정조사기본법」 제3조 제2항은 국가안보 · 외교 · 통일에 관한 사항, 국방 · 안전에 관한 사항, 근로감독관 직무에 관한 사항, 조세 · 형사 · 행형 · 보안처분에 관한 사항, 금융감독업무에 관한 사항, 공정거래위원회 조사에 관한 사항 등에 대해서는 동법의 적용을 배제하고 있다.

국정원법 제1조(이 법은 국가정보원의 조직 및 직무범위와 국가안전보장 업무의 효율적인 수행을 위하여 필요한 사항을 규정함을 목적으로 한다), 제4조 제1항 제2호(국가의 안전에 대한 중대한 불이익을 피하기 위하여 한정된 인원만이 알 수 있도록 허용되고 다른 국가 또는 집단에 대하여 비밀로 할 사실 · 물건 또는 지식으로서 국가 기밀로 분류된 사항만을 말한다. 이하 같다)에 속하는 문서 · 자재 · 시설 · 지역 및 국가안전보장에 한정된 국가 기밀을 취급하는 인원에 대한 보안 업무, 제8조(국정원의 조직 · 소재지 및 정원은 국가안전보장을 위하여 필요한 경우에는 그 내용을 공개하지 아니할 수 있다), 제15조 제1항(원장은 국가 안전보장에 중대한 영향을 미치는 상황이 발생할 경우 지체 없이 대통령 및 국회 정보위원회에 보고하여야 한다)의 내용으로 볼 때 국정원은 당연히 행정조사기본법의 배제 대상이 된다. 「국정원법」 제16조(예산회계), 제17조(국회에서의 증언 등), 제19조(직원에 대한 수사중지 요청)도 국정원이 국가안보에 관련된 사항을 수행하고 있음을 단적으로 보여주는 조항들이다.

국정원법에 행정조사와 관련한 구체적 규정이 없어 「행정조사기본법」 제3조 제1항에 의해 국정원의 행정조사는 당연히 행정조사기본법을 따라야 한다. 그런데 「행정조사기본법」 제3조 제2항은 국정원의 국가안보업무를 행정조사기본법의 적용 대상에서 배제시키고 있다. 국정원의 행정조사는 「행정조사기본법」 제3조 제1항을 따라야 하나?, 「행정조사기본법」 제3조 제2항을 따라야 하나? 개정 국정원법의 흠결이 아닐 수 없다.

② 간첩수사를 전담하게 되는 경찰의 입법적 · 제도적 미비에 따른 해외 채증활동의 공백을 보완

㉠ 경찰의 해외 정보활동을 위한 법적 근거 불비

국정원의 수사권이 없어지는 2024.1.1.부터는 형식적 법 논리로만 보면 경찰이 해외 채증활동을 전담해야 한다. 해외 채증활동 경험이 거의 전무한 경찰이라도 적법한 절차와 방식에 따라 채증활동을 한다면 법원에서 유죄판결을 이끌어 낼 수 있다는 법리는 별론으로 하더라도, 경찰 업무의 모법(母法)이라 할 수 있는 「경찰청과 그 소속기관 직제」(시행 2023.6.27, 대통령령 제33571호) 그 어디에도 경찰의 해외 채증활동을 유추할 수 있는 규정이 없다.[19]

---

19) 다만 제22조 【안보수사국】 ① 안보수사국에 국장 1명을 둔다. ② 국장은 치안감 또는 경무관으로 보한다. ③ 국장은 다음 사항을 분장한다. 1. 안보수사경찰업무에 관한 기획 및 교육. 2. 보안관찰 및 경호안전대책 업무에 관한 사항. 3. 북한이탈주민 신변보호. 4. 국가안보와 국익에 반하는 범죄에 대한 수사의 지

경찰은 2021.1. 국가수사본부의 출범과 함께 4개의 법규를 정비했다. 경찰과 검찰이 함께 적용받는 '검사와 사법경찰관의 상호협력과 일반수사준칙에 관한 규정'(약칭 '수사준칙')이 대통령령으로 제정되고, 또한 행안부령인 '경찰수사규칙'이 추가 제정되었다. 이로써 경찰 수사에 적용되는 법규는 법률(형사소송법), 대통령령(수사준칙), 행안부령(경찰수사규칙) 및 경찰청 훈령(범죄수사규칙)의 4단계로 구성되어 있다. 그러나 이는 대북·대공사건 발생에 대비하기보다는 자치경찰제 도입과 국가수사본부의 출범이라는 경찰 개혁의 일환으로 법규가 정비된 것에 불과하다.

ⓛ 수사와 재판에서 예상되는 경찰과 변호인의 위법성 논쟁

'국제법상 마땅히 보장되어야 하는 외국의 영토주권을 침해하고 국제형사사법 공조절차를 위반한 위법수집증거로서 그 증거능력이 부정되어야 한다.' 국정원 국가안보 위해사범 수사의 변호를 민변 변호인들의 변치 않는 주장이자 끊임없는 항소 이유다. 수사와 해외활동의 법적 근거를 가지고 있는 국정원도 매번 수사와 재판 때 마다 민변과 끊임없는 소모성 논쟁을 벌였는데, 하물며 해외활동의 법적 근거조차 없는 경찰의 경우는 적지 않은 논쟁이 야기될 것으로 보인다.

ⓒ 간첩수사를 전담하기엔 턱없이 부족한 경찰의 인원·장비·예산

2023년 현재 안보수사를 담당하는 인원은 국가수사본부 소속의 안보수사국, 지방경찰청의 18개 안보수사대, 258개 경찰서의 안보과(또는 안보계) 소속 경찰관을 모두 합쳐도 전문 수사 인력은 1,000명 미만이다.

간첩사건의 가장 큰 특징인 디지털증거 수집을 위한 포렌식 장비도 부족

휘·감독. 5. 안보범죄정보 및 보안정보의 수집·분석 및 관리. 6. 국내외 유관기관과의 안보범죄정보 협력에 관한 사항. 7. 남북교류와 관련되는 안보수사경찰 업무. 8. 국가안보와 국익에 반하는 중요 범죄에 대한 수사에 대해서만 규정되어 있을 뿐이다.

하고, 예산도 부족하다. 2023년 현재 여건으론 2024년에 국정원의 수사권을 인계받는다 하더라도 과연 간첩수사를 잘할 수 있을지 의구심을 품고 있는 경찰관들도 적지 않다고 한다.

㉣ 공개조직 특성상 경찰의 해외정보망 운영은 사실상 난망

• 해외교민에 대한 불필요한 사찰 논란 예상

경찰도 최근의 간첩 사건을 통해 해외 정보망의 중요성에 공감하고 정보망 부식을 검토하고 있으나, 해당국과 외교문제로 비화될 개연성 때문에 내심 고민 중이다. 범죄인 인도조약이나 형사사법공조조약 체결국과의 합동 정보망 운영, 국제형사기구(ICPO, 인터폴)를 통한 신뢰할 만한 정보망 개척, ○○국에 ○○명이 나가있는 해외주재관의 협조자를 활용하는 방안[20]도 연구 중이다.[21]

• 중국의 강화된 반간첩법으로 해외정보망 구축에 애로

2023년 개정된 중국 반간첩법[22]으로 경찰의 중국내 해외 정보망 구축은 더 어려워지게 되었다. 예컨대 반간첩법 제4조 (2) 간첩조직에 가담 또는 간첩조직 및 그 대리인으로부터 임무를 받거나 이에 협력하는 일, (3) 간첩 조직 및 그 대리인 이외의 국외 기관, 조직, 개인이 실행 또는 지시 후원을 통해 타인이 실행하도록 하거나, 국내기관 조직 개인이 이와 결탁해 국가 기밀 및 정보 그리고 국가안보와 이익에 관한 문건 데이터 자료 물품을 절취·정

---

20) 경찰 해외주재관은 살인, 사기 등 형사범 추적에 집중되어 있고, 수사나 강제 법집행력이 없는 인터폴 연락업무에 국한되어있어 국가보안법 위반 간첩, 정보사범 수사는 사실상 곤란하다.
21) 법집행기관인 경찰이 타국 영토에 대공수사망과 첩보망을 구축하여 수사 활동을 하거나 증거수집활동을 하게 되면 해당국의 주권을 침해하는 데다, 현행 정부조직법상 경찰은 해외에서의 수사가 가능한 조직을 가지고 있지 않으므로, 곧바로 해외 정보수집망을 구축하여 정보수집활동을 수행하는 것도 현실적으로 불가능하다는 것이 학계 및 실무진들의 중론이다.
22) 2023년 4월 26일 전국인민대표대회를 통과한 '반간첩법'이 7월 1일부터 시행됐다.

탐·매수·불법 제공한 경우 또는 책동·유인·협박·매수를 통해 국가 공직자가 반란을 일으키는 활동, (6) 간첩 조직 및 그 대리인이 중화인민공화국 영역 내에서 중화인민공화국 공민과 조직 혹은 다른 조건을 이용해 제3국에 대한 간첩활동에 종사함으로써 중화인민공화국의 국가안보를 해한 경우 등을 모두 간첩 행위로 규정했다.

제10조에서는 '국외기관 조직 개인이 실행 또는 지시 후원을 통해 타인이 실행하도록 하거나, 국내 기관 조직 개인이 국외기관 조직 개인과 결탁해 중화인민공화국의 국가 안보를 해할 경우 모두 법적으로 책임을 추궁한다.'고 규정하여 간첩 행위를 자의적으로 해석할 여지를 남겨 중국 내 채증활동이 더욱 어렵게 되었다.

③ 위법수집증거배제법칙의 예외 이론

수사기관이 압수·수색·검증 영장을 집행하는 과정에서 일부 절차적 잘못이 발생할 수 있는데, 그 경우 해당 압수물 전체에 대한 절차적 위법을 이유로 증거능력을 부정하는 것은 다소 현실에 맞지 않는 경우가 발생한다. 법원은'법이 정한 절차에 따르지 아니하고 수집한 압수물의 증거능력 인정 여부를 최종적으로 판단함에 있어서는, 실체적 진실규명을 통한 정당한 형벌권의 실현도 헌법과 형사소송법이 형사소송절차를 통해 달성하려고 하는 중요한 목표이자 이념이므로, 형식적으로 보아 정해진 절차에 따르지 아니하고 수집한 증거라는 이유만을 내세워 획일적으로 그 증거의 증거능력을 부정하는 것 역시 헌법과 형사소송법에 관한 절차 조항을 마련한 취지에 맞는다고 볼 수 없다. 적법한 절차에 따르지 아니하고 수집한 증거를 기초로 하여 획득한 2차적 증거의 경우 최초 증거와 2차적 증거 수집 사이 인과관계의 희석 또는 단절여부를 중심으로 2차적 증거 수집과 관련된 모든 사정을 전체적·종합적으로 고려하여 예외적인 경우에는 유죄 인정의 증거로 사용할 수 있다."고 판시하였다.23)

④ 그 외 국가안보위해범죄 관련 다양한 이론

㉠ 국가안보예외이론(Theory of National Security Exception)[24]

국가안보예외이론은 국가안보수호를 목적으로 하는 정보활동에는 헌법상의 영장주의가 허용되지 않는다는 원칙이다. 옴스티드(Roy Olmstead) 사건[25], 카츠(Katz) 사건[26]을 통하여 판례법으로 형성되었다. 연방대법원의 케이츠(Keith) 판결은 그동안 국내정보 활동의 경우에 국가안보를 이유로 광범위한 영장주의 원칙에 대한 예외를 인정했던 것을 배제한 기념비적 판결로 '북극성과 같은 길라잡이가 되는 판결'이라는 평가를 받는다. 케이츠 판결의 결론은 비록 국가안보 문제가 걸린 사안이라고 하더라도 전자감시를 하기 위해서는 법원이 발부한 영장에 따라야 한다는 영장주의의 원칙을 확립한 것이다. 그러나 결과적으로 또 다른 우회적 통로를 촉발했고 의회는 1978년 해외정보감독법(Foreign Intelligence Surveillance Act of 2004, FISA)을 제정해서 해외정보수집 활동에 대한 통신도청을 별도로 규율하기에 이르렀다. 정치공동체 그 자체를 수호하려는 추상적인 노력인 국가안보 목적은 존중되어야 한다는 국가안보예외이론의 불가피성이고 현실적인 가치이기 때문이다. 그러나 영장 없는 국내정보 활동을 위헌이라고 선언한 케이츠 판결 이후에도 하급심 판결들은 국가안보 목적인 경우에 영장 없는 전자감시 활동의 적

---

23) 대법원 2007.11.15. 선고 2007도3061 전원합의체 판결(공직선거법 위반)

24) 앞의 자료 105-106면

25) 국가안보목적인 경우에는 영장 없는 도청이 위헌이 아니라는 원칙으로 옴스티드 원칙(Olmstead Doctrine)이라고 한다.

26) 사건법원은 카츠 사건에서 '제4차 수정헌법상의 영장주의 원칙은 국가안보목적의 전자감시활동에도 적용된다.'라고 판결했지만 의회는 특정한 중범죄 예방을 위한 수사·정보기관의 전자감시 활동과 그에 의해 획득된 자료의 법정에서의 이용절차를 규정한 '범죄통제와 안전한 거리를 위한 총괄법(OCCSSA)'을 제정하여 정부전복을 예방하고 '명백하고 현존하는 위험(clear and present danger)'을 초래할 수 있는 사안의 경우에는 영장 없는 도청을 허용했다.

법성을 계속 인정했다. 그 근거는 '주된 목적이론(Primary purpose)'에 따른 것이었다. 영장 없는 도청의 주된 목적이 해외정보 수집을 위한 경우라면 비록 내국인의 전화통화 등에 대한 전자적 감청이 이루어졌다고 하더라도 적법하다는 것이다.

ⓛ 국가비밀특권

국가비밀특권은 국가가 국가안보를 위하여 비밀 분류한 민감한 정보를 일반 공중에 대한 공개에서 배제할 수 있는 권한, 즉 공개를 거부할 수 있는 권한이다. 국가안보 문제가 게재된 사안에 대해서는 일반 공개 증거심리주의를 제한하는 것이 주된 내용이다.[27] 1976년까지 단지 4건의 사건에서만 주장되었지만 2001년 9.11 테러공격 이후 4년 동안 부시 행정부는 약 23건의 국가상대 소송에서 국가비밀특권을 주장하여 사법심사에도 안보환경 변화의 물결이 반영되었다.

ⓒ 오염순화(희석)이론

후에 피고인이 자의로 행한 행위가 존재한다면 위법증거와의 인과관계가 단절되므로 1차 증거의 위법성의 오염이 희석되어 파생증거에 영향을 미치지 않는다는 이론이다. 판례에 따르면 강도 현행범으로 체포된 피고인에게 진술거부권 고지 없이 강도 범행에 대한 자백을 받은 후 40여 일이 지난 후에 피고인이 변호인의 충분한 조력을 받으면서 법정에서 임의로 자백한 경우, 법정에서의 자백은 위법수집증거라 할 수 없다. 또 다른 판례에서 마약 투약 혐의를 받고 있던 피고인이 임의동행을 거부하겠다는 의사를 표시하였는데도 경찰관들이 피고인을 영장 없이 강제로 연행한 상태에서 마약 투약 여부의 확인을 위한 1차 채뇨절차가 이루어졌는데, 그 후 압수영장에 기하여 2차 채뇨절차가 이루어지고 그 결과를 분석한 소변 감정서 등이 증거로

---

27) 국가비밀특권 주장이 법원에 의해 받아들여지면 판사의 사실(camera)에서 증거 심리가 이루어지고, 경우에 따라서는 증거조사 없이 진술서에 기초하여 구두변론만으로 심리는 종결될 수 있다.

제출된 사안에서, 1차 채뇨 요구에 의하여 수집된 증거는 증거능력이 없으나, 제반 사정을 고려할 때 2차적 증거인 소변 감정서 등은 증거능력이 인정된다고 판시한 바 있다

㉣ 불가피한 발견의 예외 이론

1차 증거가 없더라도 합법적인 수단에 의해 파생증거가 불가피하게 발견되었을 것을 증명하였을 때에는 증거로 허용할 수 있다. 판례는 수사기관이 위와 같이 법관의 영장에 의하지 아니하고 매출전표의 거래명의자에 관한 정보를 획득한 경우 이에 터잡아 수집한 2차적 증거들, 예컨대 피의자의 자백이나 범죄 피해에 대한 제3자의 진술 등이 유죄 인정의 증거로 사용될 수 있는지 여부를 판단함에 있어, 수사기관이 의도적으로 영장주의의 정신을 회피하는 방법으로 증거를 확보한 것이 아니라고 볼 만한 사정, 위와 같은 정보에 기초하여 범인으로 특정되어 체포되었던 피의자가 석방된 후 상당한 시간이 경과하였음에도 다시 동일한 내용의 자백을 하였다거나 그 범행의 피해품을 수사기관에 임의로 제출하였다는 사정, 2차적 증거 수집이 체포 상태에서 이루어진 자백 등으로부터 독립된 제3자의 진술에 의하여 이루어진 사정 등은 통상 2차적 증거의 증거능력을 인정할 만한 정황에 속한다고 볼 수 있을 것이라고 판시하였다.

㉤ 독립된 증거원의 이론

1차 증거와 파생증거 사이에 조건적 인과관계가 긍정된다고 하더라도, 파생증거를 획득한 것이 1차 증거의 수집원인이었던 위법수사를 이용한 것이 아닌 경우에는 파생증거의 증거능력을 인정할 수 있다는 이론이다.

㉥ 선의의 신뢰 이론

수사기관이 영장의 유효함을 신뢰하여 강제수사를 행한 경우 사후 영장이 무효라는 사실이 밝혀진다고 하더라도 영장에 기한 수사 당시 수사기관이 선의였다면 증거능력을 인정할 수 있다는 이론이다.

2) 법령의 입법론을 통해 증거능력을 확보하는 방안

가) 입법론을 통한 증거능력 확보

① 법률적 보완 : 국정원법 제5조 제2항 일부 개정

행정조사를 통해 수집된 자료를 형사소송 절차에서 증거로 사용할 수 있을지에 대하여 명확한 입법례나 정립된 이론은 아직까지 없다. 그러나 2020.12. 개정된 국정원법의 개정취지를 고려할 때, 국정원의 범죄정보 수집행위를 실질적인 수사행위로 보고 국정원이 수집한 자료를 수사 자료와 동일하게 「형사소송법」 제308조의2(위법수집증거 배제)에 해당하지 않도록 하고, 디지털자료일 경우 디지털 매체 특성에 따른 증거요건을 구비하도록 하며, 진술증거일 경우 「형사소송법」 제310조의2 이하 전문법칙의 적용을 받도록 한다면 국정원이 비록 수사권 없이 수집한 자료라고 할지라도 법원이 증거능력을 부정하지는 못할 것이다.

그러나 여기서도 많은 논쟁이 예상된다. 간첩사건을 전담하는 특정단체 소속의 변호사들은 국가안보 위해사범 수사나 재판에서 입법의 불비나 국익을 고려함 없이 오직 법적 허점 찾기에만 혈안이 되어왔다는 사실을 우리는 그동안의 경험칙으로 잘 알고 있다. 이런 소모성 논쟁을 해소하는 가장 간단한 방법은 입법으로 해결하는 것이다.

국가보안법이나 형사소송법, 통신비밀보호법에 국가안보 위해사범 수사특례조항을 신설하면 좋을 것이나, 현재 우리나라 정치여건상 국회에서 그런 입법이 논의되기란 쉽지 않아 보인다. 다만 현행 국정원법은 2020년 개정 당시 치밀한 검토 없이 속도전으로 통과시키다보니 여기저기 입법의 미비가 많고 입법자의 입법취지도 제대로 살리지 못했다. 다음과 같은 '원 포인트 개정'은 여야 간 수월하게 합의에 도달하지 않을까 생각된다. 「국정원법」 제5조 제2항에 제2문을 신설하여 '직원이 조사를 통해 취득한 시료·자료·디지털저장매체 및 조사결과 보고서 등은 수사 및 재판에서 증거로 사용할 수

표 4-1 | 국가정보원법 제5조 개정안 조문 대비표

현행	개정안
제5조(국가기관 등에 대한 협조 요청 등) ① (생략) ② 직원은 제4조 제1항 제1호 나목부터 마목까지 및 같은 조 같은 항 제2호의 직무수행을 위하여 필요한 경우 현장조사·문서열람·시료채취·자료제출 요구 및 진술요청 등의 방식으로 조사할 수 있다. ③~④ (생략)	제5조(국가기관 등에 대한 협조 요청 등) ① (생략) ② 직원은 제4조 제1항 제1호 나목부터 마목까지 및 같은 조 같은 항 제2호의 직무수행을 위하여 필요한 경우 현장조사·문서열람·시료채취·자료제출 요구 및 진술요청 등의 방식으로 조사할 수 있다. 직원이 조사를 통해 취득한 시료·자료·디지털저장매체 및 조사결과 보고서 등은 수사 및 재판에서 증거로 사용할 수 있다 ③~④ (생략)

있다.'라고 규정하는 것이다. 국정원의 수사권 폐지는 그대로 둔 채 최초 입법의 취지도 살리는 '원 포인트 개정'이다. 여당도 야당도 반대할 명분이 없다.

유사한 입법례로 「자본시장법」 제178조의3이 있다. 즉 증권선물위원회는 과징금 사건이 미공개정보 이용행위·부정거래행위 등 혐의가 있다고 인정하는 경우에는 검찰총장에게 이를 통보하여야 하고, 검찰총장은 통보받은 범법자를 소추하기 위하여 관련 정보를 요구하는 경우에는 이를 제공할 수 있도록 규정하고 있다. 이는 행정조사에서 수집된 증거를 수사 또는 소추에 활용할 수 있도록 입법적 장치를 마련한 것으로 볼 수 있다.

국가안보 위해사범에 대한 차단은 국정원만의 의무나 권한이 아니다. 2024년부터 간첩수사권을 독점적으로 행사하게 되는 경찰의 의무와 권한이기도 하다. 2024.1.1. 국정원의 대공수사권이 폐지되면, 경찰은 수사권 없는 국정원으로부터 제공받은 범죄정보에 대해서 수사보고 작성 등 증거화 작업을 별도로 해야 한다. 이미 수사에 준하는 적법절차에 따라 수집된 국정원의 정보자료에 대해 경찰의 수사 행위가 중복되게 진행되는 셈이다. 이런 이중적 행위는 국가 전체적으로 볼 때는 수사력 낭비에 해당한다. 따라서 경찰도 위와 같은 개정안에 대해 반대할 하등의 이유가 없다.

② 대통령령의 제정·보완: 안보범죄 등 대응업무규정 제정안 보완

2023년 7월 12일 국가정보원공고 제2023-01호로 입법예고 된 '안보범죄 등 대응업무규정(대통령령) 제정안' 제4조(유류물 및 임의제출물 수거 등)에 제4항을 신설, '안보범죄등 대응 유관기관은 국정원이 제공한 안보범죄등 정보를 수사 및 재판에서 증거로 사용할 수 있다.'라고 규정한다.

「국정원법」은 제4조 제1항 제1호 다, 라 목에서 「형법」 중 내란의 죄, 외환의 죄, 「군형법」 중 반란의 죄, 암호 부정사용의 죄, 「군사기밀보호법」에 규정된 죄에 관한 정보업무를 수행하도록 하면서, 직무 수행과 관련하여 필요한 사항은 대통령령으로 규정하도록 하고 있다. 문리 해석으로는 '정보'업무에 한정하여 시행령을 제정하는 것이 일응 타당해 보이지만, 이 '정보'의 의미가 첩보내용에 대한 사실관계의 확인 및 사법처리를 위한 증거수집활동 내지 수집한 증거자료의 의미까지 포함하는 것으로 해석한다면, 시행령에 사실 확인 절차를 규정한 '안보범죄등 대응업무규정 제정안' 제4조(유류물 및 임의제출물 수거 등)는 타당하다.

다만 이렇게 사실 확인 절차를 거쳐 안보범죄 등 유관기관에 제공되는 안보범죄 등 정보가 안보범죄 등 대응 유관기관에서는 어떻게 활용될 수 있는지에 대한 규정이 제정안에는 없다. 제정안 제2조(정의) 제2호의 대검찰청, 경찰청, 해양경찰청, 국군방첩사령부 등 안보범죄 등 대응 유관기관에서 국정원이 제공한 정보를 증거자료로 활용하기 위해서는 국정원 제공 정보의 입수 경위에 대한 수사보고서 작성 등 증거화 작업이 별도로 진행되어야 한다. 그러나 이는 동일한 사안에 대해 행정조사 및 수사행위를 중복적으로 진행하는 것이므로 국가 전체적으로는 수사력 낭비에 해당된다. 제정안 제3조 제2항에서 국정원의 행정조사는 '법령에 위반하지 않는 범위 내에서'로 제한 되어 있고, 앞에서 수차 언급했듯이 개정 국정원법의 입법취지로 볼 때 국정 원의 행정조사는 그 실질이 수사업무이기 때문에 수사자료와 동일하게 「형사 소송법 제308조의2(위법수집증거 배제)에 해당하지 않아야 하고, 디지털자료 일 경우 디지털 매체 특성에 따른 증거요건을 구비해야 하며, 진술증거일 경 우 「형사소송법」 제310조의2 이하 전문법칙의 적용도 받는다. 그렇게 수집된 안보범죄 등 국정원의 정보에 대해서 단순히 수사권이 없다는 사소한 절차적 하자만으로 증거능력을 부정하는 것은 실체적 정의 관념에 맞지 않는다.

제정안 제4조(유류물 및 임의제출물 수거 등)에 '안보범죄등 대응 유관기 관은 국정원이 제공한 안보범죄등 정보를 수사 및 재판에서 증거로 사용 할 수 있다.'는 제4항을 추가하는 것이 보다 더 고차원적인 사법정의를 실 현함은 물론, 국가의 형벌권도 효율적으로 집행할 수 있다고 볼 수 있을 것 이다.

표 4-2 ｜ 안보범죄 등 대응업무 규정 제정안 조문 비교

제정안	보완
제4조(유류물 및 임의제출물 수거 등)	제4조(유류물 및 임의제출물 수거 등) ④ 안보범죄등 대응 유관기관은 국정원이 제공한 안보범죄등 정보를 수사 및 재판에서 증거로 사용할 수 있다.

③ 규칙의 제정 · 보완: 국정원 「영상정보 수집 및 처리 등에 관한 규칙」

행정조사를 통해 취득한 디지털증거의 증거능력 확보를 위해 국정원 자체 내규로 「영상정보 수집 및 처리 등에 관한 규칙」을 제정한다. 디지털기기의 발달에 따라 우리의 모든 일상은 디지털 형태로 그 흔적이 남아 있게 된다.

이에 따라 국가안보 위해사범에 대한 정보 및 수사 활동에서도 디지털증거 수집 분석은 중요한 영역이 되고 있으며, 국정원이 해외에서 수집한 증거자료 중 증거능력을 인정받는 가장 중요한 자료도 디지털 증거다.

국가안보 위해사범에 대한 정보활동(행정조사)은 첩보입수 착수 직후 진행되는 과정이며 이때 취득한 자료는 후속 내사 및 여타 범증수집 활동을 거쳐 사법처리 단계에 이르기까지 장기간 보존할 필요성이 있다. 자료 보존기간 설정, 보존기간 중 변형 방지를 위한 관리, 담당자 이외 접근 제한을 위한 보안조치, 수사기관이 내·수사로 착수할 때 포렌식 자료를 지원하는 방안 등을 중심으로 매뉴얼을 정비해야 한다. 아울러 매뉴얼 관련 사항은 직무상 비밀로 보기 어려우므로 행정조사의 투명성 보장 및 국민의 알 권리 확보 차원에서 국정원 홈페이지 등에 공개하는 것도 바람직하다.

규칙의 목적은 영상정보처리기기로부터 관련 디지털 영상정보를 수집·보존·분석·현출·관리하는 과정에서 준수하여야 할 기본적 사항을 정함으로써 실체적 진실 발견에 기여하고 국민의 인권을 보호하는 것을 그 목적으로 한다. 대검찰청의「디지털증거의 수집·분석 및 관리 규정」, 경찰청의 「디지털증거수집 및 처리 등에 관한 규칙」, 공정거래위원회의 「디지털증거의 수집·분석 및 관리 등에 관한 규칙」 등 유사 사례와 헌법, 형사소송법, 개인정보보호법, 판례 등을 종합적으로 검토하여 마련하는 것이 좋겠다.

6. 결론

검찰의 발표에 의하면 북한의 공작지도부는 2023년 검거된 3개 간첩단 조직원 대부분을 해외로 불러내 접선했다고 한다. 북한의 대남공작이 국제화·세계화되어 가고 있는 것으로 볼 수 있는 부분이다. 예나 지금이나 이번 간첩단 사건처럼 조직사건·해외 연계 간첩사건은 첩보입수부터 채증·수사까지 모두 국정원이 전담했고, 2023년 12월 현재 진행 중인 간첩단 사건도 국정원이 주도적으로 이끌고 있다. 그런데 이런 상황은 2024년부터 달라진다. 2024.1.1.부터 국정원의 수사권은 폐지되고, 모든 간첩사건 수사는 경찰이 전담하게 된다. 그러나 2020.12. 국정원법 개정이후 경찰은 3년의 유예기간을 가졌지만 홀로 설 수 있는 준비를 하지 못했다. 아니 하지 못한 것이 아니고 할 수 없었다. 경찰은 법적·제도적·현실적으로 해외 연계 간첩 사건을 할 수 있는 시스템이 아니다. 정치권은 그런 경찰에게 대공수사를 전담하기 위한 법적·제도적 여건은 마련해 주지 않은 채 수사권만 덜렁 넘겼다.

해외 채증활동 경험이 거의 전무한 경찰이라도 적법한 절차와 방식에 따라 채증활동을 해 나간다면 법원에서 유죄판결을 이끌어 낼 수 있다는 논리는 별론으로 하더라도, 경찰 업무의 모법이라고 할 수 있는 「정부조직법」과 「경찰청과 그 소속기관 직제」 그 어디에도 경찰의 해외 정보활동의 법적 근거를 유추할 수 있는 규정은 없다. 2021.1. 국가수사본부의 출범과 함께 정비된 경찰의 4개 법규, 즉 법률로서의 「형사소송법」, 대통령령으로서의 「수사준칙」, 행안부령으로서의 「경찰수사규칙」, 경찰청 훈령으로서의 「범죄수사규칙」 그 어디에도 경찰의 해외 채증을 합법화 시켜주는 규정은 찾아볼 수 없다.

국정원의 수사권이 없어지는 2024.1.1.부터는 경찰이 해외공작조직 연계 간첩수사를 전담해야 한다. 그런데 경찰은 해외 정보활동을 할 수 없고, 국정원은 해외 채증활동을 할 수 없게 된다. 경찰은 해외활동의 법적 근거가 없고, 국정원은 수사권이 없기 때문이다. 여기서 해외와 연계된 간첩수사의 공백은 필연적이다. 이제 경찰이 해도 불법이고, 국정원이 해도 불법이 되는 셈이다. 그렇다면 간첩은 누가 잡나! 입법의 공백이다.

국정원이 대공수사 전선에서 빠지면 그동안 국정원 때문에 겁을 먹거나 조심스러워 하던 북한의 대남공작, 그리고 북한과 연계된 국내 간첩조직의 활동은 더욱 노골화되고 더욱 적극화될 것은 불을 보듯 뻔하다. 그들의 활동은 이제 동남아를 넘어 유럽과 미주까지 뻗어 나갈지도 모른다.

궁극적으로 적법절차(適法節次)의 '법(法)'은 형식적 실정법만을 의미하는 것이 아니다. 자연법을 포함하는 포괄적 개념의 법이다. 어떤 행위가 헌법이 어떤 기관에 부여한 임무, 즉 헌법 내재적 가치를 준수하고 수호하기 위한 노력이라면, 그 행위가 필요한 법의 부존재에 따른 형식적 위법에 해당한다고 하더라도 그 행위를 실질적 불법으로 간주해서는 안 된다.

2017년부터 2020년간 국정원법 개정 논의과정에서 수사권 폐지를 주장하는 진영에서는 '국가정보원이 종말단계(사법처리) 직전까지는 첩보수집─내사─증거수집 등 고유한 업무를 수행할 것이고, 증거수집이 완료된 이후 강제수사 착수 단계에 이르러서야 수사기관에 사건을 이첩하게 되므로 안보공백의 우려는 없다.'라고 주장해 왔다. 이러한 주장은 '개정 국정원법상 국정원은 수사권만 사라졌지 내사 단계에서 필요한 정보수집이나 조사권은 보유하고 있다.'라며 국정원법이 개정된 이후에도 법 개정을 주도한 민주당 김병기 의원 등을 통해 일관되게 이어지고 있다. 따라서 국정원의 범죄정보 수집활동을 수사착수 직전 단계까지는 임의적 조사방법으로 폭넓게 할 수 있다고 확장 해석하는 것이 국가와 국민이 국정원에 부여한 임무수행에도 맞고 국정원법의 개정 취지에 부합한다고 생각한다. 북한의 대남공작이 국제화·세계화 되어가는 현시점에서 국정원의 해외 채증활동을 인정하고 증거능력까지 부여하려는 위와 같은 해석론적 시도는 국가안보를 위한 불가피한 대응이 아닐 수 없다.

그러나 아무리 국가안보를 위한 제한이라고 하더라도 국민의 인권과 관련된 법령 해석은 죄형법정주의적 관점에서는 입법론으로 해결하는 것이 가장 바람직하다. 다행스럽게도 최근 국정원에서 '안보범죄 등 대응업무 규정'이라는 대통령령 제정을 준비하고 있다고 하니 먼저 입법론으로 해결하자. 그럼에도 공백이 생길 경우는 과감한 자연법적 해석으로 법의 공백을 메워나가자.

국가정보활동과 정보수집의 적법성

-디지털 정보를 중심으로-

강구민

V
국가정보활동과
정보수집의 적법성[*]

강구민(성신여대 겸임교수)

1. 서론

컴퓨터와 정보통신기술의 발달로 우리는 문명사회에서 수많은 혜택을 향유하며 편리한 삶을 살아가고 있다. 해외에 나가지 않아도 친구의 얼굴을 보고 영상통화를 하며 서로의 안부를 물을 수 있고, 실시간으로 중요한 문서나 파일을 전 세계 어디로든 보낼 수 있다.

더욱이 전 세계를 강타한 코로나바이러스감염증-19(Coronavirus disease-19, COVID-19)은 인간의 비대면 생활을 초래하였고, 그 결과 디지털 기기에 대한 의존도가 더욱 높아지기 시작했다. 학생들은 집에서 동영상 강의를 듣고, 직장인들은 재택근무를 하게 되면서 가족들이 집안에 머무르는 시간이 늘어나자 외식을 하기보다는 배달서비스를 이용하여 음식을 배달시켜 먹는 문화가 성행하게 되었다. 이처럼 디지털 환경과 코로나19로 사회적인 대변혁이 이루어지게 된 것이다.

---

[*] 본 글은 저자가 국가정보연구회에서 발표한 자료와 학술지에 게재한 논문 등을 정리한 글임.

그렇다면 대한민국을 부정하고 존립을 위태롭게 하려는 자들에게 디지털 환경은 어떻게 활용되고 있을까. 인터넷을 통한 사이버 세상에서 그들만의 은밀한 암호로 지령을 내리고 그에 대한 보고문이나 충성맹세 등을 보낸다. 국가안보와 관련된 파일이나 기밀자료들은 암호화하여 실시간으로 SNS나 메일 등을 통하여 전 세계 어디든 보낼 수 있고 암호화된 파일은 특수한 프로그램을 통하여 관련 내용을 볼 수 있으며 해독할 수가 있다.

그들은 자신들의 체제를 유지하고 목적을 달성하기 위한 자금을 확보하기 위하여 금융권에 대한 직접적인 해킹을 시도한다. 최근에는 비트코인에 대한 해킹이 빈번하게 발생한다는 뉴스를 종종 볼 수 있다. 뿐만 아니라 사회적 혼란을 야기하기 위하여 국가 주요시설에 대한 직접적인 디도스 공격을 하거나 악성코드를 설치하여 전산망을 마비시킨다.

최근 중앙선거관리위원회에 북한 정찰총국의 해킹메일과 악성코드 감염 등 사이버 공격이 있었다는 보도를 통하여 적국의 선거개입에 대한 가능성을 완전히 배제할 수 없게 되었다.

이처럼 디지털 환경에서 발생하는 적국의 위험에 우리는 그대로 노출될 수밖에 없고, 사회안전망을 통하여 국민의 피해를 예방하고 보호한다고 하지만 완벽하게 차단하고 보호한다는 것은 장담할 수 없다. 더욱이 사이버상에서 발생한 몇몇 사건에 있어서는 범죄의 실체를 밝히더라도 범죄자를 특정할 수 없거나 입증이 곤란하여 소위 사법적 정의를 구현할 수도 없는 것이 현실이다.

또한 남북이 대치하고 있는 특수한 안보환경에서 북한과 관련된 범죄를 규정한 「국가보안법」 위반에 관한 입증은 일반 범죄에서보다 더 많은 증거와 증명력을 요하고 증거능력을 엄격하게 해석하고 있어 정보수사기관에게 최초 정보수집 단계에서부터 법정에 증거 제출에 이르기까지 증거에 관한 무결성을 요구하고 있다.

정보기관의 활동은 다양한 목적을 갖고 수행되기 때문에 일률적으로 범죄의 단서를 찾는 것만을 정보활동이라고 정의할 수 없고, 동향이나 정책 결정을 위한 활동만을 정보활동이라고 정의할 수도 없다.

따라서 정보수사기관의 모든 정보활동에 대하여 적법성의 요건을 판단하기는 어렵지만 본 글에서는 향후 범죄로 이어질 수 있는 간첩행위, 테러, 국가기밀이나 국가핵심기술 유출 등 국가안보를 위한 정보활동을 중심으로 글을 전개하고자 한다.

특히 디지털 환경에서 우리 사법제도가 따라가지 못하는 현실을 감안하여 정보기관의 정보활동을 제약하기보다는 주어진 환경과 법제도의 틀 안에서 정보기관 본연의 업무활동을 최대한 수행할 수 있는 방향으로 글을 전개하고자 한다.

2. 국가안보의 의미

1) 정보수사기관의 개념

정보수사기관이란, 「정보및보안업무기획·조정규정」에서 국내·외 정보 및 보안업무와 정보사범등의 수사업무를 취급하는 각급의 국가기관을 의미한다.[1] 정보수사기관이 취급하는 정보의 대상과 수사업무는 아래와 같다.

가) 국외정보

'국외정보'는 외국의 정치·경제·사회·문화·군사·과학 및 지리 등 각 부분에 관한 정보를 의미한다.[2] 국가안보와 국익에 반하는 외국의 정보활동[3]

---

1) 「정보및보안업무기획·조정규정」 제2조 제6호.
2) 「정보및보안업무기획·조정규정」 제2조 제1호.
3) "외국의 정보활동"이란 외국 정부·단체 또는 외국인이 직접 하거나 내국인을 이용하여 하는 정보 수집활동과 그 밖의 활동으로서 대한민국의 국가안보와 국익에 영향을 미칠 수 있는 모든 활동을 말한다(「방첩업무규정」 제2조 제2호).

을 찾아내고 그 정보활동을 견제·차단하기 위하여 하는 정보의 수집·작성 및 배포 등을 포함한 모든 대응활동을 "방첩"이라 한다.4)

나) 국내보안정보

'국내보안정보'는 간첩 기타 반국가활동세력과 그 추종분자의 국가에 대한 위해 행위로부터 국가의 안전을 보장하기 위하여 취급되는 정보를 의미한다.5) 국내보안정보에는 대공(對共), 대정부전복(對政府顚覆), 방첩(防諜), 대테러 및 국제범죄조직 등에 관한 정보가 포함된다.6)

다) 통신정보

'통신정보'는 전기통신수단에 의하여 발신되는 통신을 수신·분석하여 산출하는 정보를 의미한다.7) 전기통신에는 전화·전자우편·회원제정보서비스·모사전송·무선호출 등과 같이 유선·무선·광선 및 기타의 전자적 방식에 의하여 모든 종류의 음향·문언·부호 또는 영상을 송신하거나 수신하는 것이 포함된다.8)

라) 통신보안

'통신보안'은 통신수단에 의하여 비밀이 직접 또는 간접으로 누설되는 것을 미리 방지하거나 지연시키기 위한 방책을 의미한다.9)

---

4) 「방첩업무규정」 제2조 제1호.
5) 「정보및보안업무기획·조정규정」 제2조 제2호.
6) 「국가정보원법」 제3조 제1호.
7) 「정보및보안업무기획·조정규정」 제2조 제3호.
8) 「통신비밀보호법」 제2조 제3호.
9) 「정보및보안업무기획·조정규정」 제2조 제4호.

마) 정보사범

'정보사범'은 「형법」상 내란 및 외환의 죄, 「군형법」상 반란죄, 이적죄, 군사기밀누설죄, 암호부정사용죄, 「군사기밀보호법」 및 「국가보안법」에 규정된 죄를 범한 자와 그 혐의를 받는 자를 의미한다.[10]

따라서 정보수사기관은 국내·외 정보뿐만 아니라 국내 보안업무, 그리고 정보사범에 대한 수사까지 업무의 영역이 매우 넓다. 정보, 보안업무, 방첩업무, 정보사범에 대한 수사 등의 총괄적인 기획·조정은 국가정보원장이 정책을 기획하고 업무를 합리적으로 조정한다는 점에서 정보수사기관은 국가정보원[11]이 대표적이며, 국가정보원뿐만 아니라 방첩에 관한 업무를 수행하는 기관은 법무부, 경찰청, 해양경찰청, 국군방첩사령부, 관세청 등이 있다.[12]

이 외에도 국가방첩전략회의에 기획재정부, 과학기술정보통신부, 외교부, 통일부, 행정안전부, 산업통상자원부, 중소벤처기업부, 국무조정실, 인사혁신처, 방위사업청, 국방정보본부 등의 국가기관들[13]뿐만 아니라 필요시에는 지방자치단체[14]도 함께 참여한다.

국가정보원은 2023년 말까지 정보기관의 역할과 정보사범에 대한 수사기관의 역할도 함께 하였지만 2024년부터 대공수사권이 폐지됨에 따라 수사기관으로서의 역할은 사실상 종료된다. 다만 대공 관련 정보활동은 유지되기 때문에 정보기관으로서 정보활동의 적법성 확보는 더욱 긴요하게 될 것으로 생각된다.

---

10) 「정보및보안업무기획·조정규정」 제2조 제5호.
11) 「국가정보원법」 제3조, 「정보및보안업무기획·조정규정」 제3조, 「보안업무규정」 제3조의2, 「방첩업무규정」 제5조.
12) 「방첩업무규정」 제2조 제3호.
13) 「방첩업무규정」 제10조.
14) 「방첩업무규정」 제2조 제4호.

2) 국가안전보장의 개념

가) 전통적 개념

국가안전보장(National Security)의 개념은 사전적으로 국가 외부의 위험·위협으로부터 국가의 안전을 지키고 국가와 구성원의 안전에 대한 공포, 불안, 근심, 걱정을 방지·제거하는 것 내지 국가 외부로부터의 군사적·비군사적 위협이나 침략을 억제함으로써 국가의 평화와 독립을 수호하고 안전을 보장하는 일을 의미한다.[15]

안보(security)의 어원은 라틴어의 'securitas'에서 왔으며, 이때 'se'는 '어떤 상태로부터 벗어나거나 자유롭게 된다.'는 뜻을 가지고 있으며, 'curitas'의 어원인 'cura'는 공포, 불안, 근심을 의미한다. 따라서 security라는 안보의 개념은 '위험이나 위협으로부터 자기의 안전을 지키고 공포, 불안, 근심 걱정이 없도록 하는 것'으로 이해할 수 있다.

안보의 개념인 security는 제1차 세계대전 직후에 창설된 국제연맹 규약의 전문[16]에 있던 구절을 국제연맹에 참가했던 일본의 외무성이 한자어인 안전보장(安全保障)으로 번역하면서 국가안전보장이라는 용어 내지 개념으로 발전되었다.[17]

제2차 세계대전 이후 국가안전보장 내지 국가안보라는 용어가 널리 사용되었고, 미국에서 최초로 국가안보의 개념을 사용한 월터 리프만(Walter Lippmann)의 견해에 따르면, "국가안보는 당해 국가의 이익들을 보존할 수 있는 상태를 확보하기 위한 능력"을 말하는데, 만일 국가안보에 손상을 초래하는 행위에 대해서는 주로 전쟁을 통해 국가의 안전을 달성하게 된다.

---

15) 네이버 두산백과
16) "To achieve International Peace and Security"
17) 최경락·정준호·황병부, 「국가안전보장서론 : 존립과 발전을 위한 대전략」, 법문사, 1989; 박미옥, "국가안전보장 개념의 기능적 변화에 관한 연구", 고려대학교 교육대학원 석사학위논문, 2007, 5면.

  결국 국가안보는 군사력을 통해 달성될 수 있으며, 국가가 설정하고 있는 모든 이익을 군사적으로 보존·추구할 수 있게 하는 것이 바로 국가안보로 설명하고 있다. 따라서 전통적으로 국가안전보장이란 곧 군사안보라는 의미로 해석되었다.18)

나) 포괄적 개념

  1990년대 미−소의 냉전질서가 해체되면서 이제는 군사력만으로 국가안전보장의 목표를 달성할 수 없다는 교훈을 얻게 되었다. 이에 따라 국가안전보장 목표를 달성하기 위해서는 군사력 외에도 비군사적 분야인 경제력, 자원, 정치 및 사회적 요소를 복합적으로 고려하여야 한다는 새로운 안보개념이 요구되었다. 뿐만 아니라 오일쇼크, 세계 식량문제, 무역전쟁, 환경문제 등이 국가안보의 영역으로 새롭게 인식되었다. 최근에는 세계적 감염병인 사스(중증급성호흡기증후군, SARS), 메르스(중동호흡기증후군, MERS), 코로나19(COVID−19)로 인한 보건안보(Health Security)의 개념이 등장하게 되었다.

  국가안전보장의 개념은 전통적으로 외부로부터의 군사적 위협에 대응한 국제정치·군사적 분야 중심의 방어적·소극적 개념이었으나, 소련 붕괴에 따라 냉전이 종식된 이후부터는 군사 분야 외에도 정치, 경제, 사회, 환경, 보건 등 다양한 분야의 위협에 대한 대응을 포괄하는 형성적·적극적 개념으로 확장되었다.

  따라서 포괄적 국가안전보장이란 '대내외적 위협으로부터 국가가 추구하는 가치들을 보호·증진하는 능력으로서 군사적으로 국가를 보호하는 것뿐만 아니라 국가목표를 달성하기 위하여 군사·외교·정치·경제·사회·문화·과학·기술·보건 등의 여러 정책을 종합적으로 운영하는 국가의 행동과 능력'이며, 크게는 군사적 안보, 정치적 안보, 경제적 안보, 사회적 안보, 환경적 안보, 보건적 안보 등으로 나눌 수 있다.19)

---

18) 박미옥, 앞의 논문, 5−6면.

다) 헌법상 개념

우리 헌법 규정상 국가안전보장의 개념은 여러 조항에서 다양한 형태로 사용되고 있다.

① 제5조 제2항

헌법 제5조 제2항은 "국군은 국가의 안전보장과 국토방위의 신성한 의무를 수행함을 사명으로 하며, 그 정치적 중립성은 준수된다."고 규정하고 있다. 국군의 본질적 사명에 비추어 대한민국 외부로부터의 침해에 대응하여 국가의 안전을 수호하는 전통적인 국가안전보장의 개념에 가깝다.

② 제37조 제2항

헌법 제37조 제2항은 "국민의 모든 자유와 권리는 국가안전보장·질서유지 또는 공공복리를 위하여 필요한 경우에 한하여 법률로써 제한할 수 있으며, 제한하는 경우에도 자유와 권리의 본질적인 내용을 침해할 수 없다."고 규정하고 있다. 동 조항에 규정된 바와 같이 국민의 기본권 제한 사유로서의 국가안전보장의 개념은 포괄적인 질서유지와 공공복리와 함께 나열되고 있는 점, 기본권은 최대한 보장되어야 하고, 이에 대한 제한은 필요·최소한도에 그쳐야 한다는 법치국가의 원리 등에 비추어 볼 때 그 개념은 가능하면 한정적으로 축소해석하여야 한다는 것이 일반적 견해이다.

③ 제60조 제1항

헌법 제60조 제1항은 "국회는 상호원조 또는 안전보장에 관한 조약, 중요한 국제조직에 관한 조약, 우호통상항해조약, 주권의 제약에 관한 조약, 강

---

19) 김강녕, 「국가안보와 북한체제」, 신지서원, 2006, 32면, 42면.

화조약, 국가나 국민에게 중대한 재정적 부담을 지우는 조약 또는 입법사항
에 관한 조약의 체결·비준에 대한 동의권을 가진다."고 규정하고 있다. 동
조항은 국제조약에 관한 국회 동의와 관련한 국가안전보장의 개념은 국가간
안전보장에 관한 조약의 특성에 비추어 볼 때, 대한민국의 안전을 외세로부
터 수호하는 전통적인 개념으로 해석된다. 하지만 국가간 군사 및 국제정치
적 문제 외에 자원, 식량, 환경, 보건 등 해당 국가의 국민의 생존과 직결된
사안에 대하여 양자 간·다자간 조약이 체결되고 있는 현상에 비추어 본 제
60조 국제조약에 관한 국회 동의와 관련된 국가안전보장의 개념은 포괄적이
고 적극적인 국가안전보장 개념으로 해석될 여지가 있다.

라) 헌법재판소 · 대법원 · 학계의 해석

① 헌법재판소

우리 헌법재판소는 「군사기밀보호법」 제6조에 대한 한정합헌 결정에서,
"헌법 제37조 제2항에서 기본권 제한의 근거로 제시하고 있는 국가의 안전
보장의 개념은 국가의 존립·헌법의 기본질서의 유지 등을 포함하는 개념
으로서 결국 국가의 독립, 영토의 보전, 헌법과 법률의 기능, 헌법에 의하여
설치된 국가기관의 유지 등의 의미로 이해될 수 있을 것이다."라고 결정하
였다.[20]

또한 「국가보안법」 제7조 제1항과 제5항에 대한 한정합헌 결정에서, "국
가의 존립·안전을 위태롭게 한다 함은 대한민국의 독립을 위협·침해하고
영토를 침략하여 헌법과 법률의 기능 및 헌법기관을 파괴·마비시키는 것으
로 외형적인 적화공작 등을 의미하는 것이다."라고 판시하였다.[21]

---

20) 헌법재판소 1992.2.25. 89헌가104 결정.
21) 헌법재판소 1990.4.2. 89헌가113 결정.

② 대법원

대법원은 "국가안전보장이란 국가의 존립, 헌법의 기본질서의 유지 등을 포함하는 개념으로서 국가의 독립, 영토의 보전, 헌법과 법률의 기능 및 헌법에 의하여 설치된 국가기관의 유지 등의 의미로 이해할 수 있다."고 판시함으로써 국가안전보장의 개념을 소극적이고 한정적인 전통적 개념으로 이해하고 있다.

③ 학계의 입장

우리 학계에서는 국가안전보장의 의미를 외부로부터의 국가의 존립과 안전 그리고 이와 관련되는 내부적 안전과 존립을 보장하는 데 그 의미가 국한된다거나,[22] 국가의 존립, 헌법의 질서유지만을 의미한다거나,[23] 국가의 독립과 영토의 보전, 헌법과 법률의 규범력과 헌법기관의 유지 등 국가적 안전의 확보를 의미한다고 해석[24]함으로써 전통적인 국가안전보장의 개념으로 이해하고 있다.

마) 국가안전보장회의의 해석

「헌법」 제91조 제1항은 국가안전보장에 관련되는 대외정책 · 군사정책과 국내정책의 수립에 관하여 국무회의의 심의에 앞서 대통령의 자문에 응하기 위하여 국가안전보장회의(國家安全保障會議, National Security Council, 약칭: NSC)를 두고 있다. 국가안전보장회의는 우리 정부조직에서 국가안전보장에 관하여 실무적 총괄업무를 담당하고 있으며, 국가안전보장의 개념과 범위를 적극적으로 확장하여 해석해오고 있다.

---

22) 홍성방, 「헌법학」, 현암사, 2013, 349면.
23) 김철수, 「헌법학개론」, 박영사, 2007, 314면.
24) 권영성, 「헌법학원론」, 법문사, 2010, 336면.

국가안전보장회의 상임위원회에서 2004년 발행한 「평화번영과 국가안보」에서 국가안전보장회의의 핵심 기능인 국가안전의 보장 업무 수행과 관련하여 국가안전보장의 개념을 범주화하고 있다.

우선 국가안전보장에 대한 위협 요소로서 국가 간의 전통적 위협뿐만 아니라 국제테러, 대량살상무기 확산 등 새롭게 등장한 위협을 강조하면서, 더 나아가 경제 · 에너지 · 환경 · 보건 · 과학기술 · 자본 · 정보 등 비군사적 영역의 안보문제에 대한 대비가 필요함을 밝히고 있다.

국가이익과 국가안보에 대하여 국가이익은 국가의 생존, 번영과 발전 등 어떠한 안보환경에서도 지향해야 할 가치를 의미하며, 헌법에 근거하여 국가이익을 ① 국가안전보장, ② 자유민주주의와 인권 신장, ③ 경제발전과 복리증진, ④ 한반도 평화적 통일, ⑤ 세계평화와 인류공영에 기여 등 다섯 가지로 정의하였다. 또한 국가안보 목표는 국가이익과 그 핵심 요소인 국가안전보장을 달성하기 위해 설정되며, 당면한 안보환경과 가용한 국력에 대한 평가를 기반으로 반드시 실현해야 할 목표임을 강조하고 있다.

국가의 책무를 전통적 국가안보의 개념인 외부의 군사적 위협으로부터 영토와 주권 등 국가의 생존을 지키는 것뿐만 아니라, 오늘날 국제테러, 대량살상무기 확산, 초국가적 범죄[25] 등 새로운 안보위협에 대응하고 경제와 환경위기, 사이버테러 등 비군사적 안보위협으로부터 국민생활의 안전확보로까지 확장하여 해석하였다. 즉 비군사적 안보위협의 존재를 인정하고 국가안전보장의 개념이 군사적 안보뿐만 아니라 국민생활의 안전까지 보장하는 것으로 발전되어야 함을 설명하고 있다.

위 내용을 토대로 국가안전보장회의에서 해석하고 있는 국가안보의 개념은 군사적인 측면뿐만 아니라 비군사적으로도 위협받고 있는 국가안보 및 국민의 안녕을 수호하기 위하여 군사 분야에 국한된 전통적인 국가안전보장의 개념에서 더 나아가 테러, 경제, 환경, 보건 등을 아우르는 포괄적인 국가

---

25) 테러, 마약거래, 소형무기거래, 조직범죄, 인신매매 등 국가 또는 비국가 행위자가 군사적 이외의 수단으로 국경을 초월하여 일으키는 범죄들을 의미한다.

안전보장의 개념으로 해석하고 있다.

　국가안보의 개념을 일의적으로 정의하기보다는 그 개념이 헌법이나 법률에 규정된 취지를 고려하여 문언의 해석범위 내에서 합목적적으로 해석하여 정의되어야 할 것이고, 무엇보다 시대상황의 변화에 부응하여 종래의 군사·외교 분야의 협의의 전통적 국가안전보장 개념을 넘어 정치·경제·사회·환경·문화·보건 등 모든 분야의 위협에 대한 대응을 포함하는 광의의 포괄적 국가안전보장 개념으로 해석될 필요가 있다.

3) 경제가 곧 국가안보

가) 산업기술 유출 현황

　윤석열 대통령은 "경제가 곧 안보, 안보가 곧 경제"라고 연설하며 경제와 안보가 결합된 경제안보를 국정운영의 최우선 과제로 제시하였다.[26] 앞서 국가안보의 개념은 전통적인 군사안보를 중심으로 전개되었지만 현대의 안보는 경제논리에 의해 좌우된다고 해도 과언이 아니다.

　단적인 예로 우리는 코로나19 발생시 다른 나라에 비해 백신 확보가 늦어져 방역에 큰 위협이 있었고 이러한 상황은 곧 경제위기로 다가와 국가안보에까지 심각한 악영향을 미칠 수 있었다. 최근 빈번하게 발생하는 반도체 기술의 해외 불법유출은 반도체 산업의 존립은 물론 경제위기로까지 비화할 수 있는 것이다. 특히 반도체는 국가핵심기술이기 때문에 기술유출로 인한 피해는 경제뿐만 아니라 국가안보에까지 위협이 될 수 있다.

　산업통상자원부(2021)에 따르면, 최근 5년간(2016~2021.6) 기술유출 기업 현황을 보면, 대기업(36건, 32.4%), 중소·중견기업(66건, 59.5%), 기타(9건, 8.1%)로 보안역량이 열악한 중소기업이 높은 유출 비중을 차지하고 있다. 특히 전·현직 내부인력과 협력업체 직원에 의해 유출(82%)되며, 무엇보다

---

26) 홍주예, "윤 당선인 '경제가 곧 안보, 안보가 곧 경제'", YTN 뉴스, 2022.4.18.보도

USB, 이메일, 노트북 등의 정보기술을 활용(76%)하여 유출한다는 점에서 감시나 적발이 어려운 실정이다. 이러한 산업기술유출 실태는 지난 10년간 디스플레이, 이차전지 등 우리나라 세계 1위 품목의 감소를 가져왔고, 일부는 중국에 추월당하였다.

국정원의 자료에 의하면, 2016년부터 2021년까지 총 111건의 산업기술 해외유출 사례가 적발됐다. 전기전자(41건), 디스플레이(17건), 조선(14건), 자동차·정보통신·기계(각 8건), 기타 15건 등으로 이 중 3분의 1에 해당하는 35건은 국가핵심기술이며, 그 피해액은 약 21조 4천억원에 이른다. 특히 우리나라가 강세를 보이는 전기전자, 반도체, 조선 등의 업종은 다른 나라의 탈취 타겟이 되고 있다.[27]

나) 경제안보와 국가정보원의 역할

국부 유출이 곧 경제안보와 직결된다는 점에서 대한민국 안보의 보루인 국가정보원에서 관련 업무를 수행하고 있다. 국정원은 대공수사, 해외정보수집, 방첩, 대테러 등 전통적인 국가의 안보 관련 업무를 수행하고 있지만, 이외에도 국가핵심기술·방위산업기술·전략물자 등의 기술들을 보호하는 업무까지 담당함으로써 경제안보에서도 중추적인 역할을 수행하고 있다.

국정원은 원법을 개정하면서 "산업경제정보 유출, 해외연계 교란 및 방위산업침해에 대한 방첩" 등의 업무를 추가하였고 경제안보에 관한 국정원의 업무를 좀 더 명확하게 규정하였다. 국정원이 산업기밀 유출과 관련한 조사를 할 수 있도록 한 것이다. 다만 수사가 아닌 행정조사 수준의 조사이기 때문에 기술 유출자가 누구이고 언제 어떻게 유출되었는지를 밝히기 위해서는 피해기업의 적극적인 협조가 필요하다.

최근 산업기밀 유출 사건들의 특징은 유출자 대다수가 내부자이고 그들이

---

27) 김성훈·김영선, "카이스트 교수도 잡았다…국정원은 산업스파이와 전쟁중", 국민일보, 2021.6.1. 보도.

유출한 자료들은 주로 중국이나 미국 등 해외로 유출된다는 점이다. 즉 기밀자료를 갖고 해외로 도주한 자를 찾고 그들이 유출한 자료를 받은 해외 기업이나 중간 브로커에 대한 기본적인 조사나 수사는 우리의 사법관할권을 벗어났기 때문에 사실상 어렵다.

특히 해외에서 산업스파이에 대한 우리 수사기관의 수사는 해당 국가의 실정법을 위반한 것이기 때문에 불법이고, 해외에 파견되어 있는 국정원요원들이 정보활동 차원의 조사를 하더라도 관련자의 자발적인 협조가 전제된 면담조사 또는 공개된 장소에서의 촬영 등을 통해서만 정보를 얻을 수 있다. 설사 유의미한 정보를 얻더라도 향후 국내 법정에서 국정원 요원이 수집한 정보에 대한 출처나 직권을 남용한 정보활동, 진술에 대한 증거능력 등 위법 소지에 휘말릴 위험성이 높다.

국정원 요원이 국내외에서 수집하는 정보는 사진, 영상, 자료, 음성, 지문, 문서, 관련 물건 등 다양한 형태로 존재하지만, 모두 디지털 파일의 형태로 존재한다. 특히 산업기밀 유출에 따른 자료들은 거의 디지털 파일의 형태로 저장매체에 존재하기 때문에 조사 과정에서 디지털 자료의 수집과 보관이 매우 중요하다.

이하에서는 현대의 디지털 환경에서 정보요원들이 디지털 정보들을 어떻게 수집하고 활용해야 할지를 검토한다.

3. 디지털환경에서의 정보활동

1) 디지털 정보의 수집 및 활용

「국가정보원법」 제4조 제1항 제1호에 의하면 국정원은 ① 국외 및 북한에 관한 정보, ② 방첩(산업경제정보 유출, 해외연계 경제질서 교란 및 방위산업 침해에 대한 방첩을 포함한다), 대테러, 국제범죄조직에 관한 정보, ③ 「형법」 중 내란의 죄, 외환의 죄, 「군형법」 중 반란의 죄, 암호 부정사용의 죄, 「군사기밀 보호법」에 규정된 죄에 관한 정보, ④ 「국가보안법」에 규정된 죄와 관련되고 반국가단체와 연계되거나 연계가 의심되는 안보침해행위에 관한 정보, ⑤ 국제 및 국가배후 해킹조직 등 사이버안보 및 위성자산 등 안보 관련 우주 정보의 수집·작성·배포의 직무를 수행한다. 그 외에도 국가기밀 취급자에 대한 보안업무(제2호), 국가기관 및 공공기관 대상 사이버공격 및 위협에 대한 예방 및 대응(제4호) 등의 업무가 있다.

①의 경우 수사목적의 정보활동은 아니지만 한국인이 해외에서 국가기밀을 유출하거나 북한 공작원과의 만남 등이 있다는 정보는 향후 범죄수사로 이어질 수 있고, ②③④⑤의 경우는 현행법 위반에 해당되어 정보활동 중에 수집된 정보는 향후 범죄사실 입증의 중요한 증거로 활용될 수 있다. 그 외의 업무는 앞의 직무수행에 관련된 조치들로 자세한 언급은 생략한다.

국정원의 여러 정보활동 중 대공수사와 관련하여 보면, 국정원 대공수사국은 간첩수사에 있어 최초 첩보를 받고 증거수집을 위한 내사에 들어가고, 수사 착수까지 국정원 내 해외 및 과학담당 부서와 공조하여 범죄 혐의자의 국내 간첩활동은 물론 북한 상부선과의 해외 접선 등을 미행·감시하여 확실한 증거 확보 후 검찰 협의를 거쳐 구속수사에 착수한다.

최근 경제안보적 관점에서 국정원은 국가핵심기술 해외반출 시도중인 정황을 포착하여 수사기관과 협력하거나 해외 도주 시에는 해외정보국 및 공작국과의 협력을 통해 국내 복귀를 유도하여 수사기관이 신병을 확보할 수 있도록 공조한다.

앞의 두 사례에서 국정원의 정보수집 활동은 미행·감시를 통한 채증 및 범죄혐의 관련 증거의 수집(압수) 등이 일반적이라고 할 수 있다. 대표적으로 북한 공작원을 만나 무엇인가를 주고받는 영상이나 사진, 암호화된 프로그램을 통해 무엇인가를 주고받은 파일, 해외계정을 통한 이메일, SNS 대화, 인터넷통화 등 모든 정보들이 범죄혐의를 입증하는 데 중요한 단서이자 증거들이다.

위 정보들의 공통점은 바로 디지털 형태로 존재한다는 것이다. 물론 사진을 종이에 인화하거나 문서파일을 종이에 출력하면 형태가 달라지겠지만 기본적으로 0과 1의 디지털 파일 형태로 저장매체에 저장되어 있다.

수사의 방법 중 탐문에 의한 방법은 수사관의 역량에 따라 달라질 수 있고, 주로 인지 및 기억 등 여러 요인에 의해 사실이 왜곡될 수 있으며 자칫 수사에 혼선을 줄 수 있다. 하지만 디지털 저장매체에 저장된 영상이나 사진, 문자 내용이나 문서정보들은 정확한 과거자료를 확보할 수 있어 유죄입증에 있어서 증명력이 높으며, 수집된 디지털 정보를 재차 시간의 흐름에 따라 구성할 경우 공소사실이 상당 부분 구체화될 수 있다.

뿐만 아니라 최근에는 생체정보를 활용하는 사례도 늘어나고 있다. 가장 대표적인 사례로, 중국 정부는 2015년부터 첨단기술을 활용해 영상감시시스템인 '톈왕(天網, 하늘의 그물)'을 구축해왔다. 톈왕은 움직이는 사물을 추척·판별하는 인공지능 폐쇄회로(CCTV)와 범죄 용의자 데이터베이스를 연동해 범인을 가려내는 신기술로 최근 이 안면인식시스템을 통하여 8명의 지명수배범이 검거되었고, 3년간 도피생활을 하던 범죄자는 콘서트장의 안면인식시스템을 통하여 현장에서 검거되었다.

미국에서도 지난 2001년 '9.11테러' 발생 후 공항 및 항구를 통해 미국을 입·출국하는 여행자들의 지문과 얼굴사진을 수집하는 'US-VISIT 프로그램'을 도입하여 전 세계적으로 생체정보를 수집·이용하여 테러로부터 자국의 국가안보와 국민의 생명을 보호하고 있다.

이처럼 생체정보는 만인부동(萬人不同) 종생불변(終生不變)이라는 특성을 갖고 있다. 즉 모든 사람이 각기 다르고 평생 변하지 않는 특성을 지니고 있어 테러범이나 범죄자에 대한 신원확인에 탁월하다. 인간의 신체적 특징이나 행동적 특성인 생체정보를 파악하여 인증하는 생체인식기술의 발달로 범죄예방이나 수사에 있어 이러한 생체인식정보에 대한 활용가치는 매우 높다고 할 수 있다.

국정원이 수집하는 정보는 영상이나 사진정보부터 생체정보에 이르기까지 다양하지만, 정보의 존재는 디지털 파일의 형태로 존재한다는 점에서 같다. 즉 국정원은 디지털화된 정보들을 기초로 국가안보 및 다양한 국정원 업무 등에 활용하고 있는 것이다.

2) 디지털 정보의 특성 및 신뢰성

정보기관의 수집한 디지털 정보들은 범죄수사나 테러예방 등 다양한 방면에서 활용될 수 있다는 점에서 활용가치가 높다. 하지만 디지털 정보들의 속성을 들여다 보면, 0과 1의 조합인 디지털 파일을 얼마든지 조작자가 원하는 방향으로 위변조할 수 있다.

예를 들어, 문서파일의 경우 문서 내용을 수정할 수 있고, 'ctrl+c'와 'ctrl+v'를 여러 번 반복하여 많은 문서파일을 생성할 수 있다. 그리고 영상이나 사진의 경우 딥페이크(deepfake) 기술이나 인공지능 기술을 이용하여 새로운 가공의 인물을 만들어 낼 수도 있다. 즉 디지털 정보는 얼마든지 조작자의 의도에 따라 변화될 수 있다는 의미이다.

정확한 정보를 수집하고 전달하는 것을 주요 임무로 하고 있는 속성으로 인해 국정원은 여러 사건들을 통하여 증거조작에 대한 의심과 도전을 끊임없이 받아왔다. 여러 대공사건들에서 간첩혐의를 받는 피고인들은 국정원이 수집한 디지털 정보에 대한 신뢰성이 없다며 증거능력을 배제하려 하고, 입증책임을 지고 있는 수사기관의 입장에서는 해당 디지털 정보가 위변조되지 않았음을 여러 방법을 통해 입증해 왔다.

우리의 사법시스템도 과거 물적 증거에 기반한 증거법칙에 새로운 무형의 형태인 디지털 증거를 기존 증거법칙에 적용하면서 새로운 기준을 제시하고 원칙을 세워왔다. 즉 2011년 디지털 정보의 압수방법을 형사소송법에 신설하면서 기존 물적증거에 대한 압수의 개념으로부터 한 단계 발전하게 되었다.

최근에는 저장매체 기술의 발달로 작은 USB에 대량의 정보들을 저장할 수 있게 되었다. 많은 정보들을 휴대하기 편한 작은 저장매체에 저장하여 언제든지 꺼내볼 수 있다는 편리함도 있지만, 유의미한 정보를 찾아내는 정보기관의 입장에서는 그리 쉽지 않은 작업이다. 예를 들어 키워드 검색을 통해 해당 정보들을 선별할 수 있다고 하더라도 선별된 정보에 대한 내용을 일일이 확인하는 것은 결국 사람의 몫이다.

대량의 디지털 정보 중에서 범죄혐의와 관련된 정보만을 선별하여 수집해야 하나, 디지털 형태로 존재하는 디지털 정보는 사람의 지각으로 바로 인식이 불가능하다. 즉 비가시성과 비가독성이라는 특성을 갖고 있다. 결국 디지털 정보는 일정한 변환 절차를 거쳐 모니터 화면으로 출력되거나 프린터를 통해 인쇄된 형태로 출력됐을 때 가시성과 가독성을 갖는다.

인터넷의 발달로 세계 각지에 네트워크로 연결된 곳이면 디지털 정보를 전송하고 받아볼 수 있다. 이를 디지털 정보의 초국경성이라고 한다. 하지만 정보기관의 입장에서 해외에서의 정보활동은 상대국에게는 적대행위로 간주될 수 있고 심지어 간첩죄로도 처벌될 수 있는 상황으로 국가의 주권문제로까지 번질 수 있는 심각한 문제이다. 따라서 디지털 정보가 우리의 재판관할이 미치지 않은 해외의 어딘가에 저장되어 있더라도 우리의 수사권이나 행정권으로 상대국에서 정보활동을 하는 데에는 한계가 분명 있다.

마지막으로 디지털 정보들은 쉽게 삭제할 수 있고 외부 물리적 작용에 의해 사라질 수도 있다. 즉 수사기관이 현장을 급습했을 때 범죄자들이 단축키(hot key)를 이용하여 1-2초만에 파일을 삭제할 수 있고, 전원을 차단함으로써 활성 중인 데이터들을 사라지게 할 수도 있다. 이처럼 휘발성이 강한 디지털 정보들은 수집과 보관에 있어 매우 주의를 요한다.

3) 디지털 정보의 유형

정보활동을 통하여 국정원이 수집하는 디지털 정보에는 다양한 유형의 정보들이 있지만 이를 대별하면 (1) CCTV 영상정보, (2) 문언·부호·진술 정보, (3) 음성·음향 정보, (4) 생체인식정보 등으로 구분된다.

우선 CCTV 영상정보는 흔히 우리가 길거리나 건물에 들어가면 마주칠 수 있을 정도로 우리 생활과 매우 밀접하다. 공공기관에서 설치한 CCTV는 1,148,770개이며, 2013년 565,723개, 2015년 739,232개, 2017년 954,261개로 점점 CCTV 설치개수가 증가하고 있다.[28] 보안회사나 개인이 설치한 CCTV까지 합치면 어쩌면 우리는 CCTV에 완전 노출되어 있다고 해도 과언이 아닐 것이다. 최근에는 CCTV를 통해 범죄자의 동선을 추적하고 대상자를 특정할 정도로 매우 활용도가 높다.

다음으로 문언 및 진술 정보는 문서파일, 이메일, 메시지, 문자 등 작성자의 진술이나 감정, 사상 등의 내용을 기재한 디지털 정보들이다. 간첩수사에 있어 북한 공작기관의 지령문이나 남한 내 대상자들의 보고문이 대표적이다. 주로 해외 이메일 계정을 이용하여 문서를 주고받으며, 해당 문서를 열람하기 위해서는 특별한 프로그램을 이용하거나 암호를 해제해야만 그 내용을 파악할 수 있다. 이들 디지털 문서들은 주로 저장매체나 웹하드, 클라우드 등에 저장되어 보관된다.

음성 및 음향 정보는 주로 감청이나 녹음 등을 통하여 수집된 정보들이다. 「통신비밀보호법」에서 국가안보를 위한 통신제한조치를 규정하고 있다. 즉 국정원은 국가안전보장에 상당한 위험이 예상되는 경우 또는 대테러활동에

---

28) 행정안전부, 「2020 행정안전통계연보」, 113면.

필요한 경우(제7조), 또는 긴박한 상황인 경우(제8조)에 한하여 통신제한조치를 할 수 있다.

마지막으로 생체인식정보에는 가장 많이 활용되고 있는 지문정보, 최근 스마트폰에 탑재된 홍채 및 안면 정보, 음성인식을 통해 프로그램이 작동되는 음성정보, 법보행 분석 등에 활용되는 걸음걸이 정보, 전통적인 생체정보 중 하나인 유전자 정보와 거짓말탐지기에 활용되는 정맥 및 심장박동 정보 등이 있다. 생체인식정보는 개인의 신체적 특징을 나타내는 생체정보들을 자동화 처리에 의하여 측정 및 인식하여 데이터화한 것이라는 점에서 생체인식정보는 디지털 정보에 해당한다.

4. 정보활동의 적법성

1) 정보활동과 국민의 기본권

디지털 정보들은 국가안보 및 범죄수사에 있어 매우 효율적이지만, 대상자에게는 인격권, 초상권, 사생활의 비밀과 자유 등의 기본권 침해에 대한 논란이 있다. 우선 디지털 정보의 유형에 따라 침해되는 기본권 역시 다르기 때문에 이하에서는 정보활동 중 기본권 침해의 정도가 큰 영상정보(안면정보 포함)를 중심으로 검토하고자 한다.

가) 기본권 충돌 문제

최근 CCTV 설치 현황만 보더라도 숫자가 증가할수록 그만큼 국민의 사생활이 침해될 소지가 크며, 개인의 사생활이 침해된 경우에 과연 촬영 당하지 않을 자유를 주장할 수 있는가가 문제이다.[29] 국가안보 및 범죄수사에

---

29) 김진환, "비밀녹음 및 촬영에 의하여 수집한 증거", 「사법행정」 31－3, 1990, 35면.

있어 은밀성을 요하기 때문에 효율적인 영상정보 수집을 위하여 촬영 횟수
와 정보가 강할수록 그만큼 국민의 기본권이 침해될 소지가 커지는 반비례
관계에 있다.30)

개인의 기본권이 강조되면 국정원의 영상정보 수집의 적법성을 인정하기
어렵고, 국정원에 의한 영상정보 수집을 허용하면 개인의 기본권이 침해되
는데, 이러한 양 관점에서 어떻게 균형을 유지하느냐가 논의의 초점이 되고,
이것이 바로 기본권 충돌의 문제인 것이다. 국정원에 의한 영상정보 수집과
관련하여 대표적인 기본권침해의 유형으로는 통신의 자유, 사생활의 비밀과
자유, 주거의 자유, 초상권 등이 제기되며 구체적인 내용은 아래와 같다.

① 통신의 자유

통신의 자유는 개인이 그 의사나 정보를 우편물이나 전기통신 등의 수단
에 의하여 전달 또는 교환하는 경우에 그 내용 등이 본인의 의사에 반하여
공개되지 아니할 자유를 의미한다.31) 통신의 자유가 가지는 본래의 의의는
국민의 통신의 자유를 국가 공권력으로부터 보장하려는 데 있다. 또한 통신
의 자유는 공권력에 대한 자유인 동시에 제3자에 대한 자유를 의미하므로,
사인이 통신의 비밀을 침해하는 경우에도 적용된다.32)

② 사생활의 비밀과 자유

사생활의 비밀과 자유의 불가침은 사생활의 내용을 공개당하지 아니할 권
리, 사생활의 자유로운 형성과 전개를 방해받지 아니할 권리, 자신에 관한
정보를 스스로 관리·통제할 수 있는 권리 등을 내용으로 하는 복합적 성질

---

30) 이재상, "현행법상 도청의 법리와 그 개선방향", 「형사정책연구」 제7권 제2호,
    형사정책연구원, 1996. 177면.
31) 권영성, 「헌법학원론」, 법문사, 2004, 464면.
32) 허영, 「한국헌법론」, 박영사, 2003, 372면.

의 권리이다.33) 그러므로 국정원이나 사인에 의한 비밀촬영은 대상자의 사생활 영역이 침해되지 않는 범위 내에서만 허용된다.34)

③ 주거의 자유

주거의 자유는 자신의 주거지를 국가권력이나 제3자로부터 침해당하지 아니할 권리를 말한다. 주거는 개인생활의 본거(本據)로서 그 안전은 자유로운 인격발전과 행복추구를 위한 필수조건이므로 헌법이 기본권의 하나로 보장하고 있으며, 형법은 헌법의 취지에 따라 주거 등의 평온과 안전을 침해하거나 위태화시키는 행위를 범죄로 처벌하고 있다.35) 따라서 국정원이 개인의 주거 내에 영상기기를 설치하여 촬영하는 것도 주거의 자유의 침해가 된다.36)

④ 초상권

초상권은 용모 기타 특정인을 알 수 있게 하는 자태나 특징을 지닌 초상이 함부로 촬영되는 것을 거절할 권리(촬영거절권), 이러한 초상이 함부로 공표되지 아니할 권리(공표거절권), 초상이 함부로 영리목적에 이용되지 아니할 권리(초상영리권)를 포함한다.37) 따라서 국정원이 국가안보 및 범죄수사 목적을 위해 영상촬영하는 것을 거부할 수 있는 촬영거부권은 그 촬영된 영상정보가 수사목적으로 사용되어 제3자가 지득되는 것을 방지하려는 데 있기 때문에 공표거절권을 전제로 한다고 볼 수 있다. 이 경우에 있어 대상자의 초상권침해와 국가의 형사절차상의 기본권 충돌이 문제된다.

---

33) 권영성, 앞의 책, 445면.
34) 박미숙, "사인에 의한 비밀녹음테이프의 증거능력", 「형사판례연구(11)」, 형사판례연구회, 박영사, 2003, 374면.
35) 정성근·정준섭, 「형법각론」, 박영사, 2017, 159면.
36) 허영, 앞의 책, 366면.
37) 허일태, "비디오촬영의 허용과 비디오테이프의 증거능력", 「형사법연구」 제12권, 한국형사법학회, 1999, 56면.

나) 기본권의 제한

사생활의 비밀과 자유, 주거의 자유, 통신비밀의 자유 그리고 초상권 등의 헌법상 기본권은 「헌법」 제37조 제2항에 의하여 국가안전보장·질서유지 또는 공공복리라는 목적을 위하여 필요한 경우 법률로써 제한할 수 있다.

사생활의 비밀과 자유는 사생활영역이 범죄나 테러의 영역인 경우에는 현행법에 따라 제한이 가능하고, 주거의 자유 역시도 형사소송법상 대인적 강제처분, 대물적 강제처분, 현장검증의 경우에 제한이 가능하며, 전염병예방을 위한 경우에도 제한이 가능하다.

통신비밀의 자유를 제한하는 「통신비밀보호법」은 범죄수사를 위하여 불가피한 경우(제5조)와 국가안전보장에 대한 상당한 위험이 예상되는 경우 또는 대테러활동에 필요한 경우(제7조)에 한하여 인정하고 있으며, 초상권도 테러예방과 범죄현장 또는 공공장소에서의 안전목적을 위한 경우에는 일정한 절차에 의해서 제한이 가능하다.

다) 기본권 제한의 한계

국민의 기본권을 제한함에 있어서는 과잉금지의 원칙이 적용되는데, 이 원칙에서 목적의 정당성, 방법의 적정성, 피해의 최소성, 법익의 균형성 등이 고려되며, 어느 하나라도 저촉되면 위헌이 된다. 또한 기본권을 제한하는 경우에도 본질적인 내용은 침해할 수 없다. 과잉금지의 원칙의 구체적인 내용을 살펴보면 다음과 같다.[38]

① 목적의 정당성

목적의 정당성은 국민의 기본권을 제한하는 의회의 입법은 그 입법의 목적이 헌법과 법률의 체계 내에서 정당성을 인정받을 수 있어야 한다.[39] 국

---

38) 헌법재판소 1997.3.27. 선고 95헌마17 결정.
39) 김일환, 앞의 논문, 40면.

정원이 수집한 영상정보는 국가안전보장 또는 범죄수사를 위한 목적으로서만 허용되며 다른 목적을 위해서는 허용되지 않는다.

② 방법의 적정성(수단의 적정성, 필요성)

방법의 적정성은 목적을 달성하는 데에 적합한 수단이 많은 경우 그 중에서 국민에게 최소한의 제한을 가져오는 수단을 택해야만 한다. 만약 공개 수사방법이나 동의에 의한 영상정보 수집을 할 수 없는 경우에는 비밀영상촬영은 허용될 수 있지만, 보충적 수단으로만 이용되어야 한다.[40)]

③ 피해의 최소성

피해의 최소성은 입법권자가 선택한 기본권의 제한조치가 입법목적달성을 위해 적절한 것일지라도 보다 완화된 수단이나 방법을 모색함으로써 그 제한을 필요최소한의 것이 되게 해야 한다는 것을 말한다. 따라서 국정원은 영상정보를 수집함에 있어서 국민의 기본권 침해가 최소한에 그치도록 노력하여야 한다.

④ 법익의 균형성

기본권의 제한이 앞서 여러 원칙에 부합되더라도 기본권의 제한이 의도하는 정치·경제·사회적 유용성과 그 제한에 의하여 야기되는 국민적·사회적 손실을 비교 형량하여 양자 간에 합리적인 균형관계가 성립되어야 하는데 이를'법익의 균형성'이라고 한다. 이 원칙은 개인의 어떤 행위를 규제함으로써 초래되는 사적 불이익과 그 행위를 방치함으로써 초래되는 공적 불이익

---

40) 「통신비밀보호법」 제3조 제2항에서는 "범죄수사 또는 국가안전보장을 위한 보충적인 수단으로 이용되어야 하고, 국민의 기본권 침해가 최소한에 그치도록 노력할 것"을 규정하고 있다.

을 비교하여 규제함으로써 초래되는 공익이 보다 크거나 적어도 양자 간에 균형이 유지되어야 한다.

따라서 테러행위나 간첩행위를 그대로 방치함으로써 발생되는 공익의 피해와 국정원이 대상자의 영상정보를 수집하여 침해되는 기본권 피해 간의 이익을 비교형량하여 법익균형성을 판단할 수 있을 것이다. 그리고 침해되는 기본권의 본질적인 내용의 구체적 의미와 범위는 헌법재판소와 법원에 따라 결정될 수밖에 없다.[41]

2) 정보활동은 수사인가 행정조사인가

「국가정보원법」 제4조에서 규정한 직무 내용 중 국정원의 정보활동은 수사를 목적인 경우와 단순 정보활동인 행정조사로 구분한다. 먼저「행정조사기본법」 제2조 제1호는 행정조사를 "행정기관이 정책을 결정하거나 직무를 수행하는 데 필요한 정보나 자료를 수집하기 위하여 현장조사·문서열람·시료채취 등을 하거나 조사대상자에게 보고요구·자료제출요구 및 출석·진술요구를 행하는 활동"으로 정의하고 있다.

행정기관은 적법·타당한 행정결정을 하기 위해 정확하고 충분한 정보를 수집해야 하는데, 이러한 정보 등을 수집하는 활동을 행정조사라 하며 행정작용을 하기 위한 사전준비작용이다.[42] 이론적으로 행정조사는 행정기관이 궁극적으로 행정작용을 적정하게 수행함에 있어서 필요로 하는 자료나 정보 등을 수집하는 조사활동,[43] 행정기관이 사인(私人)으로부터 정책결정이나 직무수행에 필요한 자료나 정보 등을 수집하기 위하여 실행하는 일체의 행정작용 또는 사실행위적 행정작용[44] 등으로 설명되고 있다. 따라서 국정원의

---

41) 권영성, 앞의 책, 354면.
42) 강현호, 앞의 책, 390면.
43) 김민호, 「행정법」(전면개정판), 박영사, 2020, 266면; 김유환, 「현대행정법」(전정판), 박영사, 2021, 336면.

정보활동은 '행정조사'로 봄이 타당하다.

수사는 수사기관이 범죄의 혐의 유무를 명백히 하여 공소제기와 공소유지 여부를 결정하려는 목적으로 범죄사실을 조사하고 범인의 신병과 증거를 확보하는 활동을 의미한다. 즉 국정원법에서 규정한 형법 중 내란 및 외환의 죄, 군형법 중 반란의 죄 및 암호 부정사용의 죄, 군사기밀보호법 위반 관련 죄, 국가보안법 위반 관련 죄 등이 수사의 대상이 된다. 위 죄들에 대한 정보활동은 수사의 활동으로 봄이 타당하다.

하지만 국정원의 대공수사가 아닌 정보활동을 권력적 조사활동으로 보는지 아니면 비권력적 조사활동까지 포괄하는지에 따라 법적 근거, 조사의 실효성 확보 방안, 절차적 통제와 기본권 보장 등의 측면에서 차이가 있다. 이와 관련하여 행정조사를 권력적 조사활동으로 보는 협의설과 권력적 · 비권력적 조사활동을 포괄하는 광의설[45]이 대립된다.

행정조사는 실제 권력적 성격의 행정조사에서 국민의 권익 침해의 문제가 자주 발생한다는 점에서 행정조사의 절차적 통제에 관한 논의는 결국 권력적 성격의 행정조사에 집중된다.[46] 외형상 비권력적 행정조사일지라도 사인의 사생활을 침해하거나 구체적인 상황에 따라 행정기관의 잠재적 강제성이 존재한다면 사실상 권력적 행정조사와 동일하게 운영될 수 있다.[47]

따라서 국정원의 정보활동으로 개인의 기본권 침해가 발생할 수 있다는 점에서 권력적 행정조사로 볼 수 있고, 국정원의 정보활동에 대한 절차적 통제는 「행정조사기본법」에서 정한 규정에 따라 조사함이 원칙이나 동법 제3조 제2항 제1호에 의하면 "행정조사를 한다는 사실이나 조사내용이 공개될

---

44) 서정범 · 박상희, 「행정법총론」(제3전정판), 세창출판사, 2017, 395면; 한견우 · 최진수, 「현대행정법 총론 · 각론」(초판), 세창출판사, 2011, 503면; 김향기, 「행정법개론」(제13판), 탑북스, 2018, 375면.
45) 김동희 · 최계영, 「행정법」(제26판), 박영사, 2021, 247면.
46) 김동희 · 최계영, 앞의 책, 498면.
47) 이광윤, 「일반행정법」(전면개정판), 법문사, 2012, 377면.

경우 국가의 존립을 위태롭게 하거나 국가의 중대한 이익을 현저히 해칠 우
려가 있는 국가안전보장·통일 및 외교에 관한 사항에 대하여는 이 법을 적
용하지 아니한다.”고 규정하고 있어 국가안보와 관련한 국정원의 정보활동
엔 동법이 적용되지 않는다.

　그렇다고 국정원은 ‘국가안보’만을 이유로 법의 테두리에서 벗어난 탈법적
인 정보활동을 수행해서는 안 되겠지만, 국정원의 정보활동에 대한 절차적
통제규정이 없더라도 정보활동에 의해 발생되는 공익과 정보활동으로 침해
되는 개인의 기본권 간에 이익을 비교형량하여 정보활동의 정당성을 판단할
수밖에 없을 것이다.

　만약 국정원의 정보활동으로 인하여 기본권 침해가 발생한다면 법률유보
의 원칙에 따라 관련 법령에 침해받는 내용을 구체적으로 규정할 필요가 있
고, 국정원의 입장에선 법률 규정으로 국정원의 정보활동을 통제한다고 볼
수 있지만 오히려 법규정을 통하여 국정원의 정보활동의 정당성을 확보해주
는 역할을 할 수 있다.

3) 경제안보를 위한 국정원의 조사활동

　2020년 국가정보원법에 ‘산업경제정보 유출, 해외연계 경제질서 교란 및
방위산업침해’에 관한 경제방첩 내용이 추가되면서 국정원의 경제안보를 위
한 활동이 명확하게 되었다. 국가안보라는 차원에서 오래전부터 수행해 온
업무의 영역이었지만 법률에 명확하게 규정됨으로써 국정원의 경제안보에
대한 수호의지가 더욱 확고해졌다고 본다.

　국정원은 국가정보원법에 따라 산업기밀 유출 관련 사실의 조회·확인, 자
료의 제출 등 필요한 협조 또는 지원을 국가기관에 요청할 수 있으며(제5조
제1항), 필요한 경우 현장조사·문서열람·시료채취·자료제출 요구 및 진술
요청 등의 방식으로 조사할 수 있다(제5조 제2항). 이러한 국정원의 조사방법

은 필요한 최소한의 범위 안에서만 조사를 할 수 있으며 조사권한 남용은 금지된다(제5조 제4항).

국정원의 대공수사에 관한 수사절차와 방법은 형사소송법상에 따라 의율되지만, 조사와 관련해서는 국가정보원법상 별도의 규정이 없다. 다만 국정원은 산업기밀 유출과 관련한 조사권은 '행정조사기본법' 수준으로 한정한다고 밝히고 있다.

국정원의 수사권이 폐지되는 상황에서 조사권을 도입한 것에 대하여 사실상 수사권에 준하는 과도한 권한이 아닌가라는 의문을 제기하고 있지만 국정원은 다음과 같이 답하고 있다.

> "조사권은 안보범죄정보를 적법한 절차에 따라 수집하고 신빙성을 검증하여 수사기관에 지원하기 위한 최소한의 활동 근거이며, 일반 행정기관에 적용되는 「행정조사기본법」상의 '행정조사' 수준이다. 국정원은 개정안 제5조 제4항에 명시된 것처럼 법과 규정을 준수하여 필요한 최소한의 조사권만 사용할 것이다."

국정원이 밝힌 바와 같이 국정원의 조사권은 필요최소한의 행정조사 수준이며, 대상자의 동의를 구하는 임의조사의 형식으로 조사를 수행하게 된다. 규정상 내용으로만 해석한다면, 국가핵심기술과 같은 고도의 전문성과 지식을 요하는 기술유출에 대하여 필요최소한으로 조사가 가능한지 의문이고 무엇보다 유출 대상자로부터 관련 자료들을 제출받고 분석이 가능한지 의구심이 든다.

만약 유출자가 거짓 또는 허위의 자료를 국정원 조사관에게 제출하거나 조사 자체를 거부할 시 정상적인 조사가 불가하다. 더욱이 조사 대상자가 해외로 출국한 상황에서는 더욱 어렵게 된다. 국정원의 경제안보 관련 조사권의 좁은 해석으로 말미암아 국정원의 조사권한에 족쇄를 채운 것은 아닌지 우려된다.

당사자의 동의에 의하여 필요최소한으로 정보를 수집하고 기술유출 관련 사실을 파악한다는 것은 현실상 어렵다고 본다. 유출한 당사자는 조사에 응하지 않거나 거부할 것이고, 유출된 자료가 디지털 파일의 형태인 경우에는 수사에서처럼 디지털포렌식에 의한 정밀분석이 필요할 것인데, 법규상의 필요최소한의 범위를 어디까지 해석할지도 불분명하다.

또한 유출에 사용된 PC나 대상자의 스마트폰 등에 대한 제출과 신속한 분석이 현장에서 필요하지만 거부할 시에 이에 대한 강제력을 동원할 법적 근거 역시 없어 조사의 실효성이 떨어질 우려가 있다.

국가정보원법에서 규정한 산업기술유출 조사에 대한 현실적인 한계와 문제점은 ① 행정조사의 원칙인 당사자 동의에 의한 임의조사방식의 한계, ② 제출된 자료의 진위여부 및 디지털 원본파일과의 대조 확인 문제, ③ 자료제출의 범위문제로 종이문서로 한정할 것인지 또는 디지털파일까지 확대할 것인지 여부 등의 자료제출요구에 대한 문제, ④ 무엇보다 산업기술이 주로 디지털파일 형태로 유출된다는 점에서 디지털자료에 대한 접근을 어디까지 허용할 것인가에 대한 접근 문제 등으로 정리할 수 있다.

결국 국정원의 조사활동으로 국민의 기본권이 침해될 수 있다는 점에서 법률에 명확하게 조사절차와 방법을 규정할 필요가 있고, 국정원이 밝힌 바와 같이 행정조사기본법의 수준으로 한다고 하지만 국정원이 수행하는 업무의 특성과 전문성 등을 고려하여 국가정보원법이나 국가정보원법 시행령 등에 별도로 규정하는 것이 헌법 제37조 제2항의 취지에도 부합한다.

4) 임의적 정보활동의 한계

국정원의 정보활동 중 대공수사 관련 정보활동을 제외한 일반적인 정보활동은 강제력이 없는 임의적 방법의 정보활동이다. 즉 수사처럼 법원에서 발부한 영장을 갖고 대상자의 기본권이 침해되더라도 영장의 범위 내에서 대상자의 기본권을 제한할 수 있지만, 일반적인 정보활동 중 대상자의 신체를 제한하거나 대상자가 갖고 있는 물건을 대상자의 의사에 반하여 갖고와 수색하듯 찾을 순 없다. 즉 수사가 아닌 이상 정보활동 중 대상자로부터 수집하는 모든 정보에 관하여 대상자로부터 동의를 받아야만 정보활동의 임의성을 담보할 수 있다.

예를 들어, 국정원 직원들이 산업기밀이 해외로 유출되었다는 신고를 받고 한 기업에 조사를 나갔다. 유출자로 의심되는 대상자는 아직 해외로 도주하지 못한 상황이었다. 국정원 직원은 기밀자료를 다루고 있는 대상자에게 관련 자료의 제출을 요청하였다. 만약 대상자가 자료제출을 거부하더라도 국정원 직원의 입장에서는 영장이 없기 때문에 강제할 수 없다. 만약 자료들을 제출하더라도 제출된 자료의 진위 여부는 확인할 수 없다. 즉 대상자가 국정원 직원에게 허위의 자료를 제출하더라도 국정원 직원의 입장에서는 제출된 자료를 믿고 조사할 수밖에 없다. 정말 조작된 자료였다면 조사의 결과는 불 보듯 뻔하다.

디지털 자료에 대한 접근 역시 어렵다. 기업의 서버, 대상자의 PC나 디지털 저장매체에 접근하기 위해서는 동의라는 절차가 전제되어야 한다. 만약 동의 없이 수행된 조사는 위법한 조사가 된다. 동의가 있더라도 대량의 서버나 저장매체에서 유출 사건과 관련된 디지털 정보들을 찾는다는 것은 매우 쉽지 않은 일이다. 대상자가 관련 자료들을 암호화 하거나 삭제할 수 있기 때문에 일반적인 조사방법으로는 불가능하다.

대상자의 자료제출에 대한 동의가 있고 디지털 저장매체에 대한 접근 역시 동의를 해준다면 국정원의 입장에서는 디지털포렌식 조사를 할 수 있게 된다. 디지털포렌식은 국정원의 대공수사를 통하여 발전된 수사기법이라는 점에서 많은 노하우를 갖고 있다.

하지만 수사가 아닌 행정조사에서의 디지털포렌식 절차와 방법에 관한 규정은 행정조사기본법에도 아직 없다. 수사에서는 오랫동안 디지털포렌식 수사가 수행되어 왔지만, 디지털포렌식 관련 규정은 2011년 7월 형사소송법

제106조 제3항에 신설된 만큼 우리 형사사법 시스템에 늦게 들어왔다.

국정원의 디지털포렌식 조사는 수사가 아니기 때문에 침해되는 국민의 기본권이 다르다거나 침해의 정도가 적다고 할 수 없다. 기본적으로 디지털포렌식을 통하여 찾고자 하는 자료나 분석 방법은 수사 때와 마찬가지로 동일하다. 따라서 행정조사에서 수행되는 디지털포렌식 절차 및 원칙은 형사사건을 통해 형성된 판례나 관련 규정을 참고할 수밖에 없다. 디지털포렌식 관련 내용은 5.에서 자세하게 다루기로 한다.

5) 정보활동과 영장주의

「헌법」 제12조 제1항에서 "모든 국민은 신체의 자유를 가진다. 누구든지 법률에 의하지 아니하고는 체포·구속·압수·수색 또는 심문을 받지 아니한다."고 규정하고, 제3항에서는 "체포·구속·압수 또는 수색을 할 때에는 적법한 절차에 따라 검사의 신청에 의하여 법관이 발부한 영장을 제시하여야 한다."고 규정하여 헌법상 영장주의를 천명하고 있다.

이러한 영장주의를 구체화한 「형사소송법」 제199조 제1항에서는 "수사에 관하여는 그 목적을 달성하기 위하여 필요한 조사를 할 수 있되, 강제처분은 법률에 특별한 규정이 있는 경우에 한하여, 필요한 최소한도의 범위 안에서 하여야 한다." 규정하고, 제215조에서 "검사는 범죄수사에 필요한 때에는 지방법원 판사에게 청구하여 발부받은 영장에 의하여 압수·수색·검증을 할 수 있다."고 규정하였다.

국정원의 자체적인 정보활동 중 수집된 정보 외에 타인이 갖고 있는 정보를 수집할 때에는 '임의제출에 의한 방법' 또는 '영장에 의한 압수의 방법'으로 수집이 가능하다. 하지만 임의수사는 대상자의 동의나 협조에 의하여 기본적 조사가 이루어지기 때문에 그 과정은 임의적이어야 하며, 국정원의 직무 행위는 대상자에게 부담을 줄 수 있기 때문에 적법절차의 원칙이 준수되어야 한다.

수사와 달리 행정조사의 일환으로 수행되는 국정원의 정보활동인 경우에도 과연 영장주의가 적용될 수 있을까. 결론적으로 헌법상 영장주의는 행정조사에까지 인정되지 않는다. 즉 수사에 한해서만 영장주의를 요한다.

국정원의 다양한 정보활동 중에 대상자로부터 협조를 받아야만 하는 상황이 발생할 경우 대상자로부터 동의를 받기 어려운 경우도 있을 것이다. 예를 들어, 국정원의 직무 중 국가핵심기술 유출에 대한 조사권한이 있다. 유출에 대한 정황이나 의심만 있을 뿐 구체적인 범죄혐의점이 없는 상황에서 임의조사의 방법으로 관련 사안을 파악한다. 이때 유출자로 의심되는 자가 자신의 컴퓨터나 자료 등에 대한 제출을 거부하거나 조사 자체를 거부할 경우에는 강제조사권이 없는 국정원의 입장에서는 어쩔 수 없이 현장에서 벗어나야 한다. 이때 수사에서의 영장과 유사한 가칭 '행정영장'이 있다면 강제조사를 통하여 사실관계를 파악할 수 있고 특히 신속하고 긴급을 요하는 테러, 국제범죄, 국가핵심기술의 유출 등 사건을 방지할 수 있을 것이다.

이와 관련하여 미국에서는 수사에서의 영장과 유사한 행정영장(administrative warrant)제도를 두고 있다. 행정영장의 발부는 형사사건에서 요구되는 범죄혐의의 상당한 이유(probable cause)보다 완화된 기준으로 발부되며 시대의 변화에 맞게 많은 분야에서 유연하게 운영되고 있다.

미국 역시 1960년대 후반까지 행정조사에까지 영장이 필요한가에 대해 회의적이었으나, 연방대법원은 'Camara v. Municipal Court, 3876 U.S. 523(1967)' 판결에서 "개인에 대한 수색은 적법하게 발부된 영장에 의해서 수행되어야 하며 연방수정헌법 제4조의 헌법이념은 범죄수사의 대상이 되는 피의자뿐만 아니라 행정조사의 피조사자에게도 적용된다."고 판시함으로써 범죄수사의 피의자에게 주어졌던 권리를 행정조사에서도 인정함으로써 영장주의의 범위를 행정조사에까지 확대하였다.

다만, 미국의 행정영장제도를 우리의 사법제도로 도입함에 있어 사법체계가 다른 미국의 제도를 수용하기 위한 제도적 장치 및 입법 등이 우선되어야 한다. 즉 일반 행정공무원도 검사에게 영장을 청구할 수 있는지 여부, 어느 법원에서 영장을 발부할 것인가의 문제 등이 선결되어야 할 것이다.

6) 정보활동의 적법성 판단

국정원의 정보활동 및 대공수사는 공소유지를 위하여 범죄사실에 대한 증거를 수집·보전하고 객관적 사실을 발견하기 위한 국가의 활동이다. 특히 디지털 정보에 대한 수집과 증거 현출을 위한 디지털포렌식 절차는 과학적인 방법을 통하여 객관적 사실을 발견하는 국가의 활동으로 정의할 수 있다.

하지만 범죄수사든 국가안전보장을 위한 목적이든 디지털 정보를 수집하는 행위는 국가기관에 의한 국민의 기본권 제한이라는 점에서 법률에 근거가 있어야 하고, 제한의 정도도 기본권의 본질적 내용을 침해할 수 없으며 필요한 최소한도에 그쳐야 한다.

국정원의 대공수사와 관련하여 「형사소송법」에 관련 규정을 마련하였고, 특히 디지털포렌식 수사의 경우 경찰과 검찰 등 수사기관별로 별도의 규칙을 제정하였다. 디지털포렌식 관련 모든 규칙에서는 공통적으로 "적법절차"를 강조하고 있다. 이와 관련하여 「형사소송법」 제308조의2에서는 "적법한 절차에 따르지 아니하고 수집한 증거는 증거로 할 수 없다."고 규정하여 위법수집증거배제의 법칙을 원칙으로 제시하고 있다.

대법원[48]은 "증거능력배제를 인정하기 위해서는 수사기관의 절차위반행위가 '적법절차의 실질적인 내용'을 침해하는 경우에 해당해야 한다."고 판시함으로써 제308조의2에서 규정한 '적법한 절차'의 광범위한 내용의 범위를 제한하여 실질적 내용의 적법절차를 의미한다고 해석할 수 있다.

적법절차의 실질적인 내용은 ① 영장제도나 적법절차를 규정하고 있는 헌법에 위반하는 경우, ② 수사기관의 수사활동이 형벌법규에 위반하는 경우,

---

48) 대법원 2007.11.15. 선고 2007도3061 판결.

③ 형사소송법의 효력규정에 위배하여 압수·수색 등이 무효인 경우로 나눈다.

따라서 적법절차의 실질적인 법문규정이 없는 상황에서 적법절차의 실질적 내용에 대한 위반이 있는지의 여부는 법관이 절차 위반행위와 관련된 모든 사정[49]을 전체적이고 종합적으로 살펴서 판단하여야 한다. 이와 관련하여 소위 '영남위원회 간첩 사건'과 '왕재산 간첩 사건' 판례를 소개한다.

[영남위원회 간첩 사건]

누구든지 자기의 얼굴 모습을 함부로 촬영당하지 않을 자유를 가지나 이러한 자유도 국가권력의 행사로부터 무제한으로 보호되는 것은 아니고 국가의 안전보장·질서유지·공공복리를 위하여 필요한 경우에는 상당한 제한이 따르는 것이고, 수사기관이 범죄를 수사함에 있어 현재 범행이 행하여지고 있거나 행하여진 직후이고, 증거보전의 필요성 및 긴급성이 있으면, 일반적으로 허용되는 상당한 방법에 의하여 촬영을 한 경우라면 위 촬영이 영장 없이 이루어졌다 하여 이를 위법하다고 단정할 수 없다.[50]

[왕재산 간첩 사건]

피고인들이 일본 또는 중국에서 북한 공작원들과 회합하는 모습을 동영상으로 촬영한 것은 위 피고인들이 회합한 증거를 보전할 필요가 있어서 이루어진 것이고, 피고인들이 반국가단체의 구성원과 회합 중이거나 회합하기 직전 또는 직후의 모습을 촬영한 것으로 그 촬영 장소도 차량이 통행하는 도로 또는 식당 앞길, 호텔 프론트 등 공개적인 장소인 점

---

49) ① 절차 조항의 취지와 그 위반의 내용 및 정도, ② 구체적인 위반 경위와 회피 가능성, ③ 절차 조항이 보호하고자 하는 권리 또는 법익의 성질과 침해 정도 및 피고인 관련성, ④ 절차 위반행위와 증거수집 사이의 인과관계 등 관련성의 정도, ⑤ 수사기관의 인식과 의도 등.

50) 대법원 1999.9.3. 선고99도2317 판결.

등을 알 수 있으므로, 이러한 촬영이 일반적으로 허용되는 상당성을 벗어난 방법으로 이루어졌다거나, 영장 없는 강제처분에 해당하여 위법하다고 볼 수 없다.[51]

우리 법원은 2011년 7월 「형사소송법」 제106조 제3항을 신설하기 전까지 수사기관의 디지털포렌식 수사절차와 관련하여 명문의 규정이 없어[52] 그동안 판례[53]를 통하여 디지털포렌식 적법절차의 실질적인 내용을 형성하여 왔다.[54] 특히 국정원이 정보활동 중 수집한 대다수의 정보들이 디지털파일의 형태로 수집되고 저장된 디지털 정보임을 감안할 때, 법원이 제시하고 있는 디지털포렌식 절차를 적용할 수 있다.

법원은 디지털 증거에 대한 압수·수색을 진행할 경우 ① 법원이 발부한 영장에 의하고, ② 디지털포렌식 절차에 피압수자의 참여권을 보장하고, ③ 범죄혐의와 관련한 디지털 증거만을 선별하여 압수하고, ④ 압수된 디지털 증거에 대한 전자정보상세목록을 피압수자에게 교부하도록 하고 있다.

법원이 제시한 위 요건을 국정원의 디지털 정보 수집에 적용한다면, 우선 국정원의 입장에서는 적법성을 확보하기 위하여 법관이 발부한 영장에 의하거나 임의성 확보를 위하여 대상자에게 임의제출에 대한 고지를 한 후, 임의제출확인서에 대상자의 확인서명을 받는다. 여기까지는 영장에 의한 압수방법과 임의제출에 의한 방법의 차이만 다를 뿐 이후의 디지털포렌식 절차는 동일하다.

---

51) 대법원 2007.12.13. 선고 2007도7257 판결.
52) 디지털 증거에 대한 압수의 방법을 규정한 「형사소송법」 제106조 제3항은 2011년 7월 18일에 신설되었고, 진정성립 입증을 위한 디지털포렌식 등 객관적 방법을 규정한 「형사소송법」 제313조 제2항은 2016년 5월 29일에 개정되었다.
53) 디지털 증거에 대한 자세한 판례 내용은 이재윤·강구민, "디지털증거 역외 압수·수색 쟁점 고찰", 「한국산업보안연구」 제9권 제2호, 한국산업보안연구학회, 2019, 190-192면 참조.
54) 김경태·이규민·강구민, "디지털 증거 인증시스템(DAS)을 통한 진정성 입증에 관한 연구", 「형사법의 신동향」 제64호, 대검찰청, 2019, 77면.

즉, 대상자를 디지털 포렌식 절차에 참여시키고, 대상자가 참관하고 있는 상황에서 혐의와 관련한 디지털 정보만을 선별하여 수집하고, 마지막으로 수집된 디지털 정보에 대한 전자정보상세목록을 교부함으로써 국정원의 디지털포렌식 절차를 적법하게 종료할 수 있다.

그렇다면 앞서 언급한 형사소송법 제308조의2의 적법절차 규정을 행정조사에까지 동 원칙이 적용될 것인지에 대한 이견이 있을 수 있다. 즉 국정원의 대공수사는 형사소송법의 적용을 받지만, 행정조사의 일환으로 수행된 정보활동에도 과연 형사소송법상의 적법절차 원칙이 적용될 것인가의 문제이다.

이와 관련하여 우리 헌법재판소는 "헌법 제12조 제3항 본문이 동조 제1항과 함께 적법절차원리의 일반 조항에 해당하는 것으로서, 헌법 조항에 규정된 형사절차상의 제한된 범위 내에서만 적용되는 것이 아니라, 국가작용으로서 기본권 제한과의 관련 여부와는 관계없이 모든 입법작용 및 행정작용에도 광범위하게 적용된다."고 해석함으로써 행정조사에도 위법수집증거배제 원칙을 적용하고 있다(헌재 1994.12.29. 선고 94헌마201 결정).

따라서 국정원의 디지털 정보에 대한 수집과정에도 적법절차의 원칙이 적용되고, 만약 위법한 정보활동에 대해서는 법원이 향후 수집된 디지털 정보에 대한 증거능력을 엄격하게 해석함으로써 국정원으로 하여금 정보활동의 적법성을 준수하도록 하는 것이다.

5. 디지털 환경에서 수집한 정보의 진정성 확보

1) 진정성 요건

디지털 정보는 과학기술의 발전에 따른 새로운 형태의 증거로서 기존의 형사법 체계에서는 늘 새로운 시도를 하여 왔다. 특히 물적 증거를 기준으로 하여 규정된 기존의 증거법을 새로운 형태인 디지털 증거에 적용하는 데 있어 늘 한계가 있었고 우리 법원은 그러한 법적 공백을 채우기 위하여 대법원 판례를 통하여 해결하여 왔다.[55]

법원은 디지털 증거의 진정성을 판단하는 요건으로 (1) 동일성이 인정되고 모든 과정에 인위적인 조작이 없어야 한다는 동일성과 무결성 요건, (2) 범죄와 관련한 디지털 데이터를 압수·수색하는 경우에 있어 디지털포렌식에 전문적인 지식·기술·경험을 가진 전문가에 의하여야 한다는 전문성 요건, (3) 디지털포렌식에 사용되는 도구나 프로그램은 오류의 가능성이 전혀 없거나 무시할 정도로 극소한 것이어야 한다는 도구에 대한 신뢰성과 정확성 요건을 제시하였다.[56]

2) 동일성·무결성

대법원은 압수물인 디지털 저장매체로부터 출력한 문건을 증거로 사용하기 위해서는 디지털 저장매체 원본에 저장된 내용과 출력한 문건의 동일성이 인정되어야 하고, 이를 위해서는 디지털 저장매체 원본이 압수시부터 문건 출력시까지 변경되지 않았음이 담보되어야 하고,[57] 원본성 및 무결성의

---

55) 김경태·이규민·강구민, "디지털 증거 인증시스템(DAS)을 통한 진정성 입증에 관한 연구", 「형사법의 신동향」 제64호, 대검찰청, 2019.9, 77면.
56) 강구민, "대공사건에 있어 전자적 증거의 증거능력", 「형사소송 이론과 실무」 제8권 제2호, 한국형사소송법학회, 2016.12, 157면.

입증은 피압수·수색 당사자가 정보저장매체 원본과 '하드카피' 또는 '이미징'한 매체의 해쉬(Hash)값이 동일하다는 취지로 서명한 확인서면을 교부받아 법원에 제출하는 방법에 의하여 증명하는 것을 원칙으로 하고 있다.[58]

만약 해시값 확인서를 통하여 동일성·무결성을 입증하는 것이 불가능하거나 현저히 곤란한 경우에는, 정보저장매체 원본에 대한 압수, 봉인, 봉인해제, '하드카피' 또는 '이미징' 등 일련의 절차에 참여한 수사관이나 전문가 등의 증언에 의해 정보저장매체 원본과 '하드카피' 또는 '이미징'한 매체 사이의 해쉬값이 동일하다거나 정보저장매체 원본이 최초 압수 시부터 밀봉되어 증거 제출 시까지 전혀 변경되지 않았다는 등의 사정을 증명하는 방법 또는 법원이 그 원본에 저장된 자료와 증거로 제출된 출력 문건을 대조하는 방법 등으로도 그와 같은 무결성·동일성을 인정할 수 있다.[59]

대법원은 디지털 증거에 대한 원본성과 무결성 입증방법을 각 단계별 해쉬값을 확보하여 비교하는 방법을 제시하고 있지만, 반드시 이러한 방법만으로 무결성·동일성을 입증하기보다는 수사기관은 봉인, 봉인해제, 재봉인 절차의 준수 및 관계자의 참여, 포렌식 전문가의 입회 등으로 보관의 연속성이 담보되어 있거나 그밖에 증거 조작 가능성을 의심할 만한 사정이 없음을 밝힘으로써 디지털 증거의 무결성 및 동일성을 증명할 수도 있다.

따라서 국정원은 디지털 정보에 대한 동일성과 무결성을 확보하기 위하여 수집된 디지털 정보의 해쉬값을 확인해야 하고, 대상자로부터 확인·서명을 받을 수 있다면 받아두는 것이 최선이며, 만약 불가능하다면 동영상 촬영이나 외부 전문가의 입회 등으로도 확인이 가능하다.

---

57) 대법원 2007.12.13. 선고 2007도7257 판결.
58) 대법원 2013.7.26. 선고 2013도2511 판결.
59) 대법원 2013.7.26. 선고 2013도2511 판결.

3) 전문성

대법원은 디지털 증거의 동일성과 무결성의 입증을 전제로 하면서 이를 확인하는 과정에서 디지털 포렌식 조작자의 전문적인 기술능력과 정확성이 담보되어야 함을 제시하고 있다.[60] 디지털포렌식과 같은 과학적 기술을 이용한 증거방법인 DNA분석이나 혈흔분석의 과학적 증거방법에서도 전문적인 지식과 경험을 지닌 전문가에 의하여 수행되었음이 인정되어야 그 분석 결과(증거)에 대한 신뢰성이 높아질 수 있다고 한다.[61]

디지털 포렌식 분석관의 자격과 관련하여 경찰청은 (1) 디지털 포렌식 관련 전문교육을 수료한 자, (2) 국가 또는 공공기관의 디지털 포렌식 관련 분야에서 3년 이상 근무한 자, (3) 디지털 포렌식 관련 분야의 석사 이상의 학위를 소지한 자, (4) 디지털 포렌식 관련 분야 학사학위 소지자 중 해당 분야 전문교육 과정을 이수한 자 중에 선발하고 있다.[62]

검찰도 마찬가지로 디지털 포렌식 수사관의 자격 요건으로 (1) 디지털포렌식 전문가 양성과정을 이수한 자, (2) 국내·외 관련 교육과정을 이수한 자, 3개월 이상 디지털포렌식 수사실무를 수생한 경력이 있는 자 중에서 선발하고 있다.[63]

이와 관련하여 소위 '일심회 사건'에서 변호인이 수사기관의 디지털 포렌식 수사관의 전문성에 대한 문제를 제기하였는바, 이에 대해 1심 법원은 포렌식 수사관의 전문적 기술능력이 구비되었다고 판단한 바 있다.[64] 이처럼 국정원 조사관이 디지털 정보를 수집할 때에는 디지털 포렌식 전문 분석관

---

60) 대법원 2007.12.13. 선고 2007도7257 판결.

61) 대법원 2007.5.10. 선고 2007도1950 판결; 대법원 2009.3.12. 선고 2008도8486 판결; 대법원 2010.3.25. 선고 2009도14772 판결; 대법원 2011.5.26. 선고 2011도1902 판결; 대법원 2014.2.13. 선고 2013도9605 판결.

62) 경찰청훈령(제845호) 「디지털증거수집및처리등에관한규칙」 제5조.

63) 대검찰청예규(제991호) 「디지털증거수집·분석및관리규정」 제7조.

64) 서울중앙지방법원 2007.4.16. 선고 2006고합1365 판결.

으로 하여금 동일성과 무결성을 유지한 채 수집함으로써 전문성을 담보할 수 있다.

4) 정확성과 신뢰성

대법원은 디지털 증거의 동일성과 무결성이 우선 입증되어야 하고, 해당 디지털 증거를 수집하는 데 사용한 디지털 포렌식 도구의 기계적 정확성과 프로그램의 신뢰성을 요구하고 있다.[65] 디지털포렌식과 같은 과학적 증거방법뿐만 아니라 다른 과학적 증거방법에 사용된 도구에 대하여 오류의 가능성이 전무하거나 무시할 정도로 극소할 것을 요구하고 있다.[66]

디지털포렌식 도구가 컴퓨터 프로그램이라 할지라도 인간에 의해 코딩되고 제작되었다는 점에서 100% 오류가 없는 완전체라고 장담할 수 없다. 하지만 현재 과학기술의 시점에서 가장 최상의 정확성을 보여주는 도구라는 점에서 우리는 사회적 합의에 의해 약간의 오류가 있더라도 이를 수용하고 있다. 단, 오류의 가능성이 전무하거나 무시할 정도로 극소하여야 하며, 반증의 여지가 있는 소극적 사실로 과학적 증거방법에 의하여 증명되는 적극적 사실을 쉽사리 뒤집을 수 없다.[67]

미국에서는 상무부 산하의 국립표준기술연구소(National Institute of Standards and Technology, NIST)에서 디지털 포렌식 조사에 사용되는 모든 포렌식 도구들에 대해 신뢰성 기준을 제공하기 위한 검증업무(Computer Forensics Tool Testing, CFTT)를 하고 있다.

NIST의 포렌식 도구검증 업무는 미국 법무부 산하의 국립사법연구소

---

65) 대법원 2007.12.13. 선고 2007도7257 판결.
66) 대법원 2007.5.10. 선고 2007도1950 판결; 대법원 2009.3.12. 선고 2008도8486 판결; 대법원 2011.5.26. 선고 2011도1902 판결; 대법원 2014.2.13. 선고 2013도9605 판결.
67) 대법원 2009.3.12. 선고 2008도8486 판결.

(National Institute of Justice)와 공동으로 진행되고 있으며, 여기에는 FBI, 재무부, 국방부, 국토안보부 등 다양한 법집행기관들이 함께 참여하고 있다. NIST의 CFTT에서 검증된 포렌식 도구들의 평가보고서는 NIJ의 홈페이지에 게시되어 그 정보를 공유한다. 이렇게 국가기관에 의해 검증된 디지털 포렌식도구로부터 수집된 디지털 증거는 법정에서 증거로서 신뢰성이 높다.

국정원이 정보활동 중 수집된 디지털 증거에 대한 채증은 일반적인 디지털 기기를 사용하더라도 이를 분석하고 증거화 하기 위해서는 검증된 프로그램이나 분석도구를 사용해야만 디지털포렌식 도구의 정확성과 신뢰성이 담보될 수 있다. 만약 자체 개발한 프로그램인 경우라도 객관적이고 독립적인 전문기관으로부터 검증되었다는 것이 전제되어야만 향후 법정에서 현출된 증거의 신뢰성이 높아질 것이다.

5) 디지털포렌식 조사규정 신설

디지털 증거에 대한 압수·수색 규정은 2011년 7월 18일에 「형사소송법」 제106조 제3항으로 신설되었고, 명문의 규정으로 신설하기 이전에는 법원의 판례를 통하여 디지털포렌식 절차 및 원칙들이 형성되어 왔다.[68] 행정조사기본법에서는 일반적인 조사규정만 있을 뿐 디지털포렌식 조사와 관련한 별도의 규정은 없으며, 국정원의 정보활동을 명시한 국가정보원법에서도 관련 규정은 찾아볼 수가 없다.

디지털포렌식 조사는 국가기관인 행정기관에 의한 국민의 기본권을 침해하는 행정행위라는 점에서 디지털포렌식 조사의 방법을 어떻게 규정하고 그 과정에서 국민의 기본권을 어떻게 보호할지에 대한 명확한 규정이 행정조사기본법이나 국가정보원법에 규정될 필요가 있다.

---

68) 김경태·이규민·강구민, "디지털 증거 인증시스템(DAS)을 통한 진정성 입증에 관한 연구", 「형사법의 신동향」 제64호, 대검찰청, 2019, 77면.

헌법 제37조 제2항에서는 "국민의 기본권을 제한하기 위한 조치가 반드시 법률에 근거해야 한다."고 천명하고 있으며, 여기서 법률의 의미는 입법기관인 국회에서 제정한 형식적 법률을 의미한다.[69] 이를 '법률유보의 원칙'이라 하며, 이는 행정기관의 공권력에 의한 기본권 제한은 입법자가 마련한 법률의 명시적 근거에 의해 이루어져야 한다는 의미이다.

따라서 국정원에 의하여 디지털포렌식 조사가 이루어지기 위해서는 그 제한에 관한 법적 근거가 행정조사기본법이나 국가정보원법에 반드시 규정되어야만 한다.

법률유보의 원칙이 적용되기 위해서는 '법률 명확성의 원칙'이 전제된다. 수범자가 디지털포렌식 조사에 의한 규제내용을 미리 인식할 수 있도록 명확하게 관련 법령에 규정되어 장래의 행동지침으로서의 역할을 해야 한다는 게 바로 법률 명확성의 원칙이다.[70] 헌법재판소는 이와 관련하여 "기본권을 제한하는 입법에 있어서는 명확성의 원칙이 요구되고, 이러한 명확성의 원칙에 따라 법적 안정성과 예측가능성이 확보되어야 한다"고 설시한 바 있다.[71]

「국가정보원법」 제5조에 국정원의 직무수행과 관련하여 국가기관 등에 대한 협조 요청 규정만이 존재한다. 조사의 방법과 원칙을 규정한 별도의 법률은 없다. 행정기관의 조사의 방법 및 절차 등을 규정한 「행정조사기본법」 제3조 제2항에서 국가안보나 통일·외교 그리고 방위사업에 관한 사항은 적용범위에 포함하지 않고 있다.

따라서 국정원의 정보활동을 위한 조사의 방법과 절차를 규정한 법률이 존재하지 않고 있다. 다만 국정원은 조사의 수준을 행정조사 수준이라고만 밝히고 있어 행정조사기본법을 적용할지 아니면 다른 법률에 의할지에 대한 판단은 아직 불확실하다.

일반적인 조사도 마찬가지이지만 디지털포렌식에 의한 조사를 통한 기본

---

69) 권건보, 「개인정보보호와 자기정보통제권」, 경인문화사, 2005, 201면.
70) 성낙인, 「헌법학」(제18판), 법문사, 2019, 955면.
71) 헌재 1998.4.30. 95헌가16.

권 침해의 위험성이 높다는 점에서 법률의 개정 또는 신설을 통하여 국정원의 디지털포렌식 조사 관련 규정을 명확하게 할 필요가 있다.

6. 결론

국가정보원의 전신인 중앙정보부가 창설된 때에는 주로 방첩, 대북정보, 대공수사 등 북한을 대상으로 하는 정보활동과 수사가 주된 업무였다면, 지금의 국가정보원은 기존 대북 관련 정보수집 및 수사는 물론 산업보안, 방위산업보안, 사이버보안, 우주안보정보, 국제범죄, 대테러, 북한이탈주민보호 등 다양한 업무를 수행하고 있으며 그 영역이 확장되었다.

이처럼 국정원의 다양한 업무영역에서 수집된 정보는 더욱 정확해야 하고, 범죄혐의 입증의 자료로 활용될 때에는 정보 수집방법의 적법성과 정보에 대한 신뢰성이 함께 요구된다. 특히 일반 물적 증거에 비해 디지털 증거인 경우에는 디지털 정보가 갖는 여러 특성으로 인하여 채증 시부터 증거현출까지 위변조되지 않았음이 수사기관에 의해 입증되어야 하고 수집과정역시 적법해야만 법정에서 증거로 활용될 수 있다.

지금 국정원뿐만 아니라 국내 정보업무를 담당하는 기관들에서는 여러 채널을 통해 무수히 많은 디지털 정보들을 취합하고 있다. 특히 국가안보와 직결되는 정보들은 다양한 채널을 통해 수집되기 때문에 출처나 취득경위와 관련하여 향후 국내 실정법 위반으로도 이어질 수 있어 관련 정보의 취급이 어느 때보다 중요하다.

하지만 정보기관들이 정보수집에 초점을 두고 무분별하게 관련 정보들을 수집하게 된다면 개인의 사생활 침해, 통신의 자유 침해, 초상권 침해 등 헌법상 국가가 보장해야 할 국민의 기본권을 침해하는 문제가 발생할 수 있다.

정보수집활동의 목적이 국가안전보장이나 범죄수사를 위한 경우에는 국민의 기본권을 제한할 수 있지만 정보수집의 수단과 방법이 적정해야 하고 정보수집활동을 통해 국민이 받을 피해는 최소한에 그쳐야만 한다. 만약 정보활동이 이러한 기준을 넘어서게 되면 오히려 실정법 위반이 될 수 있음을 유념해야 한다.

특히 2024.1.1.부터 국정원의 대공수사권은 사실상 폐지된다. 그동안 국정원 대공수사국에서는 특별사법경찰관의 신분으로 국가보안법상의 정보사범에 대한 수사를 담당했다. 수사의 목적으로 정보활동도 함께 수행되었고, 관련하여 해외 각지의 정보네트워크를 통해 하나의 사건을 일사불란하게 해결하였다.

그러나 수사권한이 없는 상황에서 국정원의 정보활동은 위축될 수밖에 없는 게 현실이다. 일반 범죄자와 달리 정보사범의 경우 더욱 은밀하고 조직화되어 있어 사건 해결이 쉽지 않다. 수사권이 있는 경우에는 영장제도를 활용할 수 있었지만, 앞으로는 행정조사권한의 정도로만 정보활동을 할 수밖에 없는 현실을 맞이하게 된다.

행정조사의 일환으로 수행된 정보활동은 임의조사가 원칙이며 예외적으로 수사에서처럼 법원의 영장을 통한 강제수사는 불가하다. 정보기관의 특성상 은밀하게 정보를 수집하는 방법 외에 기본적인 사실관계가 필요한 조사활동에서는 당사자의 동의를 받아 관련 자료 수집이나 진술 등을 청취할 수 있다. 대상자가 공공기관이나 공무원인 경우에는 협조가 원활할 수 있으나 일반 사인인 경우에는 전적으로 동의를 받아야만 조사활동이 가능하다. 즉, 당사자가 거부하면 조사할 수 없다는 한계에 부딪힌다.

국정원의 정보활동을 행정조사의 수준으로 보고 모든 업무에 당사자의 동의를 구하라고 한다면 국정원의 정보활동에 적법성은 충족되었지만 정보활동 고유의 목적을 달성할 수 있을지는 의문이다. 당사자에게 동의를 구하는 순간 증거의 인멸이나 공범에게 사건 내용이 전달되는 등의 보안이 노출될 수 있어 정확하고 신속한 정보수집은 어렵게 된다.

따라서 국정원이 수행하는 모든 업무 중 국민의 생활과 밀접하고 직접적으로 영향을 줄 수 있는 경제안보 및 보건안보 그리고 국민의 생명과 신체에 영향을 줄 수 있는 테러나 국제범죄 등의 경우에 한하여 강제조사를 할 수 있는 권한을 부여하는 방안이 필요하다. 이와 관련하여 미국의 '행정영장제도'의 도입을 고려할 필요가 있다.

행정기관의 업무영역이 다양해지고 복잡해짐에 따라 수사와 행정조사의 경계에 있는 업무들이 점차 늘어나고 있는 추세이다. 일반 행정기관이나 정보기관의 활동이 모두 국가에 의해 수행된다는 점에서 국가는 국민의 기본권이 침해될 소지가 없나 늘 주의해야 하고, 그 방법과 절차에 관해서는 법률에 명문으로 규정하는 게 헌법에서 규정한 법률유보 및 명확성의 원칙에 부합하는 것이다.

국정원의 정보활동 역시 예외가 될 수 없다. 국가정보원법이나 관련 법령에 국정원의 정보활동 관련 원칙과 방법을 명확하게 규정하고, 특히 디지털 정보환경이 계속 발전함에 따라 디지털 정보의 수집에 대한 절차와 방법을 관련 법령에 명확하게 규정함으로써 국민의 기본권과 국가안보를 수호하는 정보기관으로 거듭날 수 있을 것이다.

VI

국가정보원 법제 개편 방안

이대희

VI

국가정보원
법제 개편 방안

이대희(광운대 명예교수)

1. 논의의 출발점

2024년 1월을 기해 국가정보원의 대공 수사권이 종식되고 국내 대북 정보 활동이 제한을 받는다. 이는 그동안 국가정보원이 1961년 중앙정보부로 설립된 이후 국가 안보의 중추 역할을 해왔던 상황을 급격하게 변모시키게 되어 있다. 극단적으로 말해서 존립 근거나 필요성조차도 의심받게 되었다. 어떻게 해서 이런 극한적인 상황이 만들어졌는가?

2020년, 당시 여당인 더불어민주당은 국회 다수 의석의 힘을 빌려 국가정보원의 전, 현직은 물론 관계자는 물론 야당 '국민의 힘'의 완강한 반대에도 불구하고 국가정보원법 제3조에 명시되어 있던 국가정보원의 수사권을 폐지시켰다.

"2020.11.27. 제382회 국회(정기회) 제5차 정보위원회는… 「국가정보원법 전부개정법률안(대안)」을 국회법 제51조에 따라 위원회안으로 제안하기로 했다. 위원회안은 국가정보원법 제3조 제1항 제3호에 규정된 「형법」 중 내란(內亂)의 죄, 외환(外患)의 죄, 「군형법」 중 반란의 죄, 암호 부정사용의 죄, 「군사기밀 보호법」에 규정된 죄, 「국가보안법」에 규정된 죄에 대한 수사와 제4호에 규정된 국정원 직원의 직무와 관련된 범죄에 대한 수사 등 국가정보원의 수사권 모두를 삭제하였다. 다만 부칙에서 수사권과 관련한 개정규정은 2024년 1월 1일부터 시행한다고 규정, 3년의 유예기간을 두었다. 대안의 제안이유는 다음과 같다.

"국가정보원은 국내외 정보보안 업무를 총괄하는 국가정보기관으로 성장하여 왔으나, 대공 수사과정에서의 인권 침해 등 권한남용과 정치적 일탈 행위의 우려 또한 지속적으로 제기되어 왔음. 국가정보원이 다변화되고 있는 대외 위협으로부터 국가 안보를 수호하며, 국제적 경쟁력 높은 순수정보기관으로 변모해야 한다는 요구에 따라, 정치적 중립을 기관의 운영원칙으로 명확히 규정하는 등 정보기관의 국내정치 개입을 차단하고, 직무범위를 명확히 하며, 국회의 통제기능을 강화하는 등 정보기관 본연의 직무수행에 집중하도록 함으로써 국가정보기관으로서의 위상을 재정립하고 국민의 권익과 국가 안보를 증진하려는 것임."

이 법안은 국회 본회의 통과와 함께 공표되었고, 일정에 따라 시행과정에 들어섰다. 이와 같은 국가정보원에 대한 국회와 정치권의 제한은 그동안 중앙정보부 시절부터 수행해 온 국가 정보 담당 부서의 긍정적 역할과 부정적 인식이 복합되어 나타난 것이다. 국가정보원은 설립 당시로부터 '음지에서 양지를 지향한다.'는 정신을 표방하고 국가 안보 활동의 중추 역할을 수행해 왔다. 이 과정에서 친북 세력, 사회주의 세력으로 대변되는 국내의 좌익, 진보 세력으로부터의 저항을 극복하는 데 주도적 역할을 하면서 이들 세력과 대척점에 설 수밖에 없었다. 그런데 이들 세력이 다수 참여하는 진보정권이 들어서게 되자 국가정보원은 적폐청산의 상징적 대상이 되어버렸다. 대북 정보활동의 제한과 수사권 박탈을 골자로 하는 국정원법 전면 개정은 국정원을 60여 년의 역사상 최대의 위기국면으로 몰고 갔다.

비록 국가정보원이 원하여 현재의 같은 상황이 초래된 것은 아니지만, 현 상황에 대한 냉철한 평가의 바탕 위에서 국정원을 어떻게 정상 위치로 자리매김할 것인지를 고민해야 할 중대한 시점에 와있다고 본다.

그러한 작업의 일환으로 국가정보원의 존재 이유와 임무 등을 냉정히 살펴보고 현행 법제에 대한 심도 있는 검토를 시도해 보고자 한다. 국가정보원법을 찬찬히 들여다보면 중앙정보부법이 큰 대강을 정하고 출범했던 상황에서 그동안 국가안전기획부, 국가정보원으로 명칭이 변경되면서 '누더기법'으로 변질되어 왔음을 관찰할 수 있다.

이번 장에서는 국가정보원법을 조목조목 검토해가면서 국가정보원의 역할 또는 임무를 새롭게 정립하고, 문제 조항의 재개정가능성을 염두에 두면서 새로운 국가정보원 법제 구축 방안을 제시해보려고 한다. 엄밀한 의미의 법률적 고찰이라기보다는 국가정보원의 바람직한 위상 정립에 대한 방향 설정이라고 보면 좋을 것이다.

2. 국가 정보기관의 존재 필요성과 운영 방식

1) 국가 정보기관이 왜 필요한가?

자유민주주의 통치체제에서 국민은 안정된 삶을 위해 가장 적합한 공동체인 국가를 만들어 운영하고 있다. 국민은 헌법을 통해 국가라는 조직을 만들고 운영 주체로서의 정부를 구성하며, 그 운영을 공무원 관료 조직에 위임하고 있다. 국가가 정상적으로 잘 운영되는 상태에서 국민은 편안하게 일상생활에 임할 수 있다.

국가의 최고 책임은 국민 의식주를 적절히 해결하는 경제 활성화와 범죄나 외적 침입 또 재난 재해로부터 안전하게 국민을 보호하는 것이다. 이런 책임은 공무를 담당하고 있는 대통령과 정부 관료에게 주어져 있다. 의식주

해결은 수많은 경제, 과학, 교육 관련 부처에서 관장하고, 범죄는 검찰과 경찰에서 담당하며, 국방은 국방부와 군에서 담당하고 있다. 재난 재해는 건설교통부, 환경부, 소방청 등에서 담당하고 있다. 모든 부처, 기관이 맡은 바 임무를 통해 국가 행정과 정책을 책임지고 있다.

국가, 정부, 부처, 관료가 맡은 바 책임을 다하기 위해서는 가장 근본적인 국가의 기틀이 확고해야만 한다. 헌법이 살아있고, 관료제가 건전하며, 공직자가 국가와 국민을 위해 솔직하고 책임감 있게 업무에 임할 수 있어야 한다. 재난 재해가 근절되고, 전쟁과 범죄가 없어야만 한다. 국가의 근간을 위협하는 그 어떤 개인, 집단, 세력, 국가가 없도록 해야 한다.

국가 정보기관은 '국가를 안전하게 하기 위해', '국가를 위협할 수 있는 모든 개인, 단체, 국가를 경계'하는 기관이다. 국가 정보기관이 유능하면서도 강력하게 국가 보전과 국민 보호의 최전방에서 활동하고 있어야만 민주 국가가 안전하다. 국가 정보기관이 굳건하게 임무를 수행하면 할수록 일상생활에 종사하는 일반 국민은 '일 없듯 조용하게' 잘 살 수 있다. 국가 정보기관은 일반인 눈에 보이지 않는 곳에서 움직인다. 그렇기 때문에 국가 정보기관의 존재나 활동을 의식하거나 수사권 폐지를 말하는 이는 분명히 국가 안보에 부정적 영향을 주는 행위를 하거나 빌미를 제공했던 사람일 것이다.

어느 나라든 국가 정보기관의 등장과 발전 역사를 보면 초기 국가 건설기의 반국가 세력 척결과 함께 한다. 미국, 러시아, 이스라엘, 중국, 북한의 정보기관은 모두 이런 목적으로 설립되어 운영되고 있다. 한국의 정보기관도 국가 건설 과정에서 북한 공산 집단과의 절체절명의 대결 구도 속에서 창설되었다. 당시 김일성의 북한 공산 집단은 무력도발과 지속적 간첩 침투를 통해 한반도의 적화통일을 추구하였다. 한국전쟁은 가장 분명한 역사적 증거다. 그 뒤로도 북한은 민주화한 한국의 정당, 시민 단체, 민중 속에 그들의 이념과 행태를 침투시켜 왔다. 간첩 행위에 대한 지속적 수사는 국가존립을 위해 절대적으로 필요한 당위였다.

국가 정보기관은 눈앞에 있는 북한만이 아니라 주변의 중국, 일본, 러시아, 미국 등과 상대하는 데 있어서도 절실히 필요한 존재다. 모든 국가가 자국, 자국민의 이익을 위해 존재하는 만큼 국가 차원에서 우리 한국을 위협하고 공격하는 일이 비일비재하다. 국가 정보기관은 국가 전체, 온 국민을 위한 활동 기관이다. 특정 정치인, 특정 연루자, 특정 시민 단체가 좌지우지해서는 결코 안 될 일이다.

현대 국가는 국경 장벽이 거의 무의미할 정도로 사라졌고, 무선 인터넷 통신망을 통해 행정, 국방, 교육, 금융, 통상, 출입국, 에너지가 관리되는 시대에 진입해 있다. 국가 안보를 위협할 수 있는 요소나 인자가 다양해지고 누구라도 국가 안보에 손쉽게 해를 끼칠 수 있게 되었다. 의도적이거나 아니면 의도치 않은 상태에서도 국가 안보에 치명적인 위해를 가할 수 있다.

불순한 개인이나 단체, 적성 국가에 의한 공격 행위(테러)가 지금 이 순간에도 비일비재하게 전개되고 있다. 전형적인 요인 테러, 공공 기관 및 산업 시설 테러, 군 시설 테러를 넘어 사이버 테러가 기승을 부리고 있다. 사이버 테러는 현대 최첨단 정보통신망을 이용한다는 점에서 그 위험성이 극대화될 수 있다.

북한의 핵폭탄이나 미사일 위협에 대해서는 국방 차원에서 경계하고 대비해야겠지만 이와 관련한 조기경보 차원의 방첩 기능은 오로지 국가정보기관만이 해낼 수 있다. 국가정보기관의 존재 당위성이 더욱더 높아지고 있다.

2) 정치와 행정의 분리: 지혜로운 정치와 책임 있는 전문 행정

자유 민주 국가에서 국민은 국가의 통치권을 분리하여 정치와 행정으로 나누어 놓았다. 정치는 국민의 의사를 대변하여 국가 헌법을 제정하고 수호하는 일을 담당한다. 중요한 정책을 결정하고 정부의 일을 견제하며, 재정을 통제한다. 정치가 희망적으로 미래를 말하지만, 실질적으로 결과를 만들어 내는 것은 행정이다. 좋게 보면 정치는 국민의 의도를 국가로 전이시키는 일을 담당하기 위해 많은 노력을 한다, 그래서 정치의 용어는 다소 들떠 있고 감성적이다.

이에 비해 실질적 결과를 만들어 내는 행정은 꼼꼼하게, 논리를 따지며, 예산을 따지고 효율성을 논한다. 정치는 누가 보더라도 '신나는 말만을 즐기고' 결과가 나쁘거나 없으면 '아니면 말고!' 식으로 끝나는 경우가 많다. 그런데 행정이 잘못하면 큰일이 난다. 엄청난 돈을 낭비하고, 국가 채무를 늘리며, 나라를 망하게 할 수 있다. 경찰이 범인을 못 잡으면 연쇄 살인이 나듯이 군인이 적을 못 잡으면 우리가 죽는다. 행정에서는 '아니면 말고!'가 있을 수 없다.

오늘날의 한국은 정치 만능 사회다. 모두가 자기주장에 목을 매고, 자기만이 옳으며, 다수(多數)면 모든 게 해결된다. 국회 다수당은 무슨 법이나 만들 수 있고, 대통령실을 장악한 대통령과 주변 인물은 마음대로 정책을 만들어 시행하고 있다. 정치꾼의 요란함에 모든 관료가 고달프게 눈치만 보고 있다. 소신껏, 책임 있게 정책을 추진하는 관료가 사라졌다. 정치인인 대통령, 국회의원, 장관, 도지사, 시의원, 시장, 군수는 임기제로 움직이고 있어 결과에 대한 책임을 거의 지지 않는다. 주어진 권한을 마음대로 행사하면서 국가, 부처나 기관, 지자체, 행정과 정책 시스템 전체를 망가뜨릴 수 있다. 불과 며칠이면 임기를 마치고 떠날 장관이 평생 전문 직업으로 일을 하고 있는 관료들을 불안하게 만들곤 한다. 정치인으로 등장한 국가 정보기관의 장도 조직, 기관, 자신이 이끄는 전체 직원을 위해 일하지 않고, 임명권자에게만 충성을 하고, '정치적 행동'을 보이기 쉽다.

정치인에게 기대하는 것은, 특히 정치적 기관장에게 국민이 원하는 것은 현명하고 지혜로운 정책 지향과 관료 조직 리더십이다. 못난이 정치인, 정치꾼은 '소수의, 동조하는 감성적 지지자'에 목을 맨다. 국회에 들어가 있는 정치인이나 시민 단체란 이름으로 존재하는 정치꾼, 정치인 근성을 가지고 있는 장관이나 기관장은 좀 더 현명해져야만 한다. 국가와 국민을 보고, 국가의 미래를 볼 줄 알아야 한다. 도도하게 흘러가는 우리 한국의 장대한 발전을 가늠하고 이를 촉진하는 데 조그만 긍정적 역할이라도 해야만 한다.

　정치인 출신 기관장은 소속 관료 조직을 함부로 난도질하거나 망가뜨리지 말아야 한다. 정치는 철저히 지혜로운 사람에게 맡겨져야만 한다.

3) 국가 정보의 치명적 중요성 증대

　4차 산업 혁명 시대의 도래와 함께 이제 국가 정보는 국가 안위에 치명적 영향을 미칠 수 있는 요소들에 대한 중요한 방어 기제가 되고 있다. 댓글 조작자나 불순분자, 간첩 하나 잡는 수준이 아니란 말이다. 초고속 5G 광통신과 사물 인터넷, 인공 지능 로봇, 고성능 드론과 고도의 전자 장비를 이용한 국가안보 위해 행위는 국민 모두에게 치명적인 약점으로 자리하고 있다. 국가 파괴와 범죄를 일삼는 공격적 적대 세력의 행위는 자칫 부적절하게 대처할 경우 국가와 국민 모두에게 치명적 위협으로 작용하게 되었다. 해커 조직, 불순분자에 의한 국가 테러, 요인 암살, 정부 기능 마비의 위험이 현실화하고 있다.

　대통령실과 세종 청사, 국가 전산망이나 금융 전산망이 언제라도 파괴되고 해킹을 당할 수 있다. 짧은 순간에 국가 기능이 마비될 수 있다. 우리의 고급 국가 정보를 악용한 집단에 의해 언제라도 사회 혼란, 국가 작동 불능 현상이 초래될 수 있다. 누가 이를 감시하며, 대응하고, 책임질 것인가?

　이간은 정보 환경의 변화에 대응하여 세계 모든 국가가 국가 정보 기관의 역할과 기능을 더욱 중요시하고 예산을 늘리며. 기구를 확대하고 있는 것이 오늘의 현실이다.

　다음은 위키 백과에 실려 있는 미국 정보공동체를 구성하고 있는 국가 정보기관들이다:

국가정보장실(Office of the Director of National Intelligence, ODNI)

국토안보부(United States Department of Homeland Security, DHS)

국가안보국(National Security Agency, NSA)

중앙정보국(Central Intelligence Agency, CIA)

국방정보국(Defense Intelligence Agency, DIA)

연방수사국 (Federal Bureau of Investigation, FBI)

국무부 정보조사국(Bureau of Intelligence and Research, INR)

재무부 테러금융정보실(FI)

정보분석실(Office of Intelligence and Analysis, OIA)

에너지부정보국(IN)

국가지리정보국(National Geospatial- Intelligence Agency, NGA)

국가정찰국(National Reconnaissance Office, NRO)

육군 정보보안사령부(Intelligence and Security Command, INSOCOM)

해군 정보국(Ofiice of Naval Intelligence, ONI)

공군 정보감시정찰국(The Air Force Intelligence & Surveillance and Reconnaissance Agencey, AFISRA)

해병 정보국(Marine Corps Intelligence Activity, MCIA)

해안경비대 정보국(CGI)

인터넷 검열국(IIB)

그림 6-1 | 미국의 국가정보 체계도

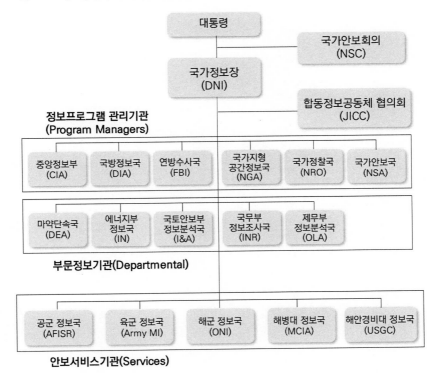

출처: 이길규, "미국의 대외정책결정에 있어 국가정보의 역할: 이라크전쟁을 중심으로".
한양대학교 대학원 박사학위논문, 2010, p.97.

정보기관은 국가를 위협하고 국민의 정상적인 경제활동을 파괴하려는 불순한 세력에 대해서 지속적으로 정보를 수집하고, 불순한 세력을 원점에서 색출하고 대처할 수 있는 권능을 필요로 한다. 유감스럽게도 현재의 대한민국에는 그 같은 인식을 가지고 움직이는 국가 조직이 국정원을 제외하고는 사실상 전무하다. 이전 정부의 더불어민주당이 국정원의 수사권 일체를 거부한 것은 시대의 변화에 눈감은 외눈박이의 무지한 소치라고 할 수밖에 없다. 국민의 눈에 띄지 않지만, 장기적 안목에서 책임감을 가지고 정보를 수집하고 분석하며 대응하는 조직이 더욱더 강화되도록 지원하는 것이 정치가 할 일이다.

국가 정보기관은 장기적으로, 폭넓은 지식과 경험을 축적하면서, 체계적이고 조직적으로 정보를 수집하고 분석하며 대처해 가야만 한다. 특히 사건이 생기고 난 이후의 치유적 대책보다는 사전 예방(early warning) 차원의 선제적 대처가 필수다. 정보와 수사가 동시에 이루어져야 하는 이유다.

국가 정보 정책과 체계를 총괄하고 국가 내의 다양한 부문정보기관은 물론 외국의 정보기관 정보 협력을 추구하면서 국제 정보 공동체 내에서 대한민국을 대표하는 종합적 조직으로서 국정원의 중요성은 아무리 강조해도 지나침이 없을 것이다.

4) 한번 버리면, 되돌릴 수 없다.

정책 변화는 매우 신중해야 한다. 더욱이 정치적 목적을 담은 대공 수사권 박탈의 예에서 보듯이 국가정보기관의 기능과 역할은 한번 망가지면 그 회복이 정말로 어렵다. 국경의 의미가 흐려지고 있는 국제 사회, 북핵 위기의 국제 정치화, 미−중 전략적 경쟁의 심화, 우크라이나 전쟁, 하마스−이스라엘 충돌 등 국제 정세의 가변성과 불가측성 증가는 국가정보기관의 중요성을 더욱 부각시키고 있다. 국제 사회가 국경이 없이 넘나들고, 북한 탈북민이 증가하며, 중국과 일본의 세력화가 두드러지고 있는 상황에서 더욱 중요해지고 있다. 무기력하게, '우리는 민주 국가니까' '우리는 북한 주민을 동포로서 껴안아야 하니까'식으로 대응해서는 안 된다. 국가의 정체성을 유지하면서 지금도 우려되고 있는 국민의 국가관 약화, 한국의 국력 약화에 대비해야만 한다. 치안과 국방, 재난 대비에 철저를 기해야 하듯이, 엄정하고 책임있는 국가정보기관의 활동으로 '국가 지키기'가 이루어져야 한다.

국가는 절대적으로 안정적으로 유지되어야 한다. 소수 정치인에 의해 좌우되거나 선동적인 일부 시민 단체에 의해 영향을 받아서는 안 된다. 국가 최고통치권자인 대통령과 여당은 '전체 국민'을 위해 모든 것을 걸고 안정적인 국가 정보 운영에 책임을 져야만 한다.

3. 현행 국가정보원법에 대한 비판적 고찰

1) 국가정보원의 명칭과 존립 목적

현 법률에는 국가정보원의 명칭이나 존립 목적에 대한 명시가 없다. 법률은 조직, 직무 범위, 업무효율성에 대한 내용으로 어설프게 시작되고 있다.

"제1조(목적) 이 법은 국가정보원의 조직 및 직무범위와 국가안전보장 업무의 효율적인 수행을 위하여 필요한 사항을 규정함을 목적으로 한다."

1961년 6월 10일, 군사혁명 정부에 의해 긴급으로 중앙정보부가 설립될 당시 만들어진 중앙정보부법 제1조 내용을 보면 다음과 같이 되어 있었다.

"제1조 (기능) 국가안전보장에 관련되는 국내외 정보사항 및 범죄수사와 군을 포함한 정부 각 부 정보 수사 활동을 조정 감독하기 위하여 국가재건최고회의 직속 하에 중앙정보부를 둔다."

현재 국가정보원법의 제1조는 중앙정보부법 제1조보다도 더욱 애매하게 시작되고 있다. 이 내용은 다음과 같은 형태로 수정되어야 한다.

"제1조(명칭) 국가 안전 보장에 관한 국가 정보를 수집, 분석, 수사, 관리하기 위한 기구로 국가정보원을 둔다.

제2조(목적) 국가정보원은 국가 안전 보장에 대한 총괄 책임을 지고 국가 정보의 지속적 수집과 분석 및 관리를 통해 국가 안보 저해 요소를 사전에 차단하고 국가와 국민의 항구적 발전에 기여한다."

2) 국가정보원의 소속

국가정보원은 그동안 최고통치권자인 대통령 소속으로 되어 있었다. 이런 조직 체계는 전쟁기나 국가건설기, 총체적 경제 발전을 추진하던 시기에는 매우 효율적이었다. 하지만 국력 성장과 정치적 민주화의 성취로 삼권 분립이 엄격해진 현재의 한국 상황에서는 그 효용성에 대한 의문이 제기되기도 한다.

"제2조(지위) 국가정보원은 대통령 소속으로 두며, 대통령의 지시와 감독을 받는다."

이런 조항은 정치적 민주화 시대의 국가정보원이 정치 바람을 탈 수밖에 없는 상황을 만들었다. 5년마다 교체되는 대통령, 또 성격이 매우 다른 정치권의 여야 교체에 따라 정치적 중립성이 상실되고 '난도질당할' 위험성을 만들어냈다.

국가정보원이 대통령의 지시 사항을 이행하는 것이 국가 안보를 위해 당연하다고 하는 경우에도 일상적이고 순수한 국가 안보 활동에 대해서는 대통령의 영향력이 최소화되도록 만들어져야 한다. 예를 들면 국가정보원이 북한의 사이버 공작을 차단하기 위해 벌리는 활동이 자칫하면 대통령이 선거 과정에서 여당 대통령 후보나 국회의원 후보를 당선시키기 위한 정보활동을 지시(예, 댓글 공작)하는 형태로 전이될 위험성이 언제라도 등장할 수 있다. 국가 안보 차원에서 이루어지는 사이버 안보 활동은 대통령 지시와 관계없이 초지일관 진행되어야만 한다.

중요한 것은 현직 대통령에 의해 임명되고 그의 지시를 받는 국가정보원장이 국가 정보 요원들의 '일상적이고, 정례화 된 정보활동'을 자의적으로 관여하지 못하게 해야 한다는 점이다. 이런 안전장치로는 국가 정보요원들의 정보활동에 부서별, 기관별 독립성을 적당한 수준에서 부여하는 방법이 있다.

국가정보원을 대통령 소속으로 그대로 둘 경우에는 국가정보원장의 임기를 대통령 임기와 관계없이 법률적으로 보장해주는 방안을 고려할 필요가 있다. 한번 임명된 원장은 대통령 임기나 국회의원 임기와 관련 없이 안정적으로 근무할 수 있어야 한다. 이때의 전제 조건은 국가정보원이 완벽하게 '정치적 중립성을 확보'하고 있다는 대국민 신뢰성이다. 그렇지 못할 경우에는 오히려 현재와 같이 대통령 임기와 함께 연동시키는 것이 바람직하다.

3) 국가정보원의 운영 원칙

법률 제3조에 있던 수사권을 없애고 난 뒤의 법률은 대부분 '금지'에 대한 내용뿐이다. 국가정보원법이 아니라 '국가정보원 활동 금지법'인 셈이다. 국가정보원 활동에 관한 내용은 부속 법령인 사이버 안보 업무규정, 국가 사이버 안전 관리규정, 보안 업무규정, 보안 업무 규정 시행규칙, 방첩 업무 규정, 안보 관련 우주 정보 업무규정을 봐야만 국가정보원에서 무슨 일을 어떻게 하는가를 가늠할 수 있다.

> **제3조(국정원의 운영 원칙)** ① 국정원은 운영에 있어 정치적 중립성을 유지하며, 국민의 자유와 권리를 보호하여야 한다. ② 국가정보원장·차장 및 기획조정실장과 그 밖의 직원은 이 법에서 정하는 정보의 수집 목적에 적합하게 정보를 수집하여야 하며, 수집된 정보를 직무 외의 용도로 사용하여서는 아니 된다."

국가정보원에서는 중앙정보부 당시부터 사용되던 모토인 '우리는 음지에서 일하고 양지를 지향한다'는 행동 원칙을 최근에 다시 부활시켰다. 국가정보 활동의 비밀성을 최대한 유지하면서 원대한 국가 발전을 지향한다는 책임 의식을 담고 있다. 위 3조에서는 이런 모토에 더해서 정치적 중립과 국민의 자유와 권리 보호를 천명하고 있다.

여기에 더해서 정보원의 긍정적 활동을 표현하는 원칙도 몇 가지 항목을 제시해야 할 것이다. 예를 들면 다음과 같은 것들이다.

- 국가정보원의 국가 정보활동은 비밀을 원칙으로 한다.
- 국가정보원은 국가 안보를 위해 선제적으로 접근하여 발생 위험 요소를 최소화해야 한다.
- 국가 정보 활용의 효율성을 높이기 위해 관련 국가 및 국제기구, 공공 기관 등과 긴밀한 협력 관계를 구축한다.
- 국가 안보를 위해 긴급하다고 판단될 경우에는 대통령 및 국회와의 조율을 거쳐 긴급 명령이나 조치를 취할 수 있다.

4) 국가정보원의 임무

국가정보원의 임무에 대해서 법에는 나열식으로 되어 있다. 하지만 국가 안보에 관련된 활동 내용을 나열식으로 제시하는 것 자체가 문제가 된다. 왜냐하면 국가 안보를 위협하고 국가 안보에 해당하는 정보의 종류는 헤아릴 수 없을 정도로 다양하고 많기 때문이다. 더욱이 새롭게 조성되는 국가 정보 환경에서는 법 제정 당시에 전혀 '예측 불가한' 경우도 많다. 현재와 같은 정치적 환경하에서는 새로운 국가안보 사안에 대해서 법 규정을 빠른 시일 내에 개정하여 대처하는 것이 불가능하다.

국가 안보와 관련된 정보나 활동 내용을 크게 대분류하고 유형화하여, 선언적으로 표명하는 것이 좋다. 가까운 미래에 발생 가능한 국가 정보에 대해서도 '선언적으로' 제시해 놓는 것이 필요하다.

가) 핵심 국가정보에 대해 무제한의 원칙(Open-ended principle) 적용

국가정보원은 국가 안보와 관련된 중요하고 긴급한 국가 정보 수집, 분석, 조사 활동을 수행한다. 국가 정보의 역사적 흐름을 지속적으로 관찰하고 따라잡으며, 현재와 미래에 전개될 수 있는 국가 안위 위험 요소를 사전에 제거하고 예방해야만 한다. 다양한 영역의 국가 정보를, 총체적 관점에서, 과거-현재-미래 변화 가능성까지 고려하면서 대처해야 한다. 그래서 기본적으로 국가정보원의 국가 정보활동에 대한 제한은 최소화 해야만 한다. 국가 안보에 관한 국가 정보는 전방위적으로, 모든 사람에 의해, 모든 영역에서 발생할 수 있다. 국가정보원의 국가 정보 관련 활동은 사전적-사후적, 예방적-치유적, 공개적-비공개적, 지시적-자발적, 현시적-비현시적으로 다양하게 이루어져야 한다. 그래서 모든 활동 내용을 법률로 일일이 제시하기가 곤란하다.

"제4조(직무) ① 국정원은 다음 각 호의 직무를 수행한다.

1. 다음 각 목에 해당하는 정보의 수집·작성·배포

　　가. 국외 및 북한에 관한 정보

　　나. 방첩(산업경제정보 유출, 해외연계 경제질서 교란 및 방위산업침해에 대한 방첩을 포함한다), 대테러, 국제범죄조직에 관한 정보

　　다. 「형법」 중 내란의 죄, 외환의 죄, 「군형법」 중 반란의 죄, 암호 부정사용의 죄, 「군사 기밀 보호법」에 규정된 죄에 관한 정보

　　라. 「국가보안법」에 규정된 죄와 관련되고 반국가단체와 연계되거나 연계가 의심되는 안보침해 행위에 관한 정보

　　마. 국제 및 국가배후 해킹조직 등 사이버안보 및 위성자산 등 안보 관련 우주 정보

2. 국가 기밀(국가의 안전에 대한 중대한 불이익을 피하기 위하여 한정된 인원만이 알 수 있도록 허용되고 다른 국가 또는 집단에 대하여 비밀로 할 사실·물건 또는 지식으로서 국가 기밀로 분류된 사항만을 말한다.)에 속하는 문서·자

재·시설·지역 및 국가안전보장에 한정된 국가 기밀을 취급하는 인원에 대한 보안 업무. 다만, 각급 기관에 대한 보안감사는 제외한다.
3. 제1호 및 제2호의 직무수행에 관련된 조치로서 국가안보와 국익에 반하는 북한, 외국 및 외국인·외국단체·초국가행위자 또는 이와 연계된 내국인의 활동을 확인·견제·차단하고, 국민의 안전을 보호하기 위하여 취하는 대응조치
4. 다음 각 목의 기관 대상 사이버공격 및 위협에 대한 예방 및 대응
5. 정보 및 보안 업무의 기획·조정
6. 그 밖에 다른 법률에 따라 국정원의 직무로 규정된 사항"

이런 법률 속 내용은 현재 중요하다고 생각하는 것에 대한 예시 수준에 불과하다. 수많은 경우의 수를 모두 고려하여 법률 속에 담는 것은 불가능하고 실익이 없다.

나) 예외적 활동 금지: 네거티브 규제 원칙(Negative regulation principle)

국가 정보 관련 모든 활동을 인정하되 넘지 말아야 할 경계선을 정해두는 것이 네거티브 규제 장치다. '~한 일은 해서는 안 된다'라고 법률로 정해 놓는 것이다.

"**제22조(직권남용죄)** ① 제13조를 위반하여 사람을 체포 또는 감금하거나 다른 기관·단체 또는 사람으로 하여금 의무 없는 일을 하게 하거나 사람의 권리 행사를 방해한 사람은 7년 이하의 징역과 7년 이하의 자격정지에 처한다.

제23조(불법감청·위치추적 등의 죄) ① 제14조를 위반하여 우편물의 검열·전기통신의 감청 또는 공개되지 아니한 다른 사람의 대화를 녹음·청취한 사람은 1년 이상 10년 이하의 징역과 7년 이하의 자격정지에 처한다. ② 제14조를 위반하여 위치정보 또는 통신사실확인자료를 수집한 사람은 5년 이하의 징역 또는 5천만원이하의 벌금에 처한다. ③ 제1항 및 제2항에 규정된 죄의 미수범은 처벌한다.

제11조(정치 관여 금지) ① 원장·차장 및 기획조정실장과 그 밖의 직원은 정당이나 정치단체에 가입하거나 정치활동에 관여하는 행위를 하여서는 아니 된다. ② 제1항에서 정치활동에 관여하는 행위란 다음 각 호의 어느 하나에 해당하는 행위를 말한다.

제14조(불법 감청 및 불법위치추적 등의 금지) 원장·차장·기획조정실장 및 그 밖의 직원은 「통신비밀보호법」, 「위치정보의 보호 및 이용 등에 관한 법률」, 「형사소송법」 또는 「군사법원법」 등에서 정한 적법절차에 따르지 아니하고는 우편물의 검열, 전기통신의 감청 또는 공개되지 아니한 타인 간의 대화를 녹음·청취하거나 위치정보 또는 통신사실확인자료를 수집하여서는 아니 된다."

정치 활동 금지에 관한 규정이 매우 엄격한 것은 그동안 국가정보 활동 중 적지 않은 부분이 국내 정치와 관련되었다는 인식 때문일 것이다. 국가정보원이 정치적 영향권에서 벗어나기 위해서는 철저하게 정치적 중립을 유지해야만 한다. 현재의 국가정보원법은 정보원의 활동 영역을 축소하고 언제라도 처벌 가능하도록 만들어져 있다고 보아야 한다.

정치 활동 금지를 위해서는 정당 소속인 대통령의 지시를 곧이곧대로 수용하지 말고 냉정하게 국가 안보의 관점에서 판단해야만 한다. 아울러 집권여당의 요구 사항에 대해서도 올바른 판단이 있어야 한다. 대통령이나 정권이 5년 임기에 따라 교체될 수 있음을 고려하여 사후에 정치적 보복의 대상이 되지 않도록 주의해야 할 것이다.

법률 내용 중 각종 처벌 규정은 '국가 정보'의 모호성, '사전적, 비현시적' 정보활동 등의 특수성을 고려하여 최대한 관대하게 적용되어야 한다. 현재처럼 '정치적 보복' 차원에서 국가 정보원의 정보활동을 심사하고 처벌한다면, 정보원의 활동은 크게 위축될 수밖에 없을 것이다. 실현되기 이전의 '가능성 차원'의 국가정보에 대해서도 적극적으로 대처해 가야만 하는 국가정보원의 활동을 사후에, 일일이 처벌하려 한다면 국가정보원의 어느 누구도 능동적인 활동을 하려 하지 않을 것이다. 국가정보원의 복지부동(伏地不動)은

곧바로 국가 안보의 위기로 이어질 수 있다.

국가 정보활동에 대한 네거티브 원칙은 국가 정보활동을 대부분 인정하는 것을 전제로 한 것이다. 법규 속에 '금지'조항이 지나치게 많이 나열되는 것은 이런 네거티브 원칙을 위배하는 것이다.

다) 북한 관련 국가정보가 최우선(Primacy of NK Intelligence)

국가정보원의 국가정보 활동 속에 북한 관련 정보는 가장 중심에 있다. 북한은 비록 '한 민족' '동족'처럼 여겨지고 있지만 현실적으로는 대한민국의 존립, 국가 안보를 위협하는 최대 적대 세력이다. 지난 문재인 정부 기간 동안 통일이나 화해 무드를 타고 마치 적대 세력이 아닌 것처럼 국민을 호도 했었지만. 북한은 여전히 핵을 개발하고 미사일을 쏘아 대는 가장 위험한 적대 세력이다. 국가정보원의 활동 목적인 국가안보, 국민과 국가보호의 최우선이 북한에 의한 대한민국 위협을 막기 위한 정보활동이 되어야 하는 이유이다. 몇 년 전 법률 개정을 통해 대공수사권을 없애고, 모든 것을 경찰에 이관하도록 했지만, 이는 근본적으로 해서는 안 될 일이었다.

대공수사 활동은 국가정보원이 존립하는 한 가장 우선해서 수행해야 할 임무이다. 비록 국가정보원법 개정을 통해 대공수사권의 경찰 이관을 결정 했다지만, 국가정보원의 대공 수사 활동은 비밀스럽게 지속되어야만 한다. 국가정보원의 대공 수사권이 사라진 기간 동안에는 경찰, 검찰, 국군방첩사 령 등과 긴밀한 협조 체제를 만들어 대처해야만 할 것이다.

국가정보원 측에서는 잘못 개정된 국가정보원법의 원상회복을 지속적으로 시도하여 관철시켜야만 한다. 한시적인 정권, 5년 임기의 대통령의 정책 방향보다도 중요한 것은 '국가와 국민, 국가 안보'이기 때문에 정치권의 잘못된 정치적 판단에 쉽사리 추종해서는 안 된다.

국가정보원의 정보활동에 대해 특정 영역을 제외한다는 것은 심각한 문제이다. 국정원의 정보활동을 국내와 국외로 구분하는 것도 불가능한 일이다.

현대 사회는 인터넷과 통신, 자유로운 국경 이동을 통해 국내와 국외뿐만 아니라 지역적인 구분마저도 무의미하다.

또 정보 수집을 전제로 하는 조사와 형법상 범죄혐의의 증거를 찾아 공소를 유지하기 위한 수사와의 분리도 신중해야만 한다. 조사만 하고 수사는 하지 못하게 한다든가, 북한 관련 정보활동을 국내에서는 하지 못하도록 하는 것도 극히 비현실적이다. 이런 법률 내용은 거의 지켜지지 않고, 지키기도 어려운 것으로서 사문화될 가능성이 높다.

라) 국가정보관련 수사권: 가외성 원칙(Redundancy principle)

국가 정보활동은 국가 여러 기관에서 중복, 중첩 형태로 이루어져야 한다. 이것이 가외성 원칙이다. 예를 들면 자동차에는 브레이크가 두 개가 있다. 하나는 발 브레이크이고 다른 하나는 손 브레이크다. 어느 하나가 고장 났을 경우에 다른 하나로 보완해야만 대형 사고를 막을 수 있기 때문이다. 국가 정보활동도 국가정보원은 물론 경찰, 검찰, 군, 관세청, 기획재정부, 행정안전부 등 여러 관련 기관에서 2중, 3중으로 수집, 분석, 조사, 수사, 대처해야만 한다. 미국의 경우에 수많은 국가 정보기관이 중복으로 활동하고 있는 것을 보면 알 수 있다. 특히 대공수사 활동은 경찰이라는 한 기관에서만 담당하는 것보다는 기존의 국가정보원과 경찰, 검찰, 군이 중첩적으로 수행하는 것이 더 효율적이며 각 기관 간의 정보 교류를 통해 좀 더 정확하고 신속한 대공수사의 목적을 달성할 수 있다. 통합이나 단일화가 좋아 보이지만, 대구 지하철 참사에서 나타났던 것처럼 통합된 중앙 통제실 관리자가 졸거나 임무에 태만할 경우 국가안보의 대형참사로 비화할 수 있는 것이다.

이중 브레이크 장치와 같은 중첩 기능을 낭비적 요소로 여길 수도 있겠으나 국가안보의 관점에서 보면 매우 합리적인 안전장치이다.

장석광(동국대) 교수의 글에 의하면 지난 법률 개정을 통해 국가정보원의 6개 '국가안보수사' 권한이 사라진 것으로 되어 있다.

"(개정 전) 국가정보원법은 국가정보원으로 하여금 국가안전보장 업무를 수행하게 하면서 국가안보를 위태롭게 하는 여섯 가지 범죄 유형, 즉 형법 중 내란의 죄 및 외환의 죄, 군형법 중 반란의 죄와 암호부정사용 죄, 군사기밀보호법에 규정된 죄, 국가보안법에 규정된 죄에 수사권을 부여하고 있다. … 현행 법령 상 정보수집, 조사, 수사에 대한 명확한 정의 규정은 없으나, 조사의 일종인 '행정조사'에 대하여 행정조사기본법에 정의 규정을 두고 있는 데 비해, '수사'는 형사소송법 제196조와 제197조의 해석에 의해 '범죄의 유무와 체포 및 증거 수집을 위한 활동'으로 정의함이 일반적 견해이다. 통상 '조사'나 '수사' 활동에는 '정보수집'이 수반되고 일부 법령 또는 실무적으로 '조사'가 '수사'에 비해 포괄적 개념으로 사용되기도 하나, '정보수집'과 '조사'는 '수사'와 달리 대상자에 대한 압수수색 · 인식구속과 같은 법적으로 부여된 강제력은 행사할 수 없다는 점이 가장 큰 차이점이라고 할 수 있다."

글 내용을 통해 추리해 보면 국가정보원이 검사처럼 압수 수색, 인신 구속권을 행사할 수 있는지가 여부가 관건이다.

초국가적 범죄들은 해외에서 조직되고 준비되어, 통상적인 방법으로는 증거확보가 어려울 뿐만 아니라 소환이나 압수수색, 피의자 신문 등 전통적인 범죄수사 기법으로는 범죄를 적발하거나 수사할 수 없는 경우가 대부분이다. 대개는 감청이나 외국정보기관과의 공조를 통해 그 실상을 알 수 있다. 그러나 사전 음모 단계에서 이를 예방하지 못하면 엄청난 피해에 직면하게 되며, 발생한 범죄사건에 대한 사후적 확인은 이미 상대 세력의 작전 성공을 의미하는 것이다. 초국가적 범죄를 개별 사건으로 형사처벌 한다고 해서 범죄예방이나 교화적 의미가 없을 뿐 아니라 해외정보 없이는 처벌도 용이하지 않다는 측면에서 정보와 수사의 융합이 필연적으로 요청된다. 대형화 · 국제화되어가는 국제조직범죄 등에 대처하기 위해서는 정보공동체와 법 집행 공동체의 협력이 불가피한 것이다(채성준 · 임석기, 2018).

마) 국경없는 국가 정보활동: 국경 초월의 법칙(Borderless principle)

현대는 국가 정보의 영역 구분이나 국경이 존재하지 않는 사회다. 자본과 노동의 원활한 국가 간 이동, 국경을 넘나드는 국제 교류 비즈니스와 관광, 멜팅 팟(melting pot)으로 일컬어지는 다인종 혼합 사회가 펼쳐져 있다. 인공지능을 갖춘 컴퓨터와 사무기기들은 기존의 국가 간 경계 구분을 무의미하게 만들고 있다. 국가 정보를 특정한 분류 방식으로 구분하는 것 자체가 불가능해졌다.

국가 정보활동을 국내와 국외로 구분 짓는 것이 불가능해졌고 무의미해졌다. 중국에 거주하는 사람이, 미국에 있는 컴퓨터나 플랫폼을 활용하여, 한국의 정보 사이트를 공격하는 경우가 있다. 이럴 경우에는 중국, 미국, 한국의 국경을 넘나들면서 동시에 정보수집과 수사활동을 전개해야만 한다.

기본적으로 국가정보원은 국외에서의 정보활동을 주로 하고, 검찰과 경찰 등은 국내에서의 정보수집과 수사업무를 담당한다. 하지만 국외의 반정부 세력이 국내와 연계되어 활약하고, 국내범죄가 국외로 연결되는 국면이 도래하면 국가 정보원과 경찰이나 검찰의 활동영역을 국경으로 못 박는 것은 매우 위험한 발상이다. 각 부문의 활동영역을 원칙적으로 구분해 놓되, 필요할 경우에는 양자 간의 공동 협력이나 필요한 적정 수준만큼 국경을 넘어서도 활동할 수 있게 해야 한다.

바) 국정원의 국가정보 총괄조정 통제권(National intelligence coordination center)

지금까지 국가정보원은 국가 안보와 관련된 주요 국가 정보의 총괄, 기획 조정, 통제 기능을 수행해 왔다. 이는 여러 기관에 분산되어 있고, 경우에 따라서는 중첩되어 있는 국가차원의 정보를 최종적으로 통합 관리할 필요가 있기 때문이다. 정보의 신뢰성을 판단하고 완벽한 정보를 생산해 내기 위해서 필요한 기능이다.

"**제5조(국가기관 등에 대한 협조 요청 등)** ① 원장은 직무 수행과 관련하여 필요한 경우 국가기관이나 그 밖의 관계 기관 또는 단체에 대하여 사실의 조회·확인, 자료의 제출 등 필요한 협조 또는 지원을 요청할 수 있다. 이 경우 요청을 받은 국가기관 등의 장은 정당한 사유가 없으면 그 요청에 따라야 한다. ② 직원은… 직무수행을 위하여 필요한 경우 현장조사·문서열람·시료채취·자료제출 요구 및 진술요청 등의 방식으로 조사할 수 있다. ③ 국정원은 … 직무수행과 관련하여 각급 수사기관과 정보 공조체계를 구축하고, 국정원과 각급 수사기관은 상호 협력하여야 한다."

그러나 위 규정은 대공 수사권을 폐지하면서 대체재로 등장한 행정조사의 근거 규정에 불과하고, 국가정보 총괄조정 통제권과는 무관하다.

국가정보원에서 수사 기능을 삭제하고 북한의 한국 적대 행위와 관련한 국가정보원의 국내 수사 활동을 금지하는 개정 법률이 시행되는 시점에서는 국가정보원의 국가정보 조정 통제권을 새롭게 정립해야만 한다. 여전히 국가정보원이 총괄 통제권을 행사하던가 아니면 대통령 직속으로 또 다른 기구나 조직을 두어야 할 것이다.

5) 국가정보원의 조직, 인사

가) 국가정보원 원장: 준 임기제(準 任期制)

현재 국가정보원 원장은 비록 국회 청문회를 거쳐야 하는 정무직이지만 임기가 정해져 있지 않다. 그래서 대통령이 자신의 정치참모를 임명하는 정도로 생각하는 경우가 많았다. 그러다 보니 국가정보에 관한 전문성이 없고, 책임감도 없는 '정치꾼'이 임명되는 경우가 있었다. 임기 중에 국가정보원 설립 목적과는 상관없이 임명권자인 대통령의 의도만을 쫓아 봉사하는 경우가 적지 않았다. 그런 원장에 의해 임명되는 차장이나 기획조정실장도 마찬가지였다.

"제9조(원장·차장·기획조정실장) ① 원장은 국회의 인사 청문을 거쳐 대통령이 임명하며, 차장 및 기획조정실장은 원장의 제청으로 대통령이 임명한다. ② 원장은 정무직으로 하며, 국정원의 업무를 총괄하고 소속 직원을 지휘·감독한다."

국가정보원 원장이 대통령의 정치적 판단에 종속되지 않게 하기 위해서는 3년이나 5년 정도의 임기를 보장하는 것이 필요하다. 임기가 보장된 원장은 소신껏 국가정보원을 이끌어 안정적인 국가안보 활동을 하도록 할 수 있다.

하지만 국가정보원장이 전임 대통령에 의해 임명된 뒤 신임 대통령의 안보관과 상충하는 경우가 생기는 것도 문제가 된다. 그래서 완전한 임기제보다는 준 임기제가 필요하다. 준 임기제란 원장의 임기를 보장하되 일정한 조건을 붙여 신임 대통령 취임 시에 재신임을 묻는 것이다.

국가정보원 원장이 정치적 중립을 지키지 못하거나 부패, 무능력한 것으로 판명될 경우에는 오히려 임기제로 인한 폐해가 나타날 수 있다. 이에 대한 대비책도 필요하다. 신임 대통령 취임 후 기존 원장의 임기를 보장할 것인가에 대한 평가 체제가 필요하다.

나) 국가정보원의 독립

국가정보원을 대통령 직속 기관보다는 감사원처럼 준 독립 기관화하는 것도 고려해 볼 만한 방법이다. 임기가 보장되고, 대통령과 여당의 눈치를 많이 보지 않아도 되기 때문이다.

그렇다고 해서 국가정보원을 국회 소속으로 하는 것은 별로 바람직하지 않다. 국가정보원의 국가 정보활동도 엄연히 행정영역에 속하기 때문이다. 다만 일부 의견으로 국가정보원을 대통령 산하의 국가정보위원회로 만드는 방안을 제시하기도 한다. 하지만 행정업무 수행의 효율성 차원에서 위원회보다는 원장이 이끄는 관료제 형태가 바람직하다. 물론 대통령 소속으로 국가정보위원회를 설치하고 이를 통해 현재와 같이 국가정보원을 지원, 견제토록 할 수는 있다. 국가 정보업무의 중요성을 부각하는 효과도 기대할 수 있다.

다) 국가정보 요원의 계급정년 폐지

국가정보원 직원의 계급정년은 반드시 폐지되어야 한다. 평균 수명이 60세 전후일 때 만들어진, 군인 계급정년을 토대로 만들어진 직원 계급정년은 다른 국가공무원과 비교할 때 지나치게 짧다. 국가 정보원의 전문성 확보에 걸림돌이 되고 잘 육성된 국가 정보 전문가를 제대로 활용하지도 못하게 만들고 있다. 최고의 국가 정보 전문가가 50세 전후에 퇴직을 한다는 것은 국가적으로 크나큰 손실이다.

전투를 전제로 하는 군인의 경우에는 육체적 능력이 많이 필요하다고 하지만 국가정보원의 경우에는 외부 현장 투입요원이 아닌 경우에는 대부분 내부에서 정보수집, 분석, 조사, 수사 임무를 담당하는 요원이다. 이들에게 지나치게 엄격한 계급정년을 강요할 필요가 없다.

"**제22조(정년)** ① 직원의 정년은 다음과 같다. 〈개정 2014. 1. 7.〉
1. 연령 정년: 60세
2. 특정직직원의 계급 정년
　　가. 2급 직원: 5년　　나. 3급 직원: 7년
　　다. 4급 직원: 12년　　라. 5급 직원: 18년"

연령정년이 60세인 것도 다른 부처 공무원과 비례하여 상향 조정할 필요가 있고, 계급정년은 상위 직급 정원수가 제한되어 있는 경우에는 지나치게 가혹한 규정이 된다. 또한 계급정년제는 직원들의 외부 줄 대기, 조직 내부의 반목과 갈등의 원인을 제공하기도 한다. 하루빨리 국가정보원 직원법을 개정하여 계급정년제를 폐지해야 한다.

국가정보원 직원의 근무, 정년은 기본적으로 국가공무원법을 적용하면 된다. 다만 국가 정보요원 업무의 특수성을 감안하여 직무 연속성, 퇴직 후 재고용 여부 등을 적절히 고려하여 근무 방식을 정하면 될 것이다.

6) 국가정보원에 대한 국민 통제

정치권이 정략적 의도에 의해 국정원의 대북관련 정보활동을 제한하고 수사권을 폐지하는 방식으로 국정원의 활동을 규제하는 일이 재발해서는 안 될 것이다. 국민의 대표기관인 국회와 소속 정부위원회의 합리적 운영을 통해 수시로 청문, 국정조사, 감사의 방식으로 국정원에 대한 통제가 이루어지도록 이해 당사자들의 의지와 노력이 필요하다.

"**제4조(직무)** ② 원장은 제1항의 직무와 관련하여 직무수행의 원칙·범위·절차 등이 규정된 정보활동기본지침을 정하여 국회 정보위원회에 이를 보고하여야 한다. 정보활동기본지침을 개정한 때에도 또한 같다. ③ 국회 정보위원회는 정보활동기본지침에 위법하거나 부당한 사항이 있다고 인정되면 재적위원 3분의 2 이상의 찬성으로 시정이나 보완을 요구할 수 있으며, 원장은 특별한 사유가 없으면 그 요구에 따라야 한다. ④ 제1항제1호부터 제4호까지의 직무 수행을 위하여 필요한 사항과 같은 항 제5호에 따른 기획·조정의 범위와 대상 기관 및 절차 등에 관한 사항은 대통령령으로 정한다.

제15조(국회에의 보고 등) ① 원장은 국가 안전보장에 중대한 영향을 미치는 상황이 발생할 경우 지체 없이 대통령 및 국회 정보위원회에 보고하여야 한다. ② 원장은 국회 정보위원회가 재적위원 3분의 2 이상의 찬성으로 특정사안에 대하여 보고를 요구한 경우 해당 내용을 지체 없이 보고하여야 한다."

이런 통제 장치가 있는데도 불구하고 국가정보원법 개정을 통해 억지로 대공 수사권을 경찰로 이관한 것은 소탐대실(小貪大失)이다. 개정 국가정보원법이 시행되는 2024년 이전에 국가정보원의 대공 수사권을 되돌리고, 대공 수사 활동을 다시 허용하는 식으로 법률 개정 작업이 이루어져야 한다. 그러나 현실정치 상황에서는 불가능하다. 이후에라도 국가정보원의 대공 수사권은 정상화 되어야 한다.

7) 내부 고발자 관련 조항의 폐지

재야 운동권이나 시민단체 차원에서 선호하는 내부 고발자 관련 조항을 국가정보원법에 넣는 것은 참으로 격에 맞지 않는다. 현대 한국의 헌법이나 각종 민주화된 법률 체제 속에서 얼마든지 내부 고발자 보호 조치를 취할 수 있기 때문이다.

"제11조(정치 관여 금지) ④ 직원이 제3항의 규정에 따라 이의제기 절차를 거친 후에도 시정되지 않을 경우, 오로지 공익을 목적으로 제2항에 해당하는 행위의 집행을 지시받은 사실을 수사기관에 신고하는 경우 「국가정보원직원법」 제17조의 규정은 적용하지 아니한다. ⑤ 직원이 제4항에 따라 수사기관에 신고하는 경우 원장은 해당 내용을 지체 없이 국회 정보위원회에 보고하여야 한다. ⑥ 누구든지 제4항의 신고자에게는 그 신고를 이유로 불이익조치(「공익신고자 보호법」 제2조제6호에 따른 불이익조치를 말한다)를 하여서는 아니 된다."

이 조항은 폐지하고, 다른 내부고발자 보호 법률의 도움을 받도록 해야 한다.

8) 국가정보원의 조직 문화

국가정보원이 당면하고 있는 위기는 외적 요인에 의해서도 비롯될 수 있지만 내부적 요소도 간과할 수 없다. 국가정보원 요원의 근무 자세나 사명감, 국가에 대한 충성심 등이 중앙정보부 창설 당시에 비해 많이 약화된 느낌을 주고 있다. 국가 전체의 경제 사회 역량이나 그에 동반해서 진화해 온 국정원의 조직 규모나 재정, 대공 수사 기법과 정보력, 요원들의 역량이 꾸준히 성장 발전해 왔음은 분명하다. 하지만 최근 국정원 상황을 자세히 들여다보면 적지 않은 문제점이 발견되고 있다.

가) 국가정보원 인재상의 변화

국가정보원의 인재상을 보면 '투철한 애국심과 사명감, 최고의 업무 전문성으로 모든 안보위협에 선제적으로 대처하는 최고의 정보요원'을 지향하고 있다. 국민이 기대하는 국정원 요원들의 인재상이기도 하다. 하지만 속내를 들여다보면 결코 자신할 수가 없다.

새롭게 충원되는 직원들은 한 세대 전의 직원들과는 사뭇 다른 사고방식과 생활 태도를 지니고 있다. 젊은 국정원 직원들은 가난과 전쟁을 모르고, 풍요로운 경제 사회 분위기 속에서 교육받고 성장한, 자유 민주 사상에 투철한 인물들이다. 자기 소신이 뚜렷하고 조그마한 불이익이나 불의에도 참지 못하는, 또 조직이나 상관, 국가에 대한 충성심보다도 개인적 자유와 행복 추구에 적극적이다.

근래 채용된 신입 직원들은 국가안보에 대한 사명감이나 책임 의식보다는 '안정된 국가 공무원'이라는 관점에서 국가정보원을 선택한 경우가 많은 것으로 알려지고 있다. 삼성이나 LG, 현대와 같은 고소득을 보장하는 직장을 국정원 근무보다 선호하며 언제라도 이직(移職)을 생각하면서 근무에 임하려고 한다. 국정원에서 높은 연봉을 보장하지 않는 한 이직의 유혹에 빠져들기 쉽다.

최근의 풍요로운 대한민국의 분위기 속에서 국가정보원 직원들도 '9 to 6' 근무를 선호하고 가족과 함께 하는 행복을 추구하며, 여가 활동을 즐기는 워-라벨(work-life balance)을 찾는다. 국가정보원이 내세우는 인재상(人才象)이라기보다는 일반 기업이나 단체에서 요구하는 인재상과 별로 다를 바가 없다. 그만큼 국정원이 추구하는 '국가안보에 투철한' 인재가 되지 못할 수 있다는 우려가 커져가고 있다.

나) 조직 문화는 변화 중

국가정보원의 조직 문화를 생각하면 '국가 안보'라는 최고의 목표, 비전을 완성하기 위해서 전 직원이 일사불란하게 총력으로 매진하는 것이 상상된다. 전형적인 관료제, 상명하복의 피라미드 조직, 명령과 복종의 지휘 체제, 강력한 리더십과 충성심 강한 부하 조직을 떠올린다. 정보 요원들은 최정예 군인이거나 가장 지혜로운 인재, 목표를 향해 온 정성을 다하는 열사(烈士)일 것 같은 존재다. 그 대단한 007 제임스 본드가 떠오른다. 어쨌든 '음지에서 일하면서 양지를 지향하려는' 전형적인 국가정보 요원들은 스스로도 그런 인재가 되려는 의지가 강했었다. 국민 모두가 국가 안보를 맡겨 놓아도 될 만큼 든든한 존재였다.

하지만 최근의 분위기는 심상치 않다. 일반 기업체 근무자처럼 행동하는 요원들이 많아졌다. 철저히 이기적이고, 이해타산을 따지며, '적당히' 근무하면서 승진이나 고액의 연봉을 받고자 하는 분위기가 만연해지고 있다. 편안한 근무를 원하고, 워라밸을 추구하며, 사사건건 이해타산을 따지려는 직원들이 많아지고 있다. 개인주의가 우선시되는 조직에서는 자기희생과 함께 조직 목표를 향해서 전력 질주하는 사명감 강하고 충성심 높은 정보 요원을 기대하기 어렵다.

공무원의 정치적 중립성이나 정보 요원의 국가에 대한 냉철한 충성심이 확보되기가 어려워지고 있다. 일반 국민처럼 정보 요원들도 선호하는 정치인, 지지 정당, 좋아하는 이념을 내세우려 한다. 국가정보원의 정치적 중립성에 연연하지 않고 요원들 모두가 자기 방식대로 정치적 지향성을 내세우고 있다. 정치적으로 임명된 원장과 그에 의해 발탁된 고위직 부서장에 '정치적으로 선을 대고' 조직 내 승진이나 좋은 보직을 받기 위해 눈치를 살피는 이들이 많아졌다. 국정원의 목표나 국민에 대한 충성보다도 '이기적 목적에서' 상관에 복종하려는 태도를 보이는 이들이 적지 않다.

자유민주주의 국가에서는 개인의 자유와 조직의 민주화를 적극적으로 보장하고 추진하게 되어 있다. 국가정보원의 조직 문화도 이런 대한민국의 자유 민주 문화에 편승하고 있다. 그래서 신규 젊은 요원들의 사고 방식과 행태, 조직관, 국가 안보에 대한 사명감을 새롭게 조명하고 이를 적극적으로 반영한 조직 문화를 만들어 가야만 한다.

다) 새로운 조직 문화의 창달

국가정보원이 지속적으로 발전해 가면서 국가 안보의 중추 기관으로 존립하기 위해서는 새 시대에 맞는 새로운 조직 문화를 조성해가야만 한다. 능동적으로 법제를 개편하고, 기관장과 기존 요원들이 선도적으로 조직 문화를 일신해가야만 한다. 몇 가지 고려 가능한 방안에 대해 살펴보고자 한다.

첫째, 국정원 요원, 직원들의 권위를 높이고 스스로 긍정적 자부심을 가질 수 있도록 지속적인 교육과 처우 개선을 꾀해야 한다. 맡은 바 임무에 열정적으로 일하면서 자부심과 보람을 충분히 향유할 수 있도록 만들어야 한다. 이는 원장을 비롯한 부서장들이 책임을 지고 앞장서야만 가능할 것이다. 권위를 높여주는 방법으로는 여러 가지가 있을 것이다. 고학력과 능력 우수자를 선발하여 최고 요원으로 교육 훈련시켜 국내 어느 누구보다도 우수한 인력이라는 자부심을 가질 수 있게 해야 한다. 국내외 정보 수집과 혐의자 체포나 수사 등에 확실하게 권한을 부여하고, 외부 언론이나 시민단체 등에 의해 권위가 손상되지 않도록 차단하는 일도 필요하다.

둘째, 국가 안보라는 중요한 업무 수행에 맞춰서 보수 체계를 일반직 공무원들과는 달리 충분한 보상이 이루어질 수 있도록 높여야 한다. 위험수당, 특근 수당, 해외 수당, 국가 안보에 관한 특수 업무 수행 실적 등을 고려하여 '최고의 직장'이 될 수 있도록 해야 한다. 예를 들면 사이버 포렌식과 같은 특수 업무에 종사하는 전문가는 삼성과 같은 일반 대기업체 근무자 수준으로 보수를 높여 주지 않는 한 채용이 거의 불가능하다. 국가정보원에는 이런 류의 특수한 업무 경력자를 필요로 하는 부문이 많다.

셋째, 국정원 직원들의 정치적 중립성 확보는 매우 중요한 사항이다. 5년 임기의 대통령에 의해 임용되는 원장이 정치인인 경우가 많아서 그 폐해가 심각하다. 이런 문제를 방지하기 위해서는 국정원 내부조직과 부서, 팀별로 직무 안정성을 확보해주는 방안이 필요하다. 정치인인 원장에 의해 안정적인 국가 안보 업무 방해 행위가 발생하지 않도록 조직문화를 바꿔야만 한다.

넷째, 신세대 젊은 층 직원들의 일상생활, 가족관계를 원활히 할 수 있도록 근무방식도 변화시켜 가야만 한다. 재택근무, 출퇴근 자율제, 주택 제공, 자녀 교육 지원, 각종 문화활동 지원 등 다양한 방법이 강구되어야 한다. 다만, 국가정보원의 업무 특성과 조화를 이루어 추진되어야 한다.

다섯째, 국가 안보를 위해 특수 업무를 수행하던 도중에 정신적, 육체적, 물질적 피해를 받은 요원들에 대해서는 국가 차원에서 '종신토록' 최대한의 보상이 이루어져야만 한다. 세월호 피해 학생에 대한 피해 보상을 염두에 두고 생각해 보면 국정원 요원들이 업무 수행 중에 다치거나 사망한 경우에 이루어지는 보상은 턱없이 부족하다. 치료 보상, 사망 보상, 가족 지원, 평생 연금, 생활비와 치료비 지원 등이 최대한 이루어져야만 한다. 이런 조치들이 국정원 요원들의 사기와 권위를 높여주는 일이기도 하다.

그림 6-2 | 국가정보요원 인재상

애국심 · 헌신
愛國心 · 獻身
국가와 국민을 위해 헌신하려는 애국심이 있어야 합니다.

人材像

책임감 · 전문지식
責任 · 知識
주어진 임무에 대한 전문지식과 함께
이를 완수하려는 책임감을 가져야 합니다.

정보감각 · 보안의식
情報 · 保安
정보기관 조직원으로서 정보감각과
보안의식을 겸비해야 합니다.

4. 새로운 국가 정보 시스템 구축 방안

1) 국가정보원의 명칭

> o 명칭: 국가정보원

현재의 국가정보원 명칭을 그대로 사용하는 것이 바람직하다. '위원회' 형태보다는 정책 결정이나 행정 업무 수행이 일사불란하고 효율적이다.

2) 국가정보원의 소속

> o 국가정보원의 소속: 대통령 소속 기관

국가정보원은 대통령 직속 기관으로 한다. 일반 행정 부처나 기관은 대통령의 통할을 받는 것과 동시에 국무총리의 지휘도 받는 위치에 선다.

국가정보원이 국가최고통치권자인 대통령에 직속함으로써 국가 안보 관련 정보 활동의 비밀 보장, 신속 정확성, 대응력 향상을 꾀할 수 있다.

정부조직법 제17조(국가정보원) ① 국가안전보장에 관련되는 정보·보안 및 범죄 수사에 관한 사무를 담당하기 위하여 대통령 소속으로 국가정보원을 둔다.

정부조직법 제18조(국무총리의 행정감독권) ① 국무총리는 대통령의 명을 받아 각 중앙행정기관의 장을 지휘·감독한다. ② 국무총리는 중앙행정기관의 장의 명령이나 처분이 위법 또는 부당하다고 인정될 경우에는 대통령의 승인을 받아 이를 중지 또는 취소할 수 있다.

3) 국가정보원의 임무

1) 국가 안보와 국민 안전에 관한 국외 정보 수집, 분석, 조사 활동
2) 대한민국 정부기관이나 기업 및 단체, 국민에 대한 테러, 사이버 공격, 국제범죄 행위에 대한 사전 대응 활동
3) 대공(對共), 대정부 전복(對政府顚覆), 방첩(防諜)을 위한 국내외 정보 수집, 분석, 조사 활동
4) 국가 기밀(산업경제정보 포함)에 속하는 문서·자재·시설 및 지역에 대한 보안 업무 (다만, 각급 기관에 대한 보안감사는 제외한다.)
5) 「형법」 중 내란(內亂)의 죄, 외환(外患)의 죄, 「군형법」 중 반란의 죄, 암호 부정 사용의 죄, 「군사기밀 보호법」에 규정된 죄, 「국가보안법」에 규정된 죄에 대한 수사
6) 위 1)…5)에 속하는 활동에 관련된 국내정보 수집, 분석, 조사, 협력 활동
7) 국가정보원 직원의 직무와 관련된 범죄에 대한 수사
8) 국가 안보와 국민 안전에 관한 정보 및 보안 업무의 총괄, 기획, 조정

① 국가안보와 국민안전에 관한 '국외'활동을 원칙으로 한다. 활동 내용 속에서는 정보 수집과 분석, 필요한 사안에 대한 조사까지 포함한다.

② 국가와 국민, 기관이나 단체, 기업체에 대한 테러, 사이버 공격, 국제범죄 행위에 대한 사전 예방과 적극적 대처, 위협제거 활동을 수행한다. 사후적 대응이 아닌 사전적 예방, 위험요소나 원인 제거 활동까지 모두 포함한다.

③ 대공(對共), 대정부 전복(對政府顚覆), 방첩(防諜)을 위한 국내외 정보 수집, 분석, 조사 활동은 국가정보원의 설치 운영의 역사와 관련된 것으로 가장 중요한 활동 내용이다. 현존하는 북한의 핵 및 미사일 위협, 휴전 상태임을 고려하여 매우 가시적이고 긴급한 임무에 속한다. 정보 수집과 조사 활동은 국내외를 불문하고 이루어져야 한다. 국가 안보와 국민 안전을 위협하는 북한에 의한 테러와 사이버 공격, 전술적 공격은 국내와 국외가 긴밀하게 연계되어 이루어지기 때문이다.

④ 국가 기밀은 물론 방산 등 국익 및 안보 관련 핵심 기업체의 중요한 영업 비밀까지도 포함하여 문서, 자재, 시설, 지역에 대한 보안 업무를 수행한다. 공공 기관이나 공기업은 물론 민간 기업의 영업 비밀이나 영업 활동 중에도 국가 안보와 국민 안전, 국가 발전에 치명적인 것이 많아졌다. 이에 대한 정보활동도 국가정보원이 담당해야만 한다.

⑤ 「형법」 중 내란(內亂)의 죄, 외환(外患)의 죄, 「군형법」 중 반란의 죄, 암호부정 사용의 죄, 「군사기밀 보호법」에 규정된 죄, 「국가보안법」에 규정된 죄에 대한 수사도 국가 안보와 국민 안전에 치명적인 것으로 국가정보원이 담당해야 할 업무다. 다만 국내 수사 활동이기 때문에 검찰이나 경찰, 군검찰, 군수사본부 등 국내의 범죄 수사기관과 긴밀한 협력 관계가 이루어져야 한다.

⑥ 항목 1)에서부터 4)에 속하는 활동은 국경을 초월하여 국내와 국외에 걸쳐 영역 구분이 없이 이루어져야 한다. 국외와 연결된 국내 관련자 및 단체에 관한 정보 수집, 분석, 조사가 진행되어야 한다. 다만 국내의 범죄 수사기관과 긴밀하게 협력하여야만 한다. 왜냐하면 국내 범죄에 대한 수사와 기소권을 가지고 있는 기관의 수사 활동을 우선적으로 존중해야 하기 때문이다.

⑦ 국가정보원 직원의 직무와 관련된 범죄에 대한 수사는 국가정보원의 활동과 긴밀하게 연계되어 있기 때문에 다른 범죄 수사기관으로 이첩하기가 곤란하기 때문이다.

⑧ 국가정보원은 대통령의 직접 지시를 받는 직속기관으로서, 국가 안보와 국민 안전에 관한 정보 및 보안 업무의 총괄, 기획, 조정 활동을 수행해야 한다. '정보'의 성격이 매우 다양하고 국내와는 물론 많은 사람과 단체, 기업이 동시에 관련된 것이 많기 때문이다. 다양한 정보 수집과 분석 및 보관운용 기관, 범죄 수사 기관, 행정 행위 기관의 정보를 총괄 조정해야 한다.

4) 국가정보원의 대공 수사권

1) 필요한, 최소한의 범위 내에서 수사할 수 있다.
2) 수사권 남용을 방지하기 위하여, 국가정보원 내에 '수사권조정위원회(가 칭)'를 둔다.
3) 위원회 구성은 국가정보원 국장급 1명, 국회정보위원회 소속 국회의원 1명, 검찰 또는 경찰 고위직 1~2명, 군 수사본부 요원 1명, 법률전공 교수 1명 등 5명 정도로 구성한다.
4) 위원회에서는 국가정보원이 요청하는 대공수사 활동을 승인한다.

국가정보원의 대공수사 활동은 필요한 최소한으로 하는 것으로 규정한다. 그리고 국가정보원의 지나친 수사권을 제한하는 방법으로 국가정보원 내에 '수사권조정위원회(가칭)'를 두어 운영할 수 있다. 이 위원회에서 국내 수사 활동의 적절성에 대해 사전 또는 사후에 판단하게 한다.

2024년 이후에 개정된 국가정보원법이 시행될 경우에는 대공수사 활동을 할 수 없게 된다. 이때는 검찰이나 경찰, 새롭게 설립되는 중앙범죄수사기관 과 적극적인 협력 관계를 설정해야만 한다.

2020년 국회 다수를 차지한 민주당 의원들에 의해서 국가정보원에게 주 어져 있던 대공수사 업무가 불가능해졌다. 법령이 시행되는 2024년부터 대 공수사가 불가능하다. 모법인 정부조직법 제17조에 있는 국가정보원의 사무 중 '범죄 수사'를 삭제하였고 국가정보원 관련법에 2024년 1월 1일부터 시 행토록 못 박았다.

대공수사에 대한 권한이 원칙적으로 경찰과 검찰, 공수처에 주어져 있고, 최근에 검찰법 개정을 통해 새로 설치 논란을 일으켰던 중앙범죄수사청에게 도 주어진다. 군 관련 범죄도 군수사본부와 군 검찰에게 주어져 있다. 그동 안 국가정보원에 주어져 있던 '범죄 수사' 권한은 주로 대공, 내란, 방첩, 국 가보안법에 관련된 수사였다. 법 개정 추진 측에서 강조했던 것이 대북, 방첩 관련 모든 대공수사를 금지하는 것이었다. 법률이 시행되는 2024년 이후부터는 이런 업무와 수사 활동을 할 수 없다.

몇 가지 논의가 필요한 사항은 첫째, 조사와 수사의 차이점이다. 직접 기소권이 없는 국가정보원에서 국가 안보와 국민 안전, 테러, 사이버 공격 등 담당 업무로 되어 있는 것에 대한 조사를 수행하는 것이 '수사'에 해당하는가 여부다. 일반적 용어인 조사에 비해 '수사'는 용의자의 검거와 출석 요구, 심문 등이 가능한 용어다. 국가정보원이 국외만이 아니라 국내로 연결되는 주요 사안에 대한 정보 수집 활동의 경우에는 조사에 동반하여 '특수한 경우에는' 수사권도 발동할 수 있어야 한다.

둘째, 국가 안보에 관한 국정원의 활동을 국내와 국외로 구분이 가능한가 여부다. 현대 사회는 인위적인 국경이 거의 무의미해진 상황이다. 국가 간 인적, 물적 교류가 활발해졌고, 인터넷이나 사이버 공간을 활용해 국가 안보를 위협하는 범죄 행위가 시공간을 초월하여 전방위적으로 발생하고 있기 때문이다. 지난번 민주당 주도 국회에 의해 개정이 이루어졌던 대공, 방첩 업무와 대공수사권 제약은 너무나 시대착오적인 것이었다. 빠른 시일 내에 되돌려야만 할 법규 내용이다. 국외에서 시작된 국가 안보 범죄가 국내로 진입하고 국내에서 촉발된 범죄가 국외 조직이나 단체, 국가와 관련되어 있는 경우가 허다하다. 예를 들면, 북한에서 드론을 이용하여 남한의 주요 시설을 파괴하려는 경우는 수사를 어떻게 해야만 할 것인가? 반대로 국내에 진입해 있는 국제 테러분자가 인터넷으로 해외에 있는 기관이나 단체, 인물로부터 재정 지원과 기술 지원을 받아 정부 요인 암살이나 청사 파괴를 일삼는 경우에는 어떻게 해야 하는가?

셋째, 대북, 방첩 관련 국가정보원의 정보활동은 국내와 국외가 긴밀하게 연계되어 있다. 북한이 대한민국 적화를 포기하지 않고, 적대 행위를 지속하고 있는 상황에서 국가정보원의 가장 핵심 업무는 대북 정보활동, 방첩, 북한을 추종하거나 그로부터 지시를 받고 사회 혼란과 체제 전복을 시도하는 불순분자 검거다. 이는 매우 장기적으로 지속되어야만 할 최고의 국가 정보활동이다. 이 업무를 경찰로 이관하는 것 자체가 말이 되지 않는다.

국가정보원의 수사권을 최소한으로 제한하는 경우에도 대북, 방첩, 국가보안법 관련범죄 행위에 대한 수사는 반드시 필요하다. 국가전복 및 헌법 정체성 훼손세력을 통상적으로 국가안보사범(National Security Crimes)이라고 하고 국가안보사범에 대한 수사가 안보수사다. 안보수사는 주권국가로서 외부의 안보위협에 대응해 자위권을 발동하는 것이다(채성준·임석기, 2018)

국가안보사범들은 대부분이 육체적·정신적·기술적·이념적·사상적으로 최고의 범죄 전문가들로서 범행수법은 물론이고 수사와 재판에서의 대응까지도 염두에 두고 철저하게 훈련받고 대처방안을 강구하는 등으로 주도면밀한 판단을 한 연후에 범행을 감행한다. 그들은 잘 조직되고 훈련된 무기 취급자이면서 무기 제조자로서 범죄자금 관리 및 증거 인멸·도주 등에 있어서도 특수한 전문가들이다(채성준·임석기, 2018). 경찰이나 검찰, 군수사본부와 적극적인 협력을 하는 것은 당연하다. 하지만 이런 특수 업무에 관한 주도권을 국가정보원이 소지하고 있어야만 한다.

2024년부터 개정 국가정보원법의 시행으로 국정원은 대공수사 활동을 할수 없게 된다. 이럴 경우에도 국가 안보나 국민 안전에 관한 국외 정보 수집과 분석, 조사 차원에서 대북, 방첩 업무를 지속할 수 있다. 다만 국내 정보활동과 조사를 위해서는 검찰, 경찰 등의 수사기관의 협조를 얻어 지속할 수있다. 즉 국정원은 더 이상의 대공수사는 불가능하지만 다른 수사 기관과의협조는 가능하다.

국가정보원법 제5조(국가기관 등에 대한 협조 요청 등) ④ 직원은 정보수집을 위하여 필요한 최소한의 범위 안에서 조사를 행하여야 하며, 다른 목적을 위하여 조사 권한을 남용하여서는 아니된다. (다만, 「형법」 중 내란의 죄, 외환의 죄, 「군형법」 중 반란의 죄, 암호 부정사용의 죄, 「군사기밀 보호법」에 규정된 죄에 관한 정보, 「국가보안법」에 규정된 죄와 관련되고 반국가단체와 연계되거나 연계가 의심되는 안보침해행위에 관한 정보에 대해서는 조사가 가능하다.)

5) 국가정보원의 국가 정보 총괄 조정, 협조 요청

「국가정보원법」
제5조(국가기관 등에 대한 협조 요청 등)
① 원장은 직무 수행과 관련하여 필요한 경우 국가기관이나 그 밖의 관계 기관 또는 단체(이하 "국가기관 등"이라 한다)에 대하여 사실의 조회·확인, 자료의 제출 등 필요한 협조 또는 지원을 요청할 수 있다. 이 경우 요청을 받은 국가기관 등의 장은 정당한 사유가 없으면 그 요청에 따라야 한다.
② 직원은 제4조 제1항 제1호 나목부터 마목까지 및 같은 조 같은 항 제2호의 직무 수행을 위하여 필요한 경우 현장조사·문서열람·시료채취·자료제출 요구 및 진술요청 등의 방식으로 조사할 수 있다.
③ 국정원은 제4조 제1항 제1호 나목부터 라목까지에 관한 직무수행과 관련하여 각 급 수사기관과 정보 공조체계를 구축하고, 국정원과 각급 수사기관은 상호 협력하여야 한다.

　국가정보원은 현행 법 규정에 의해 관계 기관에 필요한 정보를 요구하고 필요할 경우에 현장조사·문서열람·시료채취·자료제출 요구 및 진술 요청을 할 수 있다.

　간첩행위는 물론 테러, 마약, 인신매매, 자금세탁, 무기밀매, 불법이민 등과 같은 초국가적 범죄행위들은 실정법상으로도 형사처벌 대상이지만 국가 안보 차원에서 다뤄져야 할 안보사범이라는 점에서 일반적인 범죄들과 차별성이 있다. 이와 같은 초국가적 범죄는 해외에서 조직되고 준비되어 통상적인 방법으로는 증거 확보가 어려울 뿐만 아니라 소환이나 압수수색, 피의자신문 등과 같은 전통적인 수사기법으로는 적발하거나 수사할 수 없는 경우가 대부분이다. 그렇기 때문에 외국 정보기관과의 공조가 필수적이고 그런 점에서 정보 영역과 수사영역 간의 유기적인 협조체제가 불가피하다(채성준·임석기, 2018).

6) 국가정보원의 조직, 인사, 운용

○ **국가정보원 원장, 차장, 기획조정실장**
- 원장은 국회의 인사 청문을 거쳐 대통령이 임명하며, 임기는 3년으로 하고 연임할 수 있다.
- 원장은 정무직으로 하며, 국정원의 업무를 총괄하고 소속 직원을 지휘·감독 한다.
- 임명권자인 대통령이 새로 취임한 경우에는, 일정한 요건을 갖춰 재신임을 물을 수 있다.

국가정보원 원장은 대통령이 임명하되 다른 국무위원들과 같이 국회 정보위원회의 청문회를 거쳐야 한다.

원장의 임기는 3년으로 보장하는 것이 좋다. 정무직이라고 해서 지나치게 임기가 짧아서는 국가정보원을 안정적으로 운영할 수 없다. 그런데 임기 보장이 자칫 전임 대통령에 의해 악용되어 후임 대통령의 인사권을 제약하는 형태가 되어서는 곤란하다. 임기를 안정적으로 보장하되 신임 대통령의 인사권을 존중하는 것도 필요하다. 준 임기제 형태가 바람직하다.

임명권자인 대통령이 새로 취임한 경우에는, 원장 스스로 사표를 제출하여 재신임을 받아 임기 동안 재직하면 된다. 하지만 사표 제출을 거부하는 경우도 있을 수 있다. 이를 대비하여 일정한 요건을 갖춰 재신임을 물을 수 있는 장치를 두고, 임기를 이어갈 수 있게 하는 방법이 있다. 불신임을 받는 경우에는 임기가 보장되지 못하고 즉시 퇴직해야 한다.

○ **국가정보원 직원**
- 국가정보원 직원은 국가공무원법의 적용을 받는다.
- 특수한 직무를 담당하는 직원에 대해서는 계급정년을 둘 수 있되, 본인이 원하면 보직변경을 통해 정년까지 근무를 보장해야 한다.

> - 국가 정보활동에 탁월한 업적을 보인 직원이나 특수한 직무를 지속적으로 수행하는 것이 바람직하다고 판단되는 직원은 정년이 없이 본인이 원하는 때까지 근무케 할 수 있다.
> - 공무원 정년을 넘어 근무하는 직원에 대해서는 임금을 재산정해야 한다.

현재 국가정보원 직원은 계급정년을 적용 받아서 지나치게 이른 시기에 국가정보원을 떠난다. 이는 국가적으로 큰 손실이다. 영화 '007'처럼 위험한 첩보 활동을 하는 경우를 전제로 해서 군인 직급 정년제를 시행하기 때문이다. 이제는 이런 계급 정년제를 없애고, 일반 국가공무원법의 적용을 받게 해야 한다. 특수 활동을 하는 직원의 경우에는 계급정년에 도달한 때에 본인이 원하는 부서로 전출시켜 정년을 보장해주어야 한다.

국가 정보활동에 탁월한 업적을 보인 직원이나 특수한 직무를 지속적으로 수행하는 것이 바람직하다고 판단되는 직원은 정년이 없이 본인이 원하는 때까지 근무케 할 수 있게 해야 한다. 대학의 석좌 교수처럼 임명하여 기존 경험을 최대한 활용할 수 있게 하는 것이다.

정년을 넘어 근무하는 직원에 대해서는 임금을 재산정해야 한다. 임금 피크제를 적용하고, 연금액을 고려하여 시간에 따른 근무 수당을 지급한다.

7) 국가정보원에 대한 통제 장치

○ **국회 정보위원회를 통한 통제**
- 국가정보원 원장은 국회정보위원회가 원할 경우에는 출석하여 업무를 보고하고, 질문에 답변하여야 한다.
○ **국가정보원 감찰위원회를 통한 통제**
- 국가정보원 내에 감찰위원회를 두고 모든 업무에 대한 감찰을 실시한다.
- 감찰위원회는 국가정보원 내부 직원과 국회정보위원회 소속 국회위원 중 1인, 검찰이나 경찰 고위 공무원 2~3명, 대학교수 등 전문가 2~3명 등 7명 정도로 구성한다.

국가정보원은 대통령의 지휘 통제를 받아 활동한다. 업무 성격상 비밀로 하는 것이 많기 때문에 다른 행정기관처럼 일반 시민의 통제가 이루어지기 어렵다. 그래서 국민 대표 기구인 국회를 통한 통제가 바람직하다.

국가정보원 원장은 국회정보위원회가 원할 경우에는 출석하여 업무를 보고하고, 질문에 답변하여야 한다. 정보위원회 요청과 관계없이 경우에 따라서는 정기적으로 업무 보고를 하는 식으로 관례를 만들어야 할 것이다.

국가정보원 활동은 비밀성이 보장되어야 하기 때문에, 자체적으로 감찰 기구를 두고 운영하는 것도 좋다. 국가정보원 내에 감찰위원회를 두고 모든 업무에 대한 감찰을 실시한다. 감찰위원회는 국가정보원 내부 직원과 국회 정보위원회 소속 국회위원 중 1인, 검찰이나 경찰 고위 공무원 2~3명, 대학교수 등 전문가 2~3명 등 7명 정도로 구성한다. 감찰 위원장은 그 독립성 보장을 위해 국정원장이 추천하고 국회정보위의 승인을 거쳐 대통령이 임명토록 한다.

최근에 개정된 국가정보원법을 보면 국회정보위원회가 국가정보원 업무에 지나치게 구체적으로 관여할 수 있게 되어 있다. 이는 국가정보원 업무 성격에 비춰 볼 때 과도한 통제 장치다. 이 조항은 국가정보원의 활동을 최대한 자율화하는 것을 전제로 하여 수정할 필요가 있다.

국가정보원법 제4조 ② 원장은 제1항의 직무와 관련하여 직무수행의 원칙·범위· 절차 등이 규정된 정보활동기본지침을 정하여 국회 정보위원회에 이를 보고하여야 한다. 정보활동기본지침을 개정한 때에도 또한 같다. ③ 국회 정보위원회는 정보활동기본지침에 위법하거나 부당한 사항이 있다고 인정되면 재적위원 3분의 2 이상의 찬성으로 시정이나 보완을 요구할 수 있으며, 원장은 특별한 사유가 없으면 그 요구에 따라야 한다.

참고 문헌 ──────────────────────────────

채성준·임석기. (2018) 정보기관 수사권에 관한 연구: 주요국 사례를 통해서 본 국가정보원 안보수사권 필요성을 중심으로. 2018년 국회정보위원회 연구 용역 보고서.

VII

국가정보기관의 경제안보활동

김서곤

VII

국가정보기관의
경제안보활동

김서곤(법무법인 로백스 기술보호센터 부센터장)

1. 개요

미·중의 전략경쟁과 러시아의 우크라이나 침공은 단순한 지정학적 갈등을 넘어서 국제안보 환경 전반에 첨단기술·식량·공급망 확보와 같은 새로운 도전을 던지고 있다. 반도체·이차전지·양자컴퓨터 등 첨단기술 분야에서 기술개발과 함께 이러한 제품생산에 필요한 원자재·핵심부품·첨단장비 등 공급망 확보를 위한 세계 각국의 치열한 경쟁은 이미 진행형이다. 미국·일본 등 선진국들은 일찍이 경제안보(economic security)라는 개념하에 정부의 조직을 신·개편하면서 새로운 도전에 적극 대처하고 있다. 아울러, 기술개발에 따른 지식재산권의 확보와 첨단기술을 보호하려는 각국의 활동도 한층 강화되고 있다.

이제 경제안보는 국가안보의 일부가 아닌 국가안보와 국가경쟁력을 지키기 위한 필수적인 요소로 등장하여, 그 중요성이 강조되는 것이 현실이다. 미국은 2021년 이후 ODNI·CIA에 경제안보를 전담하는 조직을 신·재편하여 첨단기술의 확보와 반도체·이차전지 분야 등 공급망 리스크에 대한 정보활동을 강화하고 있으며, 그 영역을 우방국들과의 정보협력으로까지 확대하고 있다. 일본도 경제안보법 제정 및 경제안보담당관실 신설 등의 조치를 통해 반도체 등 첨단기술 분야의 공급망 확보를 위한 경제안보 활동을 강화하고 있다.

우리나라도 2021년부터 글로벌 공급망 리스크 관련 대응전략 수립 등을 위하여 경제부총리 주재하에 경제부처와 국가안보실·국가정보원까지 참여하는 '대외경제안보전략회의'를 발족하였으며, 외교부도 '경제안보TF'를 운영하고, 산업부는 무역협회에 '글로벌 공급망 분석센터'라는 조직을 만들어 공급망 관련 이상 징후를 발견·전파 및 대응 조치를 강구해 왔다.

2022년 5월 출범한 윤석열 정부는 미·중간 전략경쟁이 노골화되고 경제와 안보의 경계가 모호해지는 새로운 도전에 직면하게 되었다. 윤석열 정부는 전통적 한미 안보동맹의 강화와 함께 미국 주도로 이루어지고 있는 반도체·배터리 등 공급망 재편에 능동적으로 대처하기 위한 노력을 기울였다. 윤석열 정부 출범과 함께 국가안보실에 신설된 '경제안보비서관'은 분산되어 있는 경제안보 관련 업무에 대한 조정 및 미·일 등 우방국과 협력 주도 등 우리나라의 경제안보 컨트롤타워 역할을 수행해 왔다.

이어서 2022년 9월 '경제안보를 위한 공급망 안정화 지원 기본법 제정법률(안)'(이하 '공급망기본법'이라 한다.)을 발의하였고, 동 법안은 2023년 12월 국회 본회의를 통과하였다. 동법의 제정으로 공급망 안정을 위한 기본계획의 수립, 국민 생활에 필수적인 물자 등을 경제안보 품목으로 지정 및 조기 경보시스템 운영 등과 함께 기획재정부장관을 위원장으로 하는 '공급망안정화위원회' 설치 등 범정부 차원의 대응체계를 구축하게 되었다.

국가정보원도 2022년부터 국가정보원 내부의 해외경제·기술보호 관련 조직을 통합하여 경제안보 담당 부서를 새로 출범시켰다. 요소수 공급 부족 사태를 겪으면서 글로벌 공급망 재편에 따른 경제안보의 중요성을 새롭게 인식, 가장 신속하게 관련 정보를 수집하고, 분석하는 것이 긴요하다는 정책적 판단의 결과라고 보고 있다.

국가정보원은 신설된 경제안보 부서를 통해 세계적인 공급망 재편 과정에서 국가안보 및 국익을 위한 정보활동을 강화하고 있으며, 아울러 우리가 보유한 반도체·2차전지 등 국가핵심기술·방산기술의 해외유출 차단 활동을 전개함으로써 창과 방패를 겸비한 국가 최고의 경제안보 전문기관으로 거듭나고 있다.

본 제언에서는 경제안보의 시대가 이미 도래했지만, 아직 정의와 개념이 불확실한 경제안보활동의 개념에 대한 정립을 시도해 보고, 국가정보기관에서 다뤄야 하는 경제안보 활동의 범위와 앞으로의 활동 방향 등을 그간 실무 경험을 통해 제시해 보고자 한다.

2. 경제안보의 개념

'경제안보'에 대한 정의와 범주는 관점에 따라 매우 다양할 수 있을 것이다. 따라서 이 글에서는 정보업무 실무에서 수행하는 활동의 측면에서 경제안보를 설명하고자 한다. 그동안 국가정보원에서의 경제안보 관련 개념의 변화 과정을 고찰해 보면 현 상황과 환경에 부합하는 경제안보 활동의 개념 정의, 국가 경제안보활동 체계, 경제안보 활동 수행을 위한 수집·분석 및 공작 등에 관한 개념을 수립하는 데 도움이 될 것이다.

과거에 경제 분야에서의 위협 대처나 대비는 국가 경제정책에 속하는 분야로 간주되었고, 안보정책의 영역은 아니라고 여겼다. 그러나 경제적 위협의 결과가 경제 분야에 국한되지 않고 안보·군사적 분야에서 영향을 끼치면서 국가안보 차원의 문제로 확대되었다.

일부 학자는 "경제안보(economic security)란 국력 수준의 심각한 저하를 초래하는 위협이되, 이것이 국가의 경제운용의 지향점과는 대체로 무관할 것일 경우에 이에 대처하고 대비하는 연구를 의미한다."라고 했다.[1] 하지만, 지금의 경제안보는 국가 경제정책의 지향점과 무관할 수가 없다. 실제로 반도체 공급망의 확보를 위한 정책은 이미 국가경제 운용의 핵심적인 요소가 되었고, 반도체 공급에 문제가 생길 경우 국가안보와 국익에 치명적 위협이 되는 것을 목도하고 있기 때문이다.

경제안보는 2018년경 트럼프 미국 대통령이 대중 견제 정책을 구사하면서 "Economic security is national security."라고 언급한 이후, '경제안보'란 용어가 널리 사용되고 있으며, 바이든 행정부 출범 이후 반도체·배터리 등 공급망이 이슈가 되면서 우리나라를 비롯한 세계 각국이 경제안보의 중요성을 인식하고 대응 노력을 강화해 나가고 있다.

미국은 반도체·배터리·핵심광물·의약품 등 핵심품목의 공급망 안정을 경제안보의 당면한 목표로 설정하고 있다. 특히, 미중 전략경쟁 이후 기존의 수출통제 및 수입규제 조치 외에도 보조금 및 국내생산 우대(reshoring)를 통한 산업정책, 공급망 재편, 외국인 투자 규제 등 새로운 형태로 경제안보의 개념을 확대하고 있다.

우리나라 국가정보기관에서는 박근혜 정부 때부터 '경제안보'라는 용어를 사용하기 시작했다. 1980년대 말부터 국가보안 업무를 담당하는 부서에서 첨단기술 보호를 담당하는 '산업보안' 업무를 수행하다가, 1990년대 중반부터 '경제방첩' 업무를 본격적으로 수행해 왔으며, 2005년경에는 '산업보안' 업무와 '경제방첩' 업무를 융합하여 활동을 전개해 왔다. 박근혜 정부에서는 산업보안·경제방첩 활동에 더해서 방산기술 보호 및 외국에 의한 경제질서 교란 행위 차단활동 등을 포괄하여 '경제안보'란 용어를 사용하기 시작했다.

2022년에는 위에서 언급한 미중 패권경쟁과 공급망 이슈에 보다 효율적인 대응을 목적으로 경제방첩 업무와 해외경제정보 분석, 국익관련 정보 등을 통합하여 경제안보 부서를 신설하게 되었다.

1) 네이버 지식백과 '안보정책론' https://m.terms.naver.com/entry.naver?docId=2117477&cid=44412&categoryId=44412

경제안보의 개념에 대해서는 국가정보원법에 규정된 직무를 중심으로 그 개념을 정리하는 것이 가장 바람직할 것으로 보인다. 즉, 국가안보·국민안전 및 국익에 관련된 해외경제 관련 정보의 수집·작성·배포, 산업경제정보 유출과 해외연계 경제질서 교란 및 방위산업침해 등에 대응하기 위한 방첩활동을 경제안보의 개념으로 정의하면 좋을 것이다. 여기서 국내경제 관련 정보의 수집에 대한 부분이 논란이 될 수 있는데, 이 부분은 제언에서 별도로 논하도록 하겠다.

이러한 경제안보의 개념에 따라 경제안보와 관련 정보기관이 수행해야 할 직무를 구체적으로 보면 다음과 같다. ① 국가전략기술 등 공급망 관련 정보를 포함한 해외경제정보의 수집 및 분석, ② 국익정보의 수집, ③ 국가핵심기술 등 첨단기술에 대한 보호활동(색출 및 예방활동), ④ 해외와 연계된 금융 등 경제질서 교란 행위, ⑤ 방산기술 및 전략물자의 불법수출 차단 등이 구체적인 직무가 될 것이다.

3. 경제안보 활동의 범위

국가정보기관이 수행하는 경제안보 활동의 범위는 경제활동의 영역 중에서 국가안보와 국익에 관계되는 정보의 수집·작성 및 배포와 외국·외국인·외국단체 및 이와 연계된 내국인에 의하여 우리나라의 경제질서를 침해하거나 산업경제정보(첨단기술을 포함한다)를 유출하려는 행위 등 국가안보와 국가의 이익에 반하는 활동에 대한 대응으로 볼 수 있다.

국가정보기관의 경제안보 활동의 범위는 자칫 민간 기업이나 정부 부처에 대한 사찰 및 직권남용의 시비가 있을 수 있으므로 법적 근거를 갖고 활동의 범위를 설정하고 업무를 수행하는 것이 바람직할 것이다.

현행 국가정보원법 제4조(직무)는 과거 포괄적이던 직무의 정의에서 벗어나 구체적으로 직무를 규정하고 있다. 국가정보원의 전신이던 중앙정보부와 국가안전기획부 그리고 국가정보원으로 변화된 이후에도 행하여졌던 정치개입과 직권남용, 인권침해 시비 등 연속된 행위로 인하여 법률에 명시된 직무의 범위를 예시적으로 해석하지 않고 열거적으로 해석했기 때문이다.

국가정보원법 직무 조항에서 보는 바와 같이 국가정보원이 수행할 수 있는 경제안보와 관련된 직무 범위에 대한 근거는 아래와 같다.

- 국외 정보의 수집·작성 및 배포
- 방첩(산업경제정보 유출, 해외연계 경제질서 교란 및 방위산업침해에 대한 방첩을 포함한다) 정보의 수집·작성 및 배포
- 국가안보와 국익에 반하는 북한, 외국 및 외국인·외국단체·초국가행위자 또는 이와 연계된 내국인의 활동을 확인·견제·차단하고, 국민의 안전을 보호하기 위하여 취하는 대응조치
- 정보 및 보안 업무의 기획·조정 업무
- 그 밖에 다른 법률에 따라 국정원의 직무로 규정된 사항

「국가정보원법」
제4조(직무) ① 국정원은 다음 각 호의 직무를 수행한다.
1. 다음 각 목에 해당하는 정보의 수집·작성·배포
  가. 국외 및 북한에 관한 정보
  나. 방첩(산업경제정보 유출, 해외연계 경제질서 교란 및 방위산업침해에 대한 방첩을 포함한다), 대테러, 국제범죄조직에 관한 정보
  다. 「형법」 중 내란의 죄, 외환의 죄, 「군형법」 중 반란의 죄, 암호 부정사용의 죄, 「군사기밀 보호법」에 규정된 죄에 관한 정보
  라. 「국가보안법」에 규정된 죄와 관련되고 반국가단체와 연계되거나 연계가 의심되는 안보침해행위에 관한 정보
  마. 국제 및 국가배후 해킹조직 등 사이버안보 및 위성자산 등 안보 관련 우주 정보
2. 국가 기밀(국가의 안전에 대한 중대한 불이익을 피하기 위하여 한정된 인

원만이 알 수 있도록 허용되고 다른 국가 또는 집단에 대하여 비밀로 할 사실·물건 또는 지식으로서 국가 기밀로 분류된 사항만을 말한다. 이하 같다)에 속하는 문서·자재·시설·지역 및 국가안전보장에 한정된 국가 기밀을 취급하는 인원에 대한 보안 업무. 다만, 각급 기관에 대한 보안감사는 제외한다.

3. 제1호 및 제2호의 직무수행에 관련된 조치로서 국가안보와 국익에 반하는 북한, 외국 및 외국인·외국단체·초국가행위자 또는 이와 연계된 내국인의 활동을 확인·견제·차단하고, 국민의 안전을 보호하기 위하여 취하는 대응 조치

4. 다음 각 목의 기관 대상 사이버공격 및 위협에 대한 예방 및 대응
   가. 중앙행정기관(대통령 소속기관과 국무총리 소속기관을 포함한다) 및 그 소속기관과 국가인권위원회, 고위공직자범죄수사처 및 「행정기관 소속 위원회의 설치·운영에 관한 법률」에 따른 위원회
   나. 지방자치단체와 그 소속기관
   다. 그 밖에 대통령령으로 정하는 공공기관

5. 정보 및 보안 업무의 기획·조정

6. 그 밖에 다른 법률에 따라 국정원의 직무로 규정된 사항

이러한 법적근거에 따라서 국가정보원이 수행할 수 있는 경제안보 업무의 범위는 아래와 같다.

① 경제안보 관련 정보의 수집·작성 및 배포
② 경제안보 관련 방첩정보의 수집·작성 및 배포
   - 국내 경제안보 정보 보호를 위한 예방활동 및 색출 활동
   - 산업경제정보 유출, 해외연계 경제질서 교란 및 방위산업침해에 대한 정보의 수집·작성 및 배포
③ 경제안보 관련 북한, 외국 및 외국인·외국단체·초국가행위자 또는 이와 연계된 내국인의 활동을 확인·견제·차단 활동
④ 경제안보 관련 정보 및 보안 업무의 기획·조정 업무
⑤ 그 밖에 다른 법률에 따라 국정원의 직무로 규정된 사항

- 산업기술보호법 등에 따른 국가핵심기술·첨단전략기술 등 보호 활동
- 방산기술보호법에 따른 방산기술의 보호 활동
- 국가연구개발혁신법에 따른 국가연구개발사업에 대한 보안
- 지식재산기본법 제23조 2항에 따른 '지식재산권 침해행위 대응'

> * 지식재산기본법 시행령 19조 근거, 관계중앙행정기관이 정보·수사기관
> 장에게 다음 각 항에 대하여 협조를 요청할 수 있음
> 1. 지식재산권 침해 현황 등 지식재산 보호 관련 현황 조사
> 2. 지식재산권 분쟁의 해결 지원
> 3. 외국 정보·수사 기관에 대한 필요한 조치 요구
> 4. 지식재산 관련 정보망 해킹 등에 대한 보안대책 지원
> 5. 외국의 지식재산 제도·정책 현황 등의 조사·연구 지원
> 6. 그 밖에 지식재산권 침해 사건 대응에 필요한 사항

- 공급망기본법에 따른 공급망 조기경보시스템 구축 및 관련 정보활동

> **(제7조)** 기재부장관은 기본계획 수립시 국가정보원장 등 의견을 종합하여 수립
> **(제10조)** 공급망안정화위원회에 국가정보원장 참여, 공급망관련 정책 등에
> 대한 심의
> **(제13조)** 중앙행정기관은 경제안보품목 지정 시 국가정보원장에게 △특정
> 국가 또는 특정 지역에 대한 의존도 및 전망 △외국 정부 또는
> 해외 공급자의 정책변화에 따른 공급망 위험의 정도 등에 대한
> 의견을 요청 가능
> **(제14조)** 국가정보원장은 특정 국가 또는 특정 지역에 대한 의존도가 대통
> 령령으로 정하는 수준 이상의 물자 및 원재료 등과 국가 및 국민
> 의 경제활동에 중요하다고 판단되는 물자 및 원재료 등에 대하여
> △국내외 수급 동향 및 가격, 생산량의 변화, 외국정부 또는 기업
> 의 정책변경, 물류 또는 지급·결재의 장애 가능성 등을 점검하는
> 조기경보시스템을 운영·관리
> **(제16조)** 국가정보원장은 조기경보시스템 운영 및 공급망 위기상황 대응
> 등을 위해 관세청장에게 필요한 범위 내에서 관세법상 '과세정보'
> 요청 가능

　이와 같이 경제안보 분야의 경우, 다른 분야에 비해 직무 수행의 근거가 많은데, 이는 산업보안 업무와 경제방첩 업무 수행의 전문성을 바탕으로 유관부처와 협조하여 다양한 법률을 제정하면서 국가정보원의 활동에 대한 법적근거를 마련한 결과이다. 또한, 국가정보원법을 개정하면서 '다른 법률에서 국가정보원의 직무로 규정한 사항'을 포함함으로써 직무범위를 명확히 할 수 있었다.

　국가정보원법에 따른 직무 범위를 바탕으로 현재 실무에서 수행하고 있는 실질적인 활동에 대하여 간략하게 정리를 하고, 앞으로 더욱 발전시켜 나가야 할 업무가 무엇인지 논하도록 하겠다.

4. 경제안보 활동의 분류 및 세부 업무

　경제안보 활동은 크게 ① 창과 ② 방패의 역할, 그리고 이를 ③ 분석하는 업무, 그리고 ④ 국내 부문정보기관의 정보활동을 기획·조정 등 4개 분야로 나누는 것이 좋겠다.

1) 경제안보 관련 정보수집

　국가안보와 국익에 필요한 외국의 첨단기술 개발 동향, 공급망 관련 정보, 해외 경제·통상·금융·방위산업 등과 관련한 정책, 이와 관련한 주요기업·핵심인력에 관한 정보, 해외 대형국책사업 수주 및 국제행사 유치를 위한 국익 정보 등을 수집하는 활동이다.

　이러한 활동은 국내 경제부처나 부문 정보기관에서는 수집하기 어려운 핵심정보를 다루는 특화된 정보활동 분야이다. 이를 위해서는 국가정보기관의 정보자산인 휴민트, 테킨트를 활용하거나, 이를 융합한 특화된 활동 수단을 통해서 차별화된 정보를 수집하는 것이 관건이다.

최근 그 중요성이 부각되고 있는 반도체·2차전지·첨단모빌리티·첨단바이오·에너지·수소·양자 등의 개발과 사업화에 필요한 국익정보의 수집도 매우 중요한 분야이며, 이것을 확보하기 위하여 정보수집의 목표를 체계적으로 수립하여 운영하여야 한다.

특히, 공급망 안보 관련 정보활동은 반도체·2차전지·양자컴퓨터 등 국가경쟁력과 국가안보에 밀접한 영향을 가진 분야에서 그 중요성이 강조되고 있다. 예를 들면, 공급망 안정을 위해 반도체 등의 완제품을 확보하는 것이 중요한데, 이를 생산하거나 수입하려고 할 경우에 원부자재, 관련장비 및 부품의 조달과 차질 없는 물류의 확보가 관건이므로 이와 관련된 리스크를 조기에 파악해서 전파하거나 실질적으로 확보할 수 있는 공급루트를 개척하는 것도 정보활동의 새로운 영역이 되고 있다.

2023년 12월 공급망기본법이 통과됨에 따라 국가정보원에서도 공급망 관련 기본계획의 수립, 공급망안정화위원회 참여, 경제안보품목 지정시 의견제출, 조기경보시스템 운영 등의 기능을 수행할 수 있게 되었다. 앞으로는 해외 공급망 관련 정보수집은 물론 국내에서 수급동향이나 가격, 생산량의 변화 등에 대한 정보에 접근할 수 있게 되었다. 그간 축적해 놓은 국가정보원의 해외정보 수집 기능과 국내에서의 공급망 관련 정보수집·분석 기능이 시너지를 발휘할 수 있을 것으로 기대된다.

2) 경제안보 관련 방첩활동

전술한 경제안보 관련 정보를 확보하기 위해 각국은 치열한 정보전쟁을 벌이고 있으며, 우리나라에 대해서도 외국의 정부, 정보기관뿐만 아니라, 기업, 연구소·대학까지 나서서 정보수집에 혈안이 되어 있다. 이러한 외국의 정보수집 활동을 사전 탐지하여 의도를 확인하고 견제·차단하는 활동을 경제안보 관련 방첩활동이라고 한다.

국가정보원은 방첩활동의 일환으로 경제방첩활동을 수행하고 있는데, 방첩활동은 △외국·외국단체·초국가행위자 등의 국내 정보활동 탐지 △외국인 접촉 특이사항 신고 및 외국스파이 관련 상담 △방첩관련 교육 지원 및 홍보 활동 △기관별로 보유한 방첩관련 정보의 종합 및 공유 △정부부처·공공기관 대상 방첩상황 전파 △방첩상황 발생 시 유관기관 합동대응 지원 등의 업무를 수행한다.

그중에서 경제안보 관련 방첩활동은 외국정부·정보기관·외국인 등과 이와 연계된 내국인에 의한 국가 경제안보 관련 정책정보 수집, 산업경제정보(첨단기술 정보를 포함)의 유출, 외국 자본 등에 의한 국내 경제질서 교란 행위, 방위산업침해(방산기술의 유출 및 전략물자 불법 수출 등) 및 지식재산권 침해 등에 관한 정보의 수집, 작성 및 배포와 이에 대한 대응 활동을 포함하고 있다.

경제안보 관련 방첩활동은 사전에 유출을 예방하기 위한 예방활동(실태조사, 보안진단 및 점검, 보안교육 등)과 실제 산업·경제스파이를 찾아내는 색출활동과 이를 견제하고 차단하거나 역용·기만하는 공작 등을 포함한다.

경제안보와 관련된 방첩활동의 주요 업무는 아래와 같다.[2]

△ **첨단기술 해외유출 색출활동**: 세계적 경쟁력을 가진 우리의 첨단기술과 기업의 영업비밀 등을 해외로 불법 유출하려는 산업스파이를 적발함으로써 국부 유출을 차단하고, 관련 정보를 해당 업체 또는 검·경 등 수사기관에 지원, 우리 기술이 해외로 유출되지 않도록 사전 차단

△ **산업보안 교육·컨설팅 등 예방활동**: 기업·연구소를 대상으로 산업보안 교육 및 진단 실시, 중기부·특허청 등 유관기관 합동으로 기업체 대상 산업보안설명회 개최 등 기업체의 보안의식 확산과 자율 보안시스템 구축을 지원

△ **지식재산권 침해 대응 활동**: 우리기업의 해외 현지에서 특허·상표·디자인·저작권 등 지식재산권 피해 발생 시, 특허청·KOTRA·외교부·문체부 등과 공조, 대응 활동을 지원

---

2) 국가정보원 홈페이지 '주요업무'를 참고하였다.

△ **방산기술·전략물자 불법 수출 차단활동**: 산업부·방사청 등 유관기관과 협조, 전략물자의 불법 수출과 방산·군사기술의 해외 유출 차단활동 등 새로운 경제안보 침해 행위에 대한 예방·색출활동 강화

△ **외국의 경제질서 교란 차단활동**: 외국과 연계된 투기자본 등에 의한 경제안보 침해행위와 M&A를 가장한 기술유출 등 위법행위를 색출, 차단

3) 경제안보 관련 정보의 분석 및 생산

국가정보원은 수집된 경제안보 관련정보를 분석하여 수요자에게 제공하고 있다. 해외정보관·방첩부서 및 지부의 관련첩보, 국내·외 공개정보, 해외 저명 경제연구소 자료, 국내·외 전문가 견해 등을 종합하여 경제안보 관련 리스크를 분석한 후 정보보고서를 작성하여 정보수요자에게 배포하고 있다.

또한, 방첩 분야에서는 법무부·관세청·경찰청·해양경찰청·국군방첩사령부 등 방첩기관들과 합동으로 2022년 12월 '방첩정보공유센터'(National Counter Intelligence Integration Center, NCIC)를 설립하였다. 동 센터는 방첩관련 정보를 공유하고 중요 사안 발생시 협업함으로써 외국의 정보활동에 대응하고 차단하는 데 주력하고 있다. 경제방첩 분야에서도 관련 정보를 공유하면서 점진적으로 그 활용 범위를 넓혀가고 있다.

4) 국내 부문정보기관의 경제안보 업무관련 기획·조정

국외정보 수집의 분야에서는 PNIO를 통하여 부문정보기관이 경제안보 관련 국외정보를 수집하도록 하고 그 결과를 통보받아 정보활동에 활용하고 있는 실정이다.

경제방첩 분야에서는 국가정보원법 및 방첩업무규정에 근거하여 '국가방첩전략회의'를 운영하고 '국가방첩업무 기본지침'에 따라 방첩기관 및 관계기관의 업무를 조정하고 있다.

5. 국가 경제안보 활동의 강화 · 내실화를 위한 제언

앞에서는 국가 경제안보 관련 정보활동의 개념과 국가정보원의 활동 실태 등을 정리하였다. 최근 경제안보의 국내 · 외적 중요성이 그 어느 때보다 강조되고 있는 현 상황에서 국가적 차원에서 또는 국가정보기관 차원에서 무엇을 해야 할지에 대해 본격적인 고민이 요구되고 있다.

사실 국가정보원에 대한 특정 정치세력과 집단에 의한 오랜 '국정원 무력화' 작업은 국가정보원이 마땅히 해야 할 임무의 수행마저 가로막고 있다. 그럼에도 불구하고 지금은 국가의 존립과 번영을 위해 국가경제안보 관련 정보활동을 강화해 나가는 것이 시대적 요구이다.

프로메테우스적 지혜는 아니지만 적지 않은 기간의 실무를 통해 뒤늦게 깨달은 바를 제언으로 정리하여 국가정보원, 나아가 대한민국의 경제안보 역량 강화에 기여하기를 소망한다.

1) 국가 차원의 경제안보 관련 정보활동 체계의 수립

대한민국 정부의 모든 업무 추진체계는 위원회를 비롯한 회의체를 중심으로 정책이 심의되고 결정된다. 국가안전보장 분야도 예외가 아니다. 그럼에도 불구하고 경제안보 업무의 경우 명시적인 법률이 없고, 국가첨단전략산업법 · 산업기술보호법 · 국가정보원법 등으로 관련 법률이 산재되어 있으며 주무부처나 기관이 명확하지 않다. 그래서, 실무적으로 국가안보실의 경제안보비서관이 경제안보 관련 정책을 조정하는 역할을 하면서, 대외경제장관회의나 각종 TF나 협의체 등을 통해 각 부처의 의견을 조율하고 있는 실정이다.

국가 차원에서 경제안보 정책을 효율적으로 추진하기 위해서는 관련 법률을 제정하는 것이 바람직하지만, 그렇지 못한 현실을 감안 할 때 국가안보 관련 정보정책을 기획 · 조정하는 국가정보원에서 경제안보 관련 정보활동에 대하여 기획·조정 역할을 담당하는 것도 의미가 있을 것이다.

일각에서는 '정보 및 보안업무의 기획·조정 규정'이 사문화되었다는 견해도 있지만, 엄연히 대통령령으로 존재하기 때문에 이를 근거로 기획·조정 활동을 활성화 할 수 있다. 또한, 방첩(防諜)에 관한 업무의 수행과 이를 위한 기관 간 협조 등에 관한 사항을 규정한 '방첩업무규정'에 국가정보원장 주관으로 18개 부처·기관이 참여하는 '국가방첩전략회의'와 '국가방첩전략', '국가방첩업무 기본지침', '연도별 시행계획'을 활용할 수도 있다.

이러한 규정(대통령령)에 근거하여 국가정보원이 경제안보 관련 정보의 수집 및 경제방첩 관련 대응조치에 관한 국가차원의 체계를 우선 구축할 필요가 있다. 이러한 국가차원의 체계를 구축하는 것이 곧 국가정보원의 경제안보 활동을 체계적으로 수행할 수 있는 첫걸음이 되기 때문이다.3)

이를 활용한 경제안보 활동체계 정립을 위해 다음과 같은 방안을 제언한다.

가) 경제안보 정보 수집을 위해 PNIO 활용 강화

경제안보 관련 정보활동에 대하여 '국가정보목표 우선순위'(PNIO)에 경제안보 관련 항목을 별도로 분류, 연도별 정보목표와 세부 수집사항을 명시하여 부문 정보기관 및 국정원內 각 부서와 지부, 해외파견관의 수집활동을 체계화하도록 한다. PNIO에는 수집해야 할 정보의 목표와 대응조치에 관하여 구체적으로 적시하여 체계적인 정보 수집을 할 수 있도록 명시해야 할 것이다.

PNIO를 바탕으로 국정원의 각 부서는 수집대상 정보를 세부적으로 작성하고, 해당하는 담당자 또는 유관부처·기관·연구소 및 핵심인력 등을 식별하여 D/B화 하여야 할 것이다.

아울러, 국가 차원에서 보호해야 할 기술 등을 국가첨단전략기술, 국가핵

---

3) 현재, 국정원에서 '정보활동 관련 중장기전략'을 수립, 시행하고 있지만, 국가정보활동에 관한 기획 → 계획 → 예산편성 → 집행 → 분석평가 등 체계적인 정책이 미흡한 것이 현실이다.

심기술, 방산기술(군사기밀 포함), 전략물자 등으로 식별·분류하여 PNIO에 명시하는 것도 필요하다. 이렇게 되면 정보수집뿐만 아니라 외국의 위협에 대응하여 보호해야 할 대상이 명확해져 '선택과 집중'에 의한 정보활동이 가능할 것이다.

나) 부문 정보기관 참여, 경제안보 정보활동 관련 협의체계 구축

국가 차원에서 경제안보 정보활동을 효율적으로 추진하기 위해서는 부문 정보기관 간 정보를 공유하고, 업무를 협의·조정할 수 있는 기구가 필요하다. 가장 바람직한 것은 '경제안보 정보협의체'(가칭)를 만들어서 경제안보 정보와 관련한 국가정보 전략과 중장기 판단, 정보목표 우선순위 작성, 관련된 정보예산의 편성, 경제안보 정보활동 기본지침 제정 등에 관한 사항을 심의하는 것이다.

그런데, 동 협의체에 대한 법적근거를 만들기 위해서는 정보 및 보안업무 기획·조정규정을 개정하여 근거를 만들어야 하는데, 이는 국가정보원의 권한 강화 등에 대한 우려로 인하여 어려움이 있을 것으로 예상된다.

따라서, 현행 규정에 근거, '해외정보 수집' 분야는 PNIO를 통해 체계를 잡고, '경제방첩' 분야에서 법적근거가 있는 '국가방첩전략회의'에서 '산업경제정보의 유출', '외국의 경제질서교란 행위 차단', '방위산업 침해 대응활동'에 관해 기획·조정 업무를 수행하는 것이 현실적인 방안일 것이다.

'국가방첩전략회의'는 매년 정기적으로 개최, '국가방첩전략' 및 이에 따른 기본계획과 시행계획을 심의하고 있으므로 이 과정에 경제방첩 관련 내용을 포함시키면 될 것이다. 또한, '국가방첩전략회의'에서 심의할 안건을 사전 검토·조정하는 '국가방첩전략 실무회의'(국장급 회의)에 '경제안보' 관련 분과를 만들어서 이를 협의하는 방안도 검토할 수 있을 것이다.

다) 국가 차원의 경제안보전략 및 정책수립 체계 구축

'국가방첩전략회의'는 방첩관련 중장기 전략서인 '국가방첩전략'과 이에 따른 계획서인 '국가방첩활동 기본계획' 및 '시행계획'을 심의하고 있으므로 이러한 전략서와 계획서에 경제안보 활동 관련 비전과 중장기 목표, 세부 활동과제, 부문 정보기관별 수행 내용 등을 포함하는 것이 필요하다.

이러한 전략서와 계획서는 각 부처 및 지자체, 공공기관 등 400개가 넘는 기관에 배포되기 때문에 국가 차원에서 공통적인 목표와 과제를 공유하고, 효과적인 추진을 기대할 수 있으므로 적극 활용하는 것이 바람직할 것이다.

물론, 이러한 계획서 등은 방첩 분야에 대하여 적시하기 때문에 해외 경제정보나 국익정보 수집 분야에 대해서는 수록하지 못한다는 한계가 있지만, 경제방첩 분야에서는 효율적으로 활용할 수 있을 것이다.

중장기적으로는 '정보 및 보안업무 기획·조정규정'에 근거, 국가 차원의 경제안보 전략 및 정책과제를 수립, 체계적인 시행이 필요하다. 이러한 체계를 수립하기 위해서는 '국방기획관리' 체계4)를 참고하여 수립할 필요가 있다.

급변하고 있는 국제안보정세와 경제통상 환경에서 대한민국이 경쟁력을 유지하기 위해 국가정보원 기획조정실과 경제안보 관련 유관 부서가 TF를 운영하거나, 퇴직직원 중 관련분야 전문가들을 활용하여 경제안보 관련 기획·계획·예산편성·집행·분석평가체계 등을 연구하는 것도 신속하게 대응할 수 있는 방편으로 고려될 수 있을 것이다.

이러한 체계 구축은 국가정보활동 전반에서 이뤄져야 할 사항이나 현재 정보 및 보안업무 기획·조정규정에 명시된 '국가 기본정보정책의 수립', '국가정보의 중·장기 판단' 등이 부재하거나 미흡한 상황에서는 우선적으로 현안인 경제안보 활동에 관하여 체계를 구축하고 이를 국가 정보 전체로 확대

---

4) 국방기획관리 체계: △기획체계(국방정보판단서, 국방전략서, 국방개혁기본계획 등) △계획체계(국방중기계획서, 국방개혁추진계획 등) △예산편성체계(전력운영사업예산요구서, 방위력개선사업예산요구서 등) △집행체계(국방예산계획서 등) △분석평가체계(연간 전력운영사업 분석평가서, 연간 방위력개선사업 분석평가서 등)

하여 시행하는 것이 바람직할 것이라고 생각한다.

또한, 외국정보기관과의 정보협력 채널을 활용, 양자 간 또는 다자간 '경제안보 정보협의체'를 운영할 필요가 있다. 이러한 정보협력은 신흥기술(Emerging Technology) 개발·활용 및 보호 관련 협력을 유지할 수 있고, 특정국 대상 경제안보 위협에 대하여 공동 대응할 수 있다. 물론, 특정국을 대상으로 한 경제안보 위협에 대한 합동공작 및 대응은 철저한 비밀유지가 필요하기 때문에 협력 대상기관에 대한 신뢰의 바탕아래 공작의 필요성, 리스크에 대한 보완대책, 실패나 노출에 따른 외교·경제적 파장 등에 대하여 충분한 검토와 신중한 판단이 필요할 것이다.

위에서 기술한 경제안보관련 PNIO 강화, 국내 부문정보기관과의 업무협의체 운영, 국가 경제안보 정보활동 관련 정책수립 체계 구축 및 외국과의 정보협력 활성화 등을 체계적으로 수행해 나가면, 국가 경제안보 전반에 대한 국가적 정보역량이 강화될 것이다.

2) 경제안보 관련 전문인력 육성 등 전문성 제고

경제안보 업무의 경우, 정보의 수집·공작 및 방첩활동에 대한 경험과 전문성은 물론 산업·과학기술·금융 등에 관한 상당한 지식을 갖추어야 하며, 국제 안보정세와 경제·통상에 관한 전반적인 흐름을 이해하여야 한다.

이러한 전문성을 정보기관 직원이 모두 갖출 수 없으므로 이러한 전문성을 갖춘 직원을 채용하거나, 원내외 교육을 통한 전문성 함양 또는 전문가 네트워크 구축 등을 통해 미비점을 보완해 나갈 수 있을 것이다.

가) 경제·과학기술 분야 등 전문인력 채용 및 직무교육 내실화

국제금융, 경제분석 전문가, 반도체·배터리 등 국가첨단전략기술 분야를 전공한 전문인력을 채용, 국가정보대학원의 '정보요원화' 교육을 거쳐 경제안보 관련 전문지식을 가진 정보요원으로 양성하는 것이 기본이다.

전문인력의 채용에서 중요한 것은 국가에 대한 충성심, 보안, 해당분야 전문성 보유 여부 등 자질이 중요하며, 높은 연봉과 워라밸을 보장하고 있는 민간 기업과의 보수·복지 등에 대한 갭을 줄이는 노력도 필요하다.

다음은 직무교육의 강화이다. 국내·외 학위 취득, 산업보안관리사 등 자격증 취득, 세미나 참여, 외부기관 위탁교육 등 지원을 강화해야 한다. 경제안보 분야의 경우에는 국가정보원 내부에서 자체 직무교육을 할 수 있는 전문성이 부족하기 때문에 외부 전문기관을 통한 교육 및 연수시스템 구축이 긴요하며, 이 경우 국가정보원 내부의 까다로운 보안규정과의 조화가 필요하다.

나) 경제안보 관련 전문인력과의 네트워크 구축

경제안보 분야에 대한 수집과 방첩활동 등을 위해 전문가 네트워크가 필수적이다. 이들은 정보수집의 방향에 대한 조언과 자문이 가능하고, 정보수집을 위한 협조자로서도 역할을 할 수 있다.

전문가 네트워크는 국가정보원에서 주관하는 자문위원회 등 회의체나 포럼 등의 형태로 운영할 수도 있고, 외부기관이 운영하는 경제안보 관련 모임에 참석하거나, 경제안보 관련 각 분야의 전문가를 협조자로 등록하여 운영하는 방안 등이 있다.

이 중 외부기관에서 운영하는 '최고경영자과정'(Advanced Management Program, AMP)은 최신 경제 현안·이슈 및 리더십 등을 다루고, 참석자들도 CEO로서 해당 분야에서 높은 전문성을 갖고 있기 때문에 최신 경제안보 현안에 대한 전문지식 습득 및 리더십 함양에 도움이 될 뿐만 아니라 전문가 네트워크로 운영할 수 있다는 장점이 있다.

또한, △산업부·KDI 등과의 상호 파견을 활용한 정보공유, △유관 학회와의 활발한 교류와 연구용역 의뢰 등도 경제안보 관련 부족한 전문성을 보완할 수 있는 효율적인 방안이다.

다) 경제안보 관련 전문역량 유지를 위한 보직경로제 도입

과거 국내정보 부서의 경제분석관들은 양적이나 질적으로 매우 우수한 역량을 보유하고 있었으나, 국내정보 부서 해편으로 인해 전문인력들이 여러 부서로 보직되어 그 전문성을 살리지 못하고 있는 것은 안타까운 현실이다.

하지만, 아직도 경제분석 전문인력의 명맥이 유지되고 있어 대통령실과 국가안보실에서 국가정보원의 경제안보 관련 보고서에 대해 좋은 평가가 있다. 이러한 전문인력에 대한 보직관리 제도를 통해 전문인력이 사장, 분산되지 않도록 잘 활용하는 것도 전문성 유지에 매우 중요한 부분이다.

예를 들어, 반도체 관련 전문인력을 채용했다면, 보직 대상을 경제분석관, 해외파견관, 경제방첩관 등으로 보직경로를 만들어 운영하고 보직기간 사이에는 해외연수나 교육훈련, 지원업무(예, 2년 이내) 등을 통해 새로운 보직 준비와 재충전의 기회를 부여함으로써 경제안보 관련 통합적인 정보활동 역량을 보유한 전문인력으로 계속 활용 할 수 있을 것이다.

3) AI · 빅데이터 등을 활용한 분석 및 공작활동 강화

경제안보 분야의 경우, 다양한 경제지표와 데이터, 수많은 경제관련 정보를 수집·분석해야 하고 정보의 가치가 빠르게 변화하기 때문에 신속성과 정확성이 특별히 요구되는 분야이다. 이것을 분석관이나 수집관이 일일이 다룰 수 없기 때문에 AI · 빅데이터를 통한 수집·분석업무 지원이 긴요하다.

그런데, 국가정보원의 경우 인터넷 등 SNS를 통한 외부와의 정보공유가 제한적이고, 발 빠르게 변화하는 민간 분야의 AI 분석 툴을 활용하기 어려운 부분이 있어 이에 대한 보완이 시급하다.

또한, 경제안보 정보수집 및 경제방첩 관련 공작활동의 경우에도 휴민트 중심에서 테킨트와 휴민트를 결합한 휴킨트 중심의 정보활동으로 변화가 필요한 시점이다.

가) AI를 활용한 국내·외 경제안보정보 통합분석 강화

경제정보에 대한 분석은 해외경제 정보만으로는 유의미한 결과를 도출하기는 어렵다. 해외 경제주체들의 행위나 정책들이 국내에 어떤 영향을 끼치는지에 대한 정보수집이나 판단도 중요하기 때문이다. 그런데, 현재 국가정보원에는 국외정보의 수집에 대한 기능은 있으나 국내정보의 수집 기능은 제한되어 있다. 현실적으로는 공급망기본법에 따른 공급망관련 수급정보와 과세정보 등 특정 법령에서 정한 정보에 더해, 공개정보와 각종 연구소의 연구자료, 전문가 견해 등 제한적인 정보를 가지고 분석할 수밖에 없다.

따라서, 국내경제정보에 대한 수집을 할 수 있는 합법적인 근거가 필요하지만 국가정보원법을 개정하는 것은 녹록치 않다. 대안으로 유관부처 파견관을 활용한 정보의 공유나 PNIO를 활용하는 방안을 제시할 수 있으나 국내정보를 수집, 작성 및 배포하는 명확한 근거가 없기 때문에 여전히 논란의 여지가 존재한다.

따라서, 법령에서 권한을 부여한 정보와 공개정보 등을 활용하는 것이 중요한데 소수의 분석관들이 이를 검색하고 분석하는 것은 한계가 있다. 따라서, AI·빅데이터를 활용하여 분석관이 필요한 정보를 수집, 분류하고 분석할 수 있는 체계를 구축해야 한다.

AI·빅데이터 활용을 위해서는 두 가지가 전제되어야 한다. 첫째, '데이터의 확보'이다. 단순히 많은 경제관련 첩보와 데이터를 확보하는 것에 그쳐서는 안 되며 양질의 데이터를 확보하는 것이 중요하다. 또한, 수집된 정보를 다루는데 따른 개인정보보호법 등 법적 제약 부분을 해결해야 하는 문제도 존재한다. 어떤 데이터를 확보할 것인가는 PNIO와 연계하여 체계적으로 수집하는 것이 바람직하다. 데이터 인풋채널(input channel)은 공개정보, 해외정보관의 수집 첩보, 경제방첩 수집 첩보 및 사건관련 자료, 국익관련 수집 첩보, 유관기관에서 제공한 정보, PNIO, 사이버 등 과학정보, 그 외 지부에서 수집된 각종 첩보 등이 될 것이다.

둘째, '어떤 정보를 생산할 것인가'를 명확하게 정해야 한다. 즉, 기업에 비유하면 '비즈니스 모델'에 대한 발굴이 중요하다. 생산하려는 정보의 목적이 명확해야 빅데이터 분석의 결과에 가치가 있는 것이다. 이를 위해서는 정보사용자의 니즈를 분석하여 정보생산 정보를 기획하고 시뮬레이션하는 것이 필요하다. 국내와 해외의 경제정보를 분석하는 데에서 더 나아가 각종 경제안보 관련 위협을 분석하여 적시성 있는 대응조치까지 하는 것이 더 중요하다. 따라서, 창과 방패를 동시에 보유한 국가정보원 통합정보 분석은 무엇보다 중요하다. 정보사용자는 이렇게 특화된 통합적인 경제정보에 대한 분석을 기대하고 있다.

통합정보 분석역량을 바탕으로 '경제안보 리스크 예·경보 시스템'을 구축할 수 있다. 국내 첨단전략기술의 해외유출 경보, 공급망 리스크 전파, 외국의 국내 경제질서 교란행위로 인한 국내 금융시장 파급 영향, 방위산업 침해에 따른 군사안보적 위협 등을 정보 사용자에게 적시에 예·경보함으로써 빠르게 대책을 수립할 수 있도록 시간을 확보해 주고, 정책수립시 고려사항 등을 제시할 수 있도록 시스템을 정교하게 구축해야 할 것이다.[5]

---

5) 최근 제정된 공급망기본법에 따라 국가정보원에서도 공급망 위험을 미리 파악하고 선제적으로 대응하기 위하여 특정 물자 및 원재료 등의 국내외 수급 동향 및 가격, 생산량의 변화, 외국 정부 또는 기업의 정책변경, 물류 또는 지급·결제의 장애 가능성 등을 점검하는 조기경보시스템을 운영·관리할 수 있게 되었다. 이 법에서 정한 경제안보품목 리스트를 만들고, 이 품목에 대한 국내 및 해외에서의 공급망 위험 인자를 파악하여 존안·분석할 수 있도록 데이터베이스를 만들고 이와 관련한 예상 위험을 예측할 수 있도록 AI분석시스템을 구축하고 지속 발전시켜야 할 것이다.

나) 경제정보 수집 및 산업스파이 색출 관련 공작활동 활성화

경제안보 관련 정보의 수집과 공작활동은 PNIO의 수집목표에 따라 수행하게 되는데, 관련정보가 민감하고, 대상목표에서는 국가기밀 또는 영업비밀로서 관리하고 있어 협조자를 활용한 수집만으로는 목표를 달성하기 힘들다.

따라서, 수집대상 정보와 대상기관 및 정보접근 가능인원 등에 대하여 면밀하게 파악하고, 수집 수단 및 예산, 리스크 대응 등을 포함한 단계별 수집계획을 수립하여 공작적으로 추진해야 할 필요가 있다.

산업스파이 색출 활동도 우리가 중점 보호해야 하는 보호대상 기술을 수집하려는 경쟁국가와 외국기업 등에 관한 정보를 분석하여 공작 차원의 색출 활동이 필요하다. 산업스파이 유출 수법이 점차적으로 지능화·은닉화되고 그 피해는 수백억 원에서 수조 원에 달하기 때문이다. 이렇게 지능적인 유출행위를 적발하기 위해서는 외국 경쟁기업이나 경쟁국가 산업계의 동향을 가장 잘 알 수 있는 공작원을 물색·운용하여 사전에 유출 기도를 파악하고 기술유출 이전에 차단하는 것이 가장 바람직한 활동이다.

또한, 국익정보 활동의 경우는 더욱 세밀하고 장기적인 공작활동이 필요하다. 이를 위해 국익정보 활동의 목표와 수집범위를 정하고, 중점추진 사업을 특정해서 우선순위와 공작여건에 따른 공작 추진이 필요하다. 특히, 핵심기술을 보유·관리하거나 정책결정권자 또는 정책결정권자에게 접근할 수 있는 인물을 식별하여 공작여건을 개척하는 것이 중요하다.

아울러, 경제안보 관련 공작활동에 필요한 과학정보 지원, 공작예산, 공작대상 목표에 대한 정보분석 자료 등이 적시에 투입될 수 있도록 하되, 공작의 민감성을 고려한 공작심의위원회도 면밀하게 운영하여야 한다.

공작심의위원회는 그 중요도에 따라 부서 단위 또는 차장 단위에서 레드팀의 입장에서 검토할 수 있도록 편성하는 것이 중요하다. 공작심의위원회는 공작 목표와 계획의 적정성, 공작원에 대한 평가, 리스크별 단계적 대응방안, 현행법 위반 여부 등에 대하여 면밀한 검토가 필요하다. 이를 위해 오랜 공작경험을 가진 정보관들과 공작지원 담당관, 변호사 등이 위원으로 참여하고 위원장은 부부서장급으로 편성하되, 독립적인 판단과 결정을 할 수 있도록 권한을 부여하여야 한다.

공작심의위원회는 단순히 공작의 승인 여부를 심의하는 것이 아니라, 국가안보·국익 차원에서 필요성이 인정될 때에는 공작목표 달성을 위해 계획을 보완해 주고 리스크 감소를 위한 대안을 제시해 주는 위원회로서 운영하는 것이 매우 중요하다.

4) 국내 부문 정보기관과의 정보공유 강화

앞에서 기술한 바와 같이 경제안보 관련 국내정보의 수집의 한계가 있고, 국내 부문정보기관 간 정보공유에 대한 인식이 취약한 현실을 감안할 때 국가 차원에서의 경제안보 활동을 효율적으로 수행하기 위해서 정보공유 강화를 위한 방안을 모색할 필요가 있다.

국가정보원은 방첩정보공유센터, 테러정보통합센터, 사이버안보센터, 산업기밀보호센터, 반확산센터 등을 운영하면서 부문 정보기관과의 업무협력 및 정보공유를 확대하고 있다. 하지만, 경제안보 관련 정보 중 국내 경제정보에 대한 부분은 공유가 미흡하여 이에 대한 보완이 필요하다.

가) 국가정보원 작성 경제안보 정보보고서 배포 확대

정보공유에 있어서 그간 대통령실·국가안보실 및 안보관계부처 장관 등을 위주로 국가정보원의 정보보고서가 제한적으로 배포된 점은 국가차원에서는 아쉬운 부분이다. 따라서, 국가정보원에서 분석한 경제안보 정보에 대해서는 정부부처는 물론 공공기관 등으로 배포할 필요가 있고, 기업에 대해서도 필요한 경우 정보지원을 확대하는 것이 좋겠다. 물론, 배포대상 확대에 따른 보안상 문제점, 이해충돌(conflict of interest) 등에 대한 면밀한 검토가 선행되어야 할 것이다.

나) 기존 정보공유센터를 활용한 경제안보 정보의 종합 및 공유 활성화

경제안보 업무와 가장 밀접한 '방첩정보공유센터'(National Counterintelligence Integration Center, NCIC)의 네트워크를 활용하여, 경제안보 정보를 종합하고 분석결과를 공유하는 것도 검토할 만하다. 물론, 국내 경제정보의 수집은 센터의 임무·기능에 맞지 않기 때문에 산업경제정보 유출, 외국의 경제질서 교란행위, 방위산업침해 관련 정보를 공유하는 데 활용해야 한다.

주요 공유 정보는 △외국·외국단체·초국가행위자 등의 국내 경제정보 수집활동 관련 정보 △경제스파이 관련 신고내용 접수 및 상담 △기관별 보유한 경제방첩 관련 정보의 종합 및 공유 등이며 △부처·공공기관 등 대상 경제방첩 상황전파 △상황 발생 시 유관기관 합동대응 지원 등도 공유센터에서 수행할 수 있다.

한편, 방첩정보공유센터는 국가정보원, 법무부, 관세청, 경찰청, 해경, 국군방첩사령부 등 방첩기관 소속 직원으로만 구성되어 있는데, 산업부나 과기정통부 등 경제안보 유관부처의 방첩업무 취급 부서의 참석도 검토할 필요가 있겠다. 이는 미국 정보공동체의 구성을 참고하면 될 것이다.

다) 직무파견을 활용한 정보공유 강화

공유센터뿐만 아니라 직무파견도 정보공유의 중요한 채널이 될 수 있다. 국가공무원법 제32조의4(파견근무)에 따르면 '국가기관의 장은 국가적 사업의 수행 또는 그 업무 수행과 관련된 행정 지원이나 연수, 그 밖에 능력 개발 등을 위하여 필요하면 소속 공무원을 다른 국가기관·공공단체·국내외의 교육기관·연구기관, 그 밖의 기관에 일정 기간 파견근무하게 할 수 있으며, 국가적 사업의 공동 수행 또는 전문성이 특히 요구되는 특수 업무의 효율적 수행 등을 위하여 필요하면 국가기관 외의 기관·단체의 임직원을 파견받아 근무하게 할 수 있다.'고 규정되어 있다.

따라서, 정보공유가 필요한 부처·연구소 등을 정리하고, 실질적인 업무를 수행하도록 파견근무 제도를 개선, 활성화하게 된다면 국내 경제안보 관련 정보를 확보할 수 있는 좋은 채널이 될 것이다.

라) 부처와의 회의체를 통한 정보공유 확대

정부부처의 각종 회의체를 정보공유 및 업무협조 창구로 활용할 수 있다. 대외경제장관회의는 꼭 참여가 필요한 회의체이고 국가 경제정책관련 주요 사항을 심의하기 때문에 옵저버의 자격이라도 참석할 필요가 있으며, 국가 정보원 주관으로 협의체를 구성하여 활용하는 것도 좋은 방안이라고 하겠다.

5) 직무수행 근거 및 활동 수단에 대한 법적근거 지속 보완

가) 院 경제안보 정보 수집 등에 대한 근거 확보

현행 국가정보원법의 직무(제4조)에 따라 해외경제정보의 수집 및 국익정보의 수집 등은 '국외정보의 수집·작성 및 배포'에 근거하여 수행할 수 있고, 산업경제정보의 유출, 외국 경제질서 교란 행위, 방위산업 침해행위 등은 '방첩정보의 수집·작성 및 배포와 대응조치'에서 근거하여 명확하게 수행할 수 있다.

하지만, 국내 경제정보의 수집 등에 대한 업무 근거는 미약하기에 때문에 이에 대한 법적근거를 지속적으로 보완할 필요가 있다. 국가정보원법에 포함하는 것이 가장 바람직하나, 국가정보원법의 개정은 정치적으로 민감한 부분이어서 여야의 협의를 통한 개정이 쉽지 않은 것이 현실이다.

따라서, 국가첨단전략산업법(일명 반도체법)이나 국가전략기술 육성법 등에 국가정보기관의 정보수집 범위와 역할을 명시하는 것을 검토할 필요가 있다. 지식재산기본법에 관계 중앙행정기관에서 국가정보원에 지식재산 침해행위 관련 정보를 요청하도록 근거를 마련했듯이, 경제안보 관련 정보의 수집을 요청하는 형태로 최소한의 근거를 마련하는 것도 경제안보 활동에 큰 도움이 될 수 있을 것이다. 2023년 12월 국회를 통과한 공급망기본법과 소부장특별법 등에 공급망관련 국가정보원의 역할이 부여된 것은 다행스러운 일이지만, 국가안보와 국익을 위해서는 국가정보원이 경제안보 관련 국내정보의 수집·작성 및 배포에 대한 직무를 수행할 수 있도록 법적 뒷받침은 반드시 필요하다.

나) 정보활동 수단에 대한 법적근거 보완

아울러 활동 수단에 대한 법적근거를 보완하는 것은 매우 시급하고 중요한 사항이다. 현재, 우리나라의 국가정보기관은 현실적으로 정보수집의 기본적인 수단인 통신정보와 금융정보에 대한 접근이 상당히 제한되어 있다.

따라서, 통신비밀보호법 상에 휴대폰 감청설비 구축을 의무화하고 이행하지 않을 경우 강제할 수 있는 근거 등이 필요하다. 아울러, 경제안보 활동에서 가장 필요한 금융거래정보의 흐름을 파악해야 하는데, 국가정보원에는 이러한 근거가 없으므로 특정금융거래정보에 대한 접근이 가능하도록 근거를 마련해야 한다.[6]

다) 기술보호 관련 국가차원의 기본법 제정 필요

한편, 현재 기술보호 관련 법률이 산업기술보호법, 영업비밀보호법, 중소기업기술보호법, 방산기술보호법, 국가첨단전략산업법, 국가전략기술육성법, 국가연구개발혁신법 등에 산재되어 있어 국가차원에서 효율적인 보호활동을 추진하기 곤란하고 기업·연구소 등 대상기관이 보호조치를 할 경우 부처별로 각각 절차와 내용이 달라서 기업에서는 혼란스러워 하고 있다.

---

6) 공급망기본법 제16조에 따라 국가정보원장이 관세청장에게 조기경보시스템 운영 및 공급망 위기상황 대응 등을 위해 필요한 범위 내에서 관세법상의 '과세정보'를 요청할 수 있도록 근거를 마련한 것처럼, 국민들의 우려를 최소화 할 수 있는 대상과 범위, 유형을 정해서 통신정보나 금융정보를 취급할 수 있도록 하는 것이 좋겠다.

국가차원에서 기술보호 체계를 정립하고 기업에 공통적으로 활용할 수 있는 기술보호지침을 제공할 수 있도록 '국가 기술보호에 관한 기본법'(가칭)을 제정할 때가 왔다. 이러한 국가차원의 기술보호 활동은 가장 오랜 경험과 노하우, 관련 정보를 보유한 국가정보원이 주도적으로 역할을 해 나가는 것이 바람직하다.

국가정보원의 기능과 역할이 강조되어야 하는 이유는 첫째, 국가정보원은 90년대 초반부터 산업보안 활동을 시작했고, 기술보호 관련 법률 제·개정에 있어 구체적인 실태와 문제점 및 대안을 제시하여 현재와 같은 법령을 만드는 데 가장 큰 기여를 했을 뿐만 아니라 가장 전문적인 기관이기 때문이다. 둘째, 각 부처나 부문 정보기관이 조직 이기주의 및 헤게모니 추구로 인하여 객관적이고 공정한 업무 추진의 어려움이 있기 때문이다. 셋째, 대통령실이 주관하도록 하는 방안도 고려할 수 있지만 참모 조직으로서 기능과 인력의 한계가 있고, 자칫 Top-down(탑다운) 방식의 업무 추진 관행으로 볼 때 대통령실의 판단이 너무 큰 영향력을 갖게 될 수 있다는 우려가 있으므로 비교적 이해 충돌에서 자유로운 국가정보원에서 통합·조정하는 것이 바람직할 것으로 판단되기 때문이다.

저 자 약 력

신 언
국가정보연구회 회장, 前 주 파키스탄 대사

임성재
동국대 객원연구원, 북한학박사

유성옥
국가안보전략연구원 이사장, 국제정치학박사

장석광
국가정보연구회 사무총장, 범죄학박사

강구민
성신여대 겸임교수, 법학박사

이대희
광운대 명예교수, 前 한국행정학회 회장

김서곤
법무법인 로백스 기술보호센터 부센터장

국가정보원, 존재의 이유

초판발행	2024년 3월 25일
중판발행	2024년 7월 9일
지은이	신 언 · 임성재 · 유성옥 · 장석광 · 강구민 · 이대희 · 김서곤
펴낸이	안종만 · 안상준
편 집	양수정
기획/마케팅	정연환
표지디자인	Ben Story
제 작	고철민 · 조영환
펴낸곳	(주) 박영사
	서울특별시 금천구 가산디지털2로 53, 210호(가산동, 한라시그마밸리)
	등록 1959. 3. 11. 제300-1959-1호(倫)
전 화	02)733-6771
f a x	02)736-4818
e-mail	pys@pybook.co.kr
homepage	www.pybook.co.kr
ISBN	979-11-303-1994-0 93350

정 가   17,000원